JN033830

EXAMPRESS

第 2 版

著

公認心理師
試験対策研究会

心理
教科書

公認
心理師

要点ブック ＋ 一問一答

SE
SHOEISHA

本書の使い方

　本書は、「公認心理師試験出題基準 令和元年版」（出題範囲、ブループリント）と第1回〜第3回試験をもとに、最低限おさえておきたいポイントをまとめています。出題基準の大項目に合わせて、24章構成。試験前の最終チェックはもちろん、本格的に学習をはじめる前に、オススメです。

特に重要なテーマを取り上げています

公認心理師の役割

公認心理師法とは

- **公認心理師法**は、2015（平成27）年9月に公布、2017（平成29）年9月に施行された。公認心理師になる者は、この法律の内容をよく理解していることが望まれる。
- 公認心理師法第1条に目的が定められている。
- 支援対象者は、相談依頼者のみならず、**国民全体**である。

公認心理師法（目的）
第1条　この法律は、公認心理師の資格を定めて、その業務の適正を図り、もって［国民］の［心の健康］の保持増進に寄与することを目的とする。

かっこで囲んだ赤文字は暗記したいところです。赤シートで隠しながら、しっかり覚えましょう

公認心理師とは

- **公認心理師の定義**は、第2条に、以下の**4つの業務**を行う者と定められている。
- 公認心理師とは、試験に合格するのみで資格取得となるのではなく、「公認心理師の登録簿に、氏名、生年月日その他文部科学省令・厚生労働省令で定める事項の登録を受けなければならない」とある（第28条）。

● 公認心理師の4つの業務　＜公認心理師法第2条＞

①心理に関する支援を要する者の心理状態を［観察］し、その結果を［分析］すること。
②心理に関する支援を要する者に対し、その心理に関する［相談］に応じ、［助言］、［指導］その他の［援助］を行うこと。
③心理に関する支援を要する者の**関係者**に対し、その相談に応じ、助言、指導その他の援助を行うこと。
④［心］の健康に関する知識の普及を図るための［教育］及び［情報の提供］を行うこと。

本書の記載内容は、2021年1月現在の法令等に基づいています。変更される場合もありますので、関連省庁や試験センターが公表する情報をご確認ください。

Q 問題

❶ 信用失墜行為には罰則規定がある。**第2章 間39**

❷ 公認心理師でなくても、「心理師」の名称を用いることは可能である。

❸ 要心理支援者に行う行為として、診断も含まれる。**第1章 間108改**

❹ 信用失墜行為をした場合、懲役刑の対象にはならないが、行政処分を受ける対象になる。

❺ 自殺の危険性が極めて高くても、本人の同意がなければ家族等に連絡してはならない。

❻ インフォームド・コンセントは、信頼関係が構築された段階で行ったほうがよい。

❼ 公認心理師法第43条「資質向上の責務」を果たさなかった場合、登録の取り消し等の処分を受ける可能性がある。

❽ 公認心理師法第41条の秘密保持義務に違反した場合、3年以下の懲役または30万円以下の罰金に処せられる可能性がある。

❾ クライエントに主治医がいた場合、歯科医師であっても指示を受けなければならない。

❿ 公認心理師を養成するための実習は、公認心理師として求められている倫理や態度を学ぶよい機会である。**第2章 間58**

A 解説

❶ × 信用失墜行為の禁止は第40条に定められているが罰則規定はない。

❷ × 公認心理師法第44条によると、公認心理師でない者は、公認心理師および心理師という名称を用いてはならない。

❸ × 「助言、指導その他の援助」であって、診断は医師の仕事である。

❹ ○ 公認心理師法第32条によると、欠格事由に該当し、登録の取り消しがされる可能性がある。

❺ × 「秘密保持の例外」に該当し、本人の安全確保が守秘義務よりも優先される。

❻ × できるだけ早い段階で行うべきである。

❼ × 第32条の欠格事由に、第43条の規定は含まれず、処分は受けない。

❽ × 「3年以下」が間違い。「1年以下の懲役または30万円以下の罰金」である。

❾ × 公認心理師法第42条2項に「当該支援に係る主治の医師」とあるため、心の問題に全く関係のない主治医の指示は受けなくてよい。

❿ ○ 公認心理師に求められる倫理や態度は座学だけでなく、実習によって学ぶものである。

⓫ × 経験の浅い人は専門職としての自信を失いやすい時期でもあるので、技術指導だけでなく情緒的な支えも重要である。

…理社会モデル」の視点をもって関係分野と連携を行

者と普段から連絡を取り合うことにより、地域に…

な連携を図る…

おいて…

する…

第
1
章
公認心理師としての職責の自覚

基本的に各章末に一問一答を用意しています（ただし、1~3章の章末など、数章分まとめている章もあります）

多職種連携

- 公認心理師は、[多職種との連携] が第42条に明記されている。
- 1項にある「その他の関係者等」とは、家族など要心理支援者の近しい関係者のみならず、勤務先機関での他職種や、地域における行政サービスといった非常に広範な連携を指している。

公認心理師法 （連携等）
第42条1 公認心理師は、その業務を行うに当たっては、その担当する者に対し、[保健医療]、[福祉]、[教育] 等が密接な [連携] の下で総合的かつ適切に提供されるよう、これらを提供する者その他の関係者等との [連携] を保たなければならない。
2 [主治の医師] があるときはその [指示] を受けなければならない。

名称独占資格

- 公認心理師は、業務独占資格ではなく、**名称独占資格**である。
- 第44条において「公認心理師でない者は、**公認心理師という名称を使用してはならない**」「公認心理師でない者は、その名称中に**心理師という文字を用いてはならない**」と名称の使用制限を明示している。
- これに違反した場合には、第49条において、[30] 万円以下の罰金に処すると規定されている。

構成は、出題基準に沿った24章。得意なところから（あるいは苦手なところから）学習していただけます

一問一答

❶ 公認心理師は、支援を要する者の負託にこたえるよう定められている。

❷ 公認心理師は、公認心理師試験に合格すれば資格を得られる。

❸ 公認心理師は、国民の心身の健康に関する知識の普及に努める。

❹ 公認心理師は名称独占の資格である。**第1回 問30**

❺ 名称使用制限の違反に対しては罰則規定がある。**第1回追試 問47**

テーマごとの一問一答を解いて、知識の定着に役立ててください

解説

❶ × 支援を要する者に限定されず、「国民」からの負託にこたえるよう努める。

❷ × 公認心理師試験に合格後、文部科学省令・厚生労働省令で定める事項の登録を受けなければならない。

❸ × 「心身の健康」ではなく、「心の健康」が正しい。

❹ ○ 公認心理師資格は業務独占ではなく、名称独占資格である。

❺ ○ 法第49条において、名称の使用制限に違反した場合には30万円以下の罰金に処するとする規定がある。

これは過去問題の回数と問題番号です。「追試」は第1回北海道追試試験のことです。また、問題を改変している場合は「改」と表記しています

13

公認心理師試験の概要

　2015（平成27）年9月9日に公認心理師法が成立し、2017（平成29）年9月15日に施行されたことにより、日本初の心理職の国家資格「公認心理師」が誕生しました。

公認心理師とは

　公認心理師が行う業務として、公認心理師法には、以下のように定められています。

　保健医療、福祉、教育その他の分野において、専門的知識及び技術をもって、

① 心理に関する支援を要する者の心理状態を観察し、その結果を分析すること。
② 心理に関する支援を要する者に対し、その心理に関する相談に応じ、助言、指導その他の援助を行うこと。
③ 心理に関する支援を要する者の関係者に対し、その相談に応じ、助言、指導その他の援助を行うこと。
④ 心の健康に関する知識の普及を図るための教育及び情報の提供を行うこと。

公認心理師になるには

　毎年1回行われる試験に合格する必要があります。

● 受験資格

　受験資格は、大学院・大学で「指定科目」を履修したかなど、細かく8ルートに分かれています。このうち、**「現任者ルート」（実務経験5年＋現任者講習受講）にて受験できる措置期間は** 2022年実施の第5回試験**まで**ですので、ご注意ください。

　この「現任者ルート」は、「現任者講習会」を受講する必要があります。なお、この講習会は一度受けると、公認心理師法施行後5年間有効です（修了していれば、再受講の必要はありません）。

● 出題基準とブループリント

　出題基準とは、試験範囲とレベルを24の大項目に分けて整理したもので、それぞれの知識や技能の到達度が確認されます。ここに示されるキーワード（小項目）が試験対策の中心になると考えられます。

　ブループリントとは、「試験設計表」であり、出題基準の大項目の「出題割合」を示したものです。

● 試験地

北海道、宮城県、東京都、愛知県、大阪府、岡山県、福岡県

● 出題方式

出題は、1 択または 2 択方式で、解答はマークシート方式で行われます。

● 出題数

第 1 回〜第 3 回試験においては、午前 77 問、午後 77 問、計 154 問が出題されました。うち、事例問題は午前 19 問、午後 19 問でした (全体の約 25%)。

● 試験時間

時間は次のとおりです。

午前	時間
試験時間	10：00〜12：00 (120 分)
弱視等受験者 (1.3 倍)	10：00〜12：40 (160 分)
点字等受験者 (1.5 倍)	10：00〜13：00 (180 分)
午後	時間
試験時間	13：30〜15：30 (120 分)
弱視等受験者 (1.3 倍)	14：00〜16：40 (160 分)
点字等受験者 (1.5 倍)	14：00〜17：00 (180 分)

● 合格基準

合格基準は、総得点の 60% 程度とされています。

なお、問題の難易度で補正されており、配点は一般問題が 1 問 1 点、事例問題が 1 問 3 点と、事例問題**が重視されている傾向**にあります。

● 試験スケジュールや最新情報

試験スケジュールや最新情報は、一般財団法人日本心理研修センターの Web サイト (http://shinri-kenshu.jp/) で確認してください。

目次

第13章 障害者（児）の心理学

第14章 心理状態の観察及び結果の分析

第15章 心理に関する支援（相談、助言、指導その他の援助）

第16章 健康・医療に関する心理学

第17章 福祉に関する心理学

第23章 公認心理師に関係する制度

第24章 その他 (心の健康教育に関する事項等)

本書内容に関するお問い合わせについて

このたびは翔泳社の書籍をお買い上げいただき、誠にありがとうございます。弊社では、読者の皆様からのお問い合わせに適切に対応させていただくため、以下のガイドラインへのご協力をお願い致しております。下記項目をお読みいただき、手順に従ってお問い合わせください。

●ご質問される前に

弊社Webサイトの「正誤表」をご参照ください。これまでに判明した正誤や追加情報を掲載しています。

　　正誤表　https://www.shoeisha.co.jp/book/errata/

●ご質問方法

弊社Webサイトの「刊行物Q&A」をご利用ください。

　　刊行物Q&A　https://www.shoeisha.co.jp/book/qa/

インターネットをご利用でない場合は、FAXまたは郵便にて、下記"翔泳社 愛読者サービスセンター"までお問い合わせください。
電話でのご質問は、お受けしておりません。

●回答について

回答は、ご質問いただいた手段によってご返事申し上げます。ご質問の内容によっては、回答に数日ないしはそれ以上の期間を要する場合があります。

●ご質問に際してのご注意

本書の対象を越えるもの、記述個所を特定されないもの、また読者固有の環境に起因するご質問等にはお答えできませんので、予めご了承ください。

●郵便物送付先およびFAX番号

　　送付先住所　　〒160-0006　東京都新宿区舟町5
　　FAX番号　　　03-5362-3818
　　宛先　　　　　（株）翔泳社 愛読者サービスセンター

1 公認心理師の役割

公認心理師法とは

- **公認心理師法**は、2015（平成27）年9月に公布、2017（平成29）年9月に施行された。公認心理師になる者は、この法律の内容をよく理解していることが望まれる。
- 公認心理師法第1条に目的が定められている。
- 支援対象者は、相談依頼者のみならず、**国民全体**である。

> 公認心理師法 （目的）
> 第1条 この法律は、公認心理師の資格を定めて、その業務の適正を図り、もって［国民］の［心の健康］の保持増進に寄与することを目的とする。

公認心理師とは

- **公認心理師の定義**は、第2条に、以下の**4つの業務**を行う者と定められている。
- 公認心理師とは、試験に合格するのみで資格取得となるのではなく、「公認心理師の登録簿に、氏名、生年月日その他文部科学省令・厚生労働省令で定める事項の登録を受けなければならない」とある（第28条）。

● **公認心理師の4つの業務** ＜公認心理師法第2条＞

> ①心理に関する支援を要する者の心理状態を［観察］し、その結果を［分析］すること。
> ②心理に関する支援を要する者に対し、その心理に関する［相談］に応じ、［助言］、［指導］その他の［援助］を行うこと。
> ③心理に関する支援を要する者の**関係者に対し**、その相談に応じ、助言、指導その他の援助を行うこと。
> ④［心］の**健康**に関する知識の普及を図るための［教育］及び［情報の提供］を行うこと。

多職種連携

- 公認心理師は、［多職種との連携］が第42条に明記されている。
- 1項にある「その他の関係者等」とは、家族など要心理支援者の近しい関係者のみならず、勤務先機関での他職種や、地域における行政サービスといった非常に広範な連携を指している。

公認心理師法　（連携等）
第42条1　公認心理師は、その業務を行うに当たっては、その担当する者に対し、［保健医療］、［福祉］、［教育］等が密接な［連携］の下で総合的かつ適切に提供されるよう、これらを提供する者その他の関係者等との［連携］を保たなければならない。
2　［主治の医師］があるときはその［指示］を受けなければならない。

名称独占資格

- 公認心理師は、業務独占資格ではなく、**名称独占資格**である。
- 第44条において「公認心理師でない者は、**公認心理師という名称を使用してはならない**」「公認心理師でない者は、その名称中に**心理師という文字を用いてはならない**」と名称の使用制限を明示している。
- これに違反した場合には、第49条において、［30］万円以下の罰金に処すると規定されている。

一問一答

❶ 公認心理師は、支援を要する者の負託にこたえるよう定められている。
❷ 公認心理師は、公認心理師試験に合格すれば資格を得られる。
❸ 公認心理師は、国民の心身の健康に関する知識の普及に努める。
❹ 公認心理師は名称独占の資格である。 第1回 問30
❺ 名称使用制限の違反に対しては罰則規定がある。 第1回追試 問47

解説
❶ ✕ 支援を要する者に限定されず、「国民」からの負託にこたえるよう努める。
❷ ✕ 公認心理師試験に合格後、文部科学省令・厚生労働省令で定める事項の登録を受けなければならない。
❸ ✕ 「心身の健康」ではなく、「心の健康」が正しい。
❹ ○ 公認心理師資格は業務独占ではなく、名称独占資格である。
❺ ○ 法第49条において、名称の使用制限に違反した場合には30万円以下の罰金に処するとする規定がある。

2 公認心理師の法的義務

信用失墜行為の禁止（第40条）

- 公認心理師は、公認心理師の［信用］を傷付けるような行為をしてはならない。
- 具体的には公認心理師であることを利用して、要心理支援者に商取引を要求するといった行為に代表される、カウンセラーとクライエント以外の関係性を持つ［多重関係の禁止］等を指す。
- 同条の規定は、仕事上のみに限定されるものではなく、［プライベート］場面であっても節度を持った行動が公認心理師には求められる。

秘密保持義務（第41条）

- 公認心理師は、**正当な理由がなく、その業務に関して知り得た人の秘密を漏らしてはならない。**この義務は「**公認心理師でなくなった後においても同様とする**」と規定されている。また第41条に違反した場合に、第46条において懲役刑の可能性が定められている。

連携等（第42条）

- 第42条2項に違反した場合、第32条［登録の取り消し等］の処分を受ける可能性があるため、注意せねばならない。

> 第42条2　公認心理師は、その業務を行うに当たって心理に関する支援を要する者に**当該支援に係る**［主治の医師］**があるときは、その**［指示］**を受けなければならない。**

資質向上の責務（第43条）

- 第43条では、第2条に掲げる行為に関する**知識及び技能の向上**に努めるよう［資質向上の責務］が定められており、公認心理師は生涯にわたって研鑽を積むことが記載されている。

罰則

- 第5章「罰則」の中で、第46条において公認心理師が**第41条**［秘密保持義務］に違反した場合に関する具体的な罰則規定が明記されている。

> 第46条　第41条の規定に違反した者は、[1] 年以下の [懲役] 又は [30] 万円以下の罰金に処する。

登録取り消し

- 以下の①～③のいずれかに該当した場合、その登録を取り消し、または期間を定めて名称の使用停止を命ぜられる可能性がある。(第32条)
  ①第3条「欠格事由」に至った場合
  ②虚偽または不正の事実に基づいて登録を受けた場合
  ③**第40条** [信用失墜行為の禁止]、**第41条** [秘密保持義務]、**第42条2項** [心理支援に係る主治医の指示] に違反した場合

欠格事由

- 第3条において、公認心理師になることができない場合が定められている。
- 公認心理師資格取得後、第3条のいずれかに該当するに至った場合には登録の取り消し等の処分を受ける可能性がある。

● **欠格事由 (第3条 ※一部抜粋)**

1.　[心身の故障] により公認心理師の業務を適正に行うことができない者として文部科学省令・厚生労働省令で定めるもの※
2.　[禁錮] 以上の刑の執行後、[2] 年を経過しない者
3.　この法律その他の関係法規の定めによって、[罰金] の刑に処せられ、その執行後、[2] 年を経過しない者
4.　第32条の規定から登録を取り消され、その後 [2] 年を経過しない者

※精神の機能の障害により公認心理師の業務を適正に行うに当たって必要な認知、判断及び意思疎通を適切に行うことができない者

一問一答

❶ クライエントに人間的魅力を感じるのは、多重関係に該当し、不適切である。 第1回 問107改

❷ 秘密保持義務に違反した者は禁錮刑の対象となる。 第1回 問30

❸ 職場の部下の家族をカウンセリングすることは多重関係になり不適切である。 第1回 問107改

> **解説**
> ❶ ✕　支援者の内面の範囲であれば、多重関係には当たらない。
> ❷ ✕　禁錮刑ではなく、懲役刑の対象となる。
> ❸ ◯　部下に対し「職場の部下」と「家族のカウンセラー」という多重関係になる。

3 情報の適切な取り扱い

インフォームド・コンセント

- **インフォームド・コンセント**とは、クライエントの情報を第三者に提供する際に、クライエントにその理由と目的を伝えて、クライエント本人から同意を得ることである。
- 第三者に伝える前に、提供される**内容と相手**、**その必要性**について、話し合っておく必要がある。

● インフォームド・コンセント

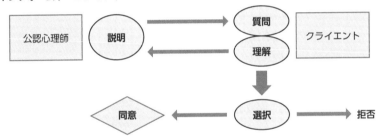

クライエントの安全の確保

- 秘密保持義務を守り、クライエントの自己決定権を尊重することは基本である。しかし、秘密保持義務よりもクライエントの安全の確保（保護義務）が優先されることがある。**秘密保持の例外**である。
- 自傷他害行為の危険性と守秘義務との見極めは重要であり、こういった [リスクアセスメント] も公認心理師の大切な職務である。

● 秘密保持の例外の代表例

1. [自殺] の危険性が高い場合
2. [他害行為] の恐れがあり、相手が特定されている場合
3. [虐待] が疑われる場合（通告義務）
4. 要心理支援者によるはっきりとした意思表示がある場合
5. 法による定めがある場合

倫理的ジレンマ

- **倫理的ジレンマ**とは、公認心理師法第41条の秘密保持義務と第42条の関係者との連携の間で起こることである。
- 例えば、ケースカンファレンスではクライエントの情報を第三者に話すことになり、プライバシー保護に反することになってしまう。このような状態を倫理的ジレンマという。
- 第41条の定めのとおり、公認心理師は、クライエントのプライバシーを保護し、業務上の記録についても厳格に管理せねばならない。一方で、心理職が1人で情報を抱えたままではクライエントに適切な支援が行えない。

専門家間の情報共有

- インフォームド・コンセントを行った上で、**専門家間の情報共有**として「**チーム医療**」という言葉に代表される［**チーム内守秘義務**］という視点が必要になってくる。
- 専門家間の情報共有は、心理職に限らない。そのため、**平易な言葉**でわかりやすく伝えるスキルも必要となる。

> インフォームド・コンセントは公認心理師が一方的に説明し同意を求めるのではなくて、クライエントからの質問や理解度に応じながら、クライエントの意思決定が適切に行えるよう双方向で話し合うことが大切！

一問一答

❶ 守秘義務があるため、自身の上司には報告しない。 第3回 問17
❷ 養育者による虐待が疑われ、児童相談所に通告することは、公認心理師の秘密保持義務違反に該当する。 第1回追試 問78

解説

❶ × 上司への報告はチーム内守秘義務として適切であり、守秘義務違反には該当しない。
❷ × 「守秘義務の例外」にあたり、守秘義務よりも子どもの安全の確保が優先される。

公認心理師としての資質向上

自己課題発見と解決能力

- 様々な専門職と同様、心理職も資格取得は専門職としてのスタート地点に過ぎない。そこから継続的な訓練と学習を通して自己研鑽を積み、心理職としてのコンピテンシーを身につける必要がある。
- [コンピテンシー] とは、良い成果をもたらし続けるための行動特性。[専門的知識] と [倫理観] に基づいた、適切な思考と判断により効果的な方法を実行すること。これを身につけるためには、自分の課題を発見し解決していくための [反省的実践] と [自己アセスメント] が重要。

● 心理職のコンピテンシー・モデル

基盤コンピテンシー	心理職として必要な、自分を**反省的に振り返る姿勢**、**価値観**、**倫理観**など
機能コンピテンシー	心理職としての技術：**心理アセスメント**や**介入**、他者の**スーパービジョン**や**コンサルテーション**など
職業的発達	大学院の時の教育訓練も含め、心理職としての**実践経験**や**スーパービジョン**など

生涯教育

- 反省的実践は個人で取り組むだけでなく、スーパービジョンや教育分析などを通しても行われる。
- [スーパービジョン] は、経験豊かな**スーパーバイザー**に自分のクライエントとの面接を報告し、指導・助言を受け、クライエントにより良い援助を行えるようにすることを目的としている。
- [モデリング学習] は、自らの課題に気づいたり、精神的なサポートをもらったりする機能もある。

● スーパービジョンのあり方

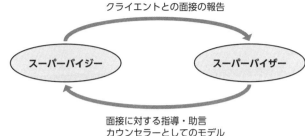

クライエントとの面接の報告

スーパーバイジー　　　　スーパーバイザー

面接に対する指導・助言
カウンセラーとしてのモデル
課題の発見
精神的サポート

- [教育分析] は、自分自身の個人心理療法のこと。自分の未解決の心理的問題や自己理解などに焦点を当てた心理療法が行われる。
- [心理職の成長モデル] は、Ronnestad, M.H. と Skovholt, T.M. によって提唱された。第 1 期（専門家になる前）から第 6 期（臨床経験 20 年以上の熟練した専門家期）までの、臨床家としての発達段階モデルのこと。
- 心理職としての職業的発達は生涯続くものであり、そのためには [生涯教育] が欠かせない。

一問一答

❶ コンピテンシーを身につけるためには、反省的実践の姿勢が重要である。

❷ スーパービジョンでは、スーパーバイジーが抱える個人的な問題に対して心理療法を用いて援助を行う。 第1回 問46

❸ スーパーバイザーとの間においてもクライエントに対するものと同様の行き詰まりが見られることを同時進行プロセスと呼ぶ。 第1回 問46改

❹ 自己研鑽の 1 つとして教育分析がある。 第3回 問110

❺ 公認心理師を養成するための実習において、実習生がクライエントに直接関わらず、見学のみの場合は、クライエントの同意を得る必要はない。 第2回 問58

解説
❶ ○ 自己分析やスーパービジョン、教育分析などを通して反省的実践を行う。
❷ × 心理療法を用いて援助を行うのは教育分析である。
❸ × 並行プロセスと呼ぶ。
❹ ○ 教育分析は自己理解の促進や自身の心理的問題解決のために行う自己研鑽の 1 つである。
❺ × 見学であっても、個人情報保護の観点からクライエントの同意を得る必要がある。

5 多職種連携・地域連携

公認心理師の主たる活動領域

- 公認心理師の主たる活動領域は以下の通りである。

● 主要 5 分野における活動領域（支援に関わる専門職と組織）

活動領域	支援に関わる組織（一部）	支援に関わる専門職（一部）
保健医療	病院、クリニック、精神保健福祉センター、保健所、リハビリテーション施設　等	医師、看護師、薬剤師、理学療法士、作業療法士、社会福祉士、精神保健福祉士、管理栄養士、臨床検査技師　等
福祉	児童相談所、児童福祉施設、子育て支援センター、婦人相談所、障害者相談機関　等	医師、看護師、社会福祉士、介護福祉士、精神保健福祉士、介護支援専門員、作業療法士　等
教育	学校、教育センター、教育相談所　等	医師（主治医がいる場合）、教師、スクールカウンセラー、スクールソーシャルワーカー、養護教諭、特別支援コーディネーター　等
司法・犯罪	家庭裁判所、少年鑑別所、少年院、刑務所、民間の被害者・加害者支援団体　等	司法関係者、警察官、医療関係者、福祉関係者　等
産業・労働	企業内の健康管理室、EAP 機関、ハローワーク　等	産業医、保健師　等

- 公認心理師は、[保健医療]、[福祉]、[教育等] の関連する分野の専門家たちと [連携] を保つことが求められている（公認心理師法第 42 条 1 項）。
- いずれの活動領域においても、適切で効果的な支援を行うためには、専門職同士の連携、すなわち [多職種連携] が必要不可欠である。
- 連携を行う際には、[共通言語] として [心理的アセスメントの情報] を共有する。これは、多職種との連携だけでなく地域連携においても同様である。
- 公認心理師は、[生物心理社会モデル] の視点を持って多職種と連携することで要心理支援者への理解を深めることができる。

チームにおける公認心理師の役割

- 公認心理師に期待されていることとして、チーム医療への貢献やクライエント・家族への対応が挙げられる。

- チーム医療への貢献には、コンサルテーションや心理教育などを通してほかの専門職をサポートすることや、心理アセスメントによってクライエントに有用な情報を提供することが含まれる。
- コンサルテーションでは、コンサルティ（助言を受ける側）が主役で［自己責任］を負う。
- 自分自身の専門性や［自己の限界］を知り、お互いに専門家として認め合い、助け合うことが多職種連携につながる。

多職種連携コンピテンシー

- 2016（平成 28）年に多数の医療保健福祉の団体・協会の協力のもと、日本独自の［多職種連携コンピテンシー］が開発された。
- 開発された多職種連携コンピテンシーは 2 つのコアドメイン（①患者・利用者・家族・コミュニティ中心、②職種間コミュニケーション）と、コアドメインを支える 4 つのドメイン（①職種としての役割を全うする、②関係性に働きかける、③自職種を省みる、④他職種を理解する）で構成されている。
- 特に［協働的能力］として各専門職単独で学べる能力ではなく、複数の職種との連携協働を通じてはじめて学べる能力に焦点が当たっている。
- この他、日本の代表的な保健医療福祉の連携に関するコンピテンシーとして、大塚らが提唱した専門職連携実践（Inter-professional work：［IPW］）に共通するコンピテンシー、千葉大学で帰納的に明らかにした専門職連携コンピテンシーがある。

保健医療分野における連携

- 公認心理師は、担当する要心理支援者に主治医がいる場合は、その［主治医の指示］を受けなければならない（公認心理師法第 42 条 2 項）。
- 医療の現場においては、様々な医療専門職が連携する［チーム医療］の重要性が指摘されている。
- チーム医療とは、各々の高い専門性を前提に、一人の患者に対し複数の医療専門職が連携して治療やケアに当たることである。
- チーム医療の目的は、専門職種の積極的な活用、［多職種間協働］を図ること等により医療の質を高めるとともに、効率的な医療サービスを提供することである。
- チーム医療の目的を達成するためには、［コミュニケーション］、［カンファレンス］などによる［情報共有］などが大切である。
- 連携する主な職種としては、医師、看護師、薬剤師、理学療法士、作業療法士、社会福祉士、管理栄養士、検査技師などが挙げられる。

福祉分野における連携

- 福祉の分野においても様々な専門職との連携が求められる。
- 福祉の分野の職域は幅広く、連携が求められる職種もそれぞれで異なる。

児童福祉領域	医師、教師、保健師、児童福祉士、児童支援員　など
高齢者福祉領域	医師、看護師、ケアマネジャー、介護福祉士、社会福祉士　など
障害者福祉領域	医師、看護師、生活支援員、理学療法士、作業療法士、言語聴覚士　など
精神保健福祉領域	医師、看護師、保健師、精神保健福祉士　など

教育分野における連携

- 教育の現場においては、医療の領域と同様に多職種連携によるチームアプローチ、「チーム学校」の重要性が指摘されている。
- 公認心理師はチーム学校の一員として生徒を支援するとともに、教師や保護者との連携により学校組織を支える。
- チーム学校とは、学校に多様な専門性を持つ職員の配置を進めながら、教員と専門職が一つのチームとして、それぞれの専門性を活かしながら連携、協働する学校組織の在り方を指す。
- 具体的には、［心理的アセスメント］、［心理学的支援］、［関係者への支援］、［心の健康教育］を行い、チーム学校に貢献する。
- 連携する主な職種としては、医師（心理に関する支援を要する者に当該支援に係る主治医がいる場合）、教師、スクールカウンセラー（SC）、スクールソーシャルワーカー（SSW）、養護教諭、特別支援コーディネーターなどが挙げられる。
- チーム学校を実現するためには、①専門性に基づくチーム体制の構築、②学校のマネジメント機能の強化、③教職員一人ひとりが力を発揮できる環境の整備などが必要である。
  ①には3つのステップがある。

  　　　Step1：教職員の指導体制の充実
  　　　Step2：専門スタッフ（SC、SSW）の学校教育への参加
  　　　Step3：家庭を含めた地域との連携体制の充実

司法・犯罪分野における連携

- 司法・犯罪の分野においては、裁判所、刑務所、保護観察所、少年院、少年鑑別所、警察などで公認心理師の活躍が期待されており、その関係者らとの連携

が必要になる。

- 連携する主な職種としては、司法関係者（検察官、弁護士）、警察官、医療関係者、福祉関係者、民間の被害者・加害者支援団体など多岐にわたる。
- 児童虐待やドメスティックバイオレンスなどによる被害者支援では、警察や福祉機関に加えてシェルターなどの民間の支援団体とも連携が必要になる。
- 例えば、薬物依存のある加害者に対する支援では、医療機関や福祉機関などに加えて民間の組織（例：ダルク）とも連携し、円滑な地域移行ができるよう支援することが望まれる。

産業・労働分野における連携

- 産業・労働分野においては、事業場の産業医や保健師をはじめとする産業保健スタッフとの連携が重要である。
- 産業保健スタッフだけでなく、メンタルヘルスの不調がみられる人の上司や人事労務担当者、外部の医療機関、EAP 機関における専門職とも連携・協働する。
- 公認心理師は、メンタルヘルスの不調によって休業した労働者の職場復帰支援にも関与することがある。

地域連携

- 公認心理師は、要心理支援者に対する心理学的支援が円滑に提供されるように、要支援者にとって身近な機関や団体である地域の関係者などとの連携も行う。
- 地域の関連分野の関係者と普段から連絡を取り合うことによって、地域にある［リソース］を適切に活用することができるようになる。

アウトリーチ

- 公認心理師は、要心理支援者が生活する地域や自宅に支援を届ける「アウトリーチ」にも積極的に取り組むことが重要である。
- アウトリーチでは、心理学的支援の利用が困難な人に対して、当事者もしくはその保護者等の要請をもとに現地に出向き、信頼関係の構築やサービス利用の動機づけを行う。
- 自然災害や事件、事故などの被害者支援においてはアウトリーチ活動が欠かせない。
  例：公認心理師が「災害派遣精神医療チーム（DPAT）」の一員として被災者支援を行うこともアウトリーチ活動といえる。
- アウトリーチによる家族へのケアにおいて、初期段階ではジョイニング（家族に溶け込む技法）が活用できる。

ここが重要

法における多職種連携

　公認心理師は、「多職種連携」、「チームアプローチ」という視点が特に重要視されている。

　公認心理師法［第42条1項］では「公認心理師は、その業務を行うに当たっては、その担当する者に対し、保健医療、福祉、教育等が密接な連携の下で総合的かつ適切に提供されるよう、これらを提供する者その他の関係者等との連携を保たなければならない」と定められている。例えば、保健医療分野においては、医師をはじめとする医療専門職と連携・協働していくことが求められる。ただし、医師との関係には注意が必要である。**公認心理師法**［第42条2項］において「公認心理師は、その業務を行うに当たって心理に関する支援を要する者に当該支援に係る主治の医師があるときは、その指示を受けなければならない」と定められているため、公認心理師はチームの一員として医師との連携を行うが、対象者に主治医がいる場合には、医師の「指示」を受ける必要がある。

一問一答

❶ 「チーム医療」では、コミュニケーションやカンファレンスなどによって情報を共有することが大切である。

❷ 「チーム学校」へ貢献するためには、生徒との個別カウンセリングが何よりも重要である。

❸ 地域連携を行うためには、地域の同じ分野の同世代の者たちと積極的に連携する。　第1回 問78

❹ 緊急支援の際にはアウトリーチ活動が必須である。

❺ 心理的支援を要する者へ多職種チームで対応する際は、要支援者もチームの一員とみなす。　第2回 問題019

解説

❶ ○ 「チーム医療」の目的を達成するためには情報の共有が必要不可欠である。

❷ × 心理的アセスメント、心理学的支援、関係者への支援、心の健康教育を行い、「チーム学校」に貢献する。

❸ × 業務を通じた連携を基本とし、業務に関連する研究会や勉強会を通して複数の分野との連携を行う。

❹ ○ 地震や豪雨による水害、事件や事故などがこれに当たる。

❺ ○ 要支援者および要支援者の家族もチームの一員としての役割を担っている。

MEMO

Q 問題

❶ 公認心理師でなくても、「心理師」の名称を用いることは可能である。

❷ 信用失墜行為には罰則規定がある。 第2回 問35

❸ 要心理支援者に行う行為として、診断も含まれる。 第1回 問108改

❹ 信用失墜行為をした場合、懲役刑の対象にはならないが、行政処分を受ける対象になる。

❺ 自殺の危険性が極めて高くても、本人の同意がなければ家族等に連絡してはならない。

❻ インフォームド・コンセントは、信頼関係が構築された段階で行ったほうがよい。

❼ 公認心理師法第43条「資質向上の責務」を果たさなかった場合、登録の取り消し等の処分を受ける可能性がある。

❽ 公認心理師法第41条の秘密保持義務に違反した場合、3年以下の懲役または30万円以下の罰金に処せられる可能性がある。

❾ クライエントに主治医がいた場合、歯科医師であっても指示を受けなければならない。

❿ 公認心理師を養成するための実習は、公認心理師として求められている倫理や態度を学ぶよい機会である。 第2回 問58

⓫ 経験の浅い公認心理師のスーパービジョンにおいては、情緒的な支えよりも技術指導が重要である。 第3回 問110

⓬ 公認心理師は、「生物心理社会モデル」の視点を持って多職種と連携することが大切である。

⓭ 公認心理師は、要心理支援者にとって身近な機関や団体である地域の関係機関との連携を行うことが重要である。

⓮ 事件後の加害者支援においてはアウトリーチ活動が欠かせない。

⓯ 他の職種の役割を理解し、自分の職種としての役割を全うすることができる。 第3回 問35

Ⓐ 解説

❶ × 公認心理師法第44条によると、公認心理師でない者は、公認心理師および心理師という名称を用いてはならない。

❷ × 信用失墜行為の禁止は第40条に定められているが罰則規定はない。

❸ × 「助言、指導その他の援助」であって、診断は医師の仕事である。

❹ ○ 公認心理師法第32条によると、欠格事由に該当し、登録の取り消しがされる可能性がある。

❺ × 「秘密保持の例外」に該当し、本人の安全確保が守秘義務よりも優先される。

❻ × できるだけ早い段階で行うべきである。

❼ × 第32条の欠格事由に、第43条の規定は含まれず、処分は受けない。

❽ × 「3年以下」が間違い。「1年以下の懲役または30万円以下の罰金」である。

❾ × 公認心理師法第42条2項に「当該支援に係る主治の医師」とあるため、心の問題に全く関係のない主治医の指示は受けなくてよい。

❿ ○ 公認心理師に求められる倫理や態度は座学だけでなく、実習によって学ぶものである。

⓫ × 経験の浅い人は専門職としての自信を失いやすい時期でもあるので、技術指導だけでなく情緒的な支えも重要である。

⓬ ○ 公認心理師は、「生物心理社会モデル」の視点をもって関係分野と連携を行うことが必要である。

⓭ ○ 地域の関連分野の関係者と普段から連絡を取り合うことによって、地域にあるリソースを適切に活用することができるようになる。

⓮ × 自然災害や事件、事故などの被害者支援において、アウトリーチ活動は欠かせない。

⓯ ○ お互いの役割を理解し、お互いの知識・技術を活かしそれぞれが自分の職種としての役割を全うすることが重要である。多職種連携コンピテンシーにおける4つのドメインのうちの1つとして位置づけられている。

6 心理学の学派

近代心理学の始まり

- 心理学は哲学を起源とし、生理学や進化論の影響を受けながら成立した。19世紀中頃、ドイツを中心に感覚や知覚の実証研究が行われ始めた。
- Weber, E.H. (1795-1878) は重量弁別、触二点閾といった実験から［ウェーバーの法則］を見出した。その弟子である Fechner, G.T. (1801-1887) は［心理学実験の方法論］の基礎を築いた。
- その影響を受けた Wundt, W.M. (1832-1920) は **1879年**に Leipzig 大学に初めて**心理学実験室を開設**した。これが近代心理学の始まりである。
- Wundt に刺激を受けた James, W. (1842-1910) は 1890 年に『心理学原理』を著した。近代心理学の創始者の一人である。

構成主義

- Wundt は、自分自身の心の状態やその動きを観察し、記録にとどめる［内観法］を用いたが、彼の弟子である Titchener, E.B. (1867-1927) は Wundt の心理学（［要素主義］ともいわれる）をアメリカに持ち帰り、［構成主義］として発展させた。
- 構成主義は、意識を、構成する要素に分解し、そこにある**法則性**や**意識の構造**を明らかにしようとする立場。
- 20世紀には、Wundt の流れをくんだ構成主義の心理学に対抗して、**ゲシュタルト心理学**、**精神分析**、**行動主義**の3つの流れが誕生した。

 ここが重要

人物名は原語表記で覚えよう

　公認心理師試験では、人物名は原語表記される。心理学の教科書には必ずしも原語では載っていないが、正しい綴りを確認しておこう。

ゲシュタルト心理学

- [構成主義] が意識を小さな要素に分解するのに対して、[ゲシュタルト心理学] は、「人間は与えられた刺激を個別にではなく、**まとまりをもったもの**として知覚し、意識する。そこには何らかの心的過程の働きかけがある」と主張する。
- **Wertheimer, M.** (1880-1943) は [仮現運動] の実験により、「全体は部分の総和を超える」ことを示し、ゲシュタルトの重要性を唱えた。その他には、**Koffka, K.** (1886-1941)、**Köhler, W.** (1887-1967)(チンパンジーの [洞察学習])、**Lewin, K.** (1890-1947)(集団力学)などがいる。

●「全体は部分の総和を超える」

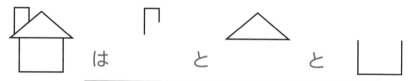

は　　　　と　　　　　と

でも、私たちはパーツではなく一つの図として認識する

精神分析

- Wundt が意識を分析対象としたのに対し、人間の意識できない「無意識」に着目し、重要性を強調したのが **Freud, S.** (1856-1939) の [精神分析] である。Freud は人間の心が「自我 (ego)」「エス (id)」「超自我 (super-ego)」から成り立っており、人間の行動はその多くが無意識によって決定されていると主張した。
- 彼の弟子には **Adler, A.** (1870-1937)、**Jung, C.G.** (1875-1961) がいるが、いずれも Freud の理論に反発し、Adler は [個人心理学]、Jung は [分析心理学] を提唱していくこととなった。
- Freud の流れを引き継いだのは **Freud, A.** (1895-1982)(自我心理学)や **Klein, M.** (1882-1960)(対象関係論)、**Erikson, E.H.** (1902-1961)(ライフサイクル理論)である。この流れの中で [精神分析療法] が発展していった。

✔ ここが重要

年号を覚える必要はある？

　心理学史の年号や人物の生没年は暗記する必要はないが、それぞれの人物が活躍した順を大まかにおさえておくと理解しやすい。例えば、Wundt と James はほぼ同じ世代、そのあとに Freud、そのあと Wertheimer、Watson が出てきた、などである。

行動主義

- 意識の構造を研究した構成主義に対し、「注意」「記憶」といった**意識の機能**を解明しようとする立場が［機能主義］である。これは James からの流れを受け、アメリカの Chicago 大学、Columbia 大学で発展していった。
- シカゴ学派の流れをくむ **Watson, J.B.**（1878-1958）は、心理学は客観的に測定（観察）可能な行動を研究対象とすべきであると主張。1913 年「行動主義宣言」を行い、［行動主義］を打ち出した。彼はロシアの **Pavlov, I.P.**（1849-1936）が行った犬の［レスポンデント条件づけ（古典的条件づけ）］研究に影響を受け、「すべての行動は条件づけの結果である」とし、**アルバート坊やの恐怖条件づけ**などの実験研究を行った。Watson の行動主義は［S-R 理論］ともいわれる。
- 1930 年代になると第二世代、［新行動主義］が登場した。主な理論に、**Tolman, E.C.**（1886-1959）の［S-O-R 理論］、**Hull, C.L.**（1884-1952）の［動因低減説］などがある。
- **Skinner, B.F.**（1904-1990）は、［オペラント条件づけ］とレスポンデント条件づけを区別し、スキナーボックスを用いて［強化随伴性］の研究を行い、［S-R 理論］を追求した。これらの研究はその後、行動療法に応用されていくことになった。

認知心理学

- 行動主義では、より複雑で高度な行動や学習を説明することが難しいことから、S（刺激）と R（反応）の間に起こる思考や記憶、学習や推論といった内的過程を**情報処理過程**として研究する［認知心理学］が生まれた。
- 認知心理学という言葉は 1970 年 **Neisser, U.**（1928-2012）の著書『認知心理学』によって知れ渡ることとなった。他には **Bruner, J.S.**（1915-2016）（認知発達理論）や **Bandura, A.**（1925- ）（社会的学習理論）などがいる。
- 認知心理学は行動心理学にも影響を与え、それが認知行動療法へと発展していった。また、認知的メカニズムを心理的過程と脳神経学で解明しようとする［認知神経科学］という分野も生まれていった。

ここが重要

検査は略称とセットで

　心理検査に関しては、略称で出題される場合が多いので、正式名称と略称、考案者をセットで覚えておこう。例えば「モーズレイ性格検査（MPI）、Eysenck」「改訂長谷川式簡易知能評価スケール（HDS-R）、長谷川和夫」などのようにである。

● **Wundt から広がる心理学**

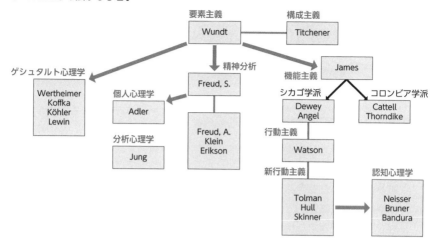

Wundt から始まった近代心理学は、そこからゲシュタルト心理学、精神分析、行動主義の3つの流れに分かれていったという点をおさえておこう

一問一答

❶ Wundt, W.M. の心理学は Titchener, E.B. によって受け継がれ、機能主義と呼ばれた。

❷ ゲシュタルト心理学は、人間の知覚は単純に物理的な刺激のみによって起こるのではないと考える。

❸ Freud, S. は、構成主義が無意識の構成要素を研究対象としたことに異議を唱えた。

❹ オペラント行動の研究の基礎を築いたのは、Watson, J.B. である。 第1回 問5

❺ 認知心理学は、心的過程は情報処理過程であるという考えに基づく。 第1回 問79

解説

❶ × Titchener によって受け継がれ、構成主義と呼ばれるようになった。

❷ ○ 物理的な刺激に対する心の働きがあって知覚が起こると考える。

❸ × Freud は、構成主義が意識にしか着目していないことを批判した。

❹ × オペラント行動、条件づけの研究を行ったのは Skinner, B.F. である。

❺ ○ 認知心理学の発達の背景には情報科学の発達もあった。

7 心の仕組みとその働き

知覚　＜心に入ってくるもの＞

- 知覚は、外界からの刺激を、[感覚受容器]を通して取り入れ、感覚情報を選択し、処理し、解釈する過程。私たちが見聞きしているものは情報と**能動的解釈**が結びついたもの。
- 注意は、感覚情報の[取捨選択]を行う力。特定の刺激に意識を集中して、それを明瞭に把握する機能を持つ。

記憶・学習　＜心に残るもの＞

- 記憶は、取り入れた情報（[感覚]や経験）を[記銘]し、それを[保持]し、後に何らかの方法でそれを[想起]する、つまり情報を蓄えたり検索したりする機能。
- 学習は、取り入れたものによって、比較的永続的な[行動の変化]がもたらされること。

言語・思考　＜心に入ってきたものの使い方＞

- 言語は、取り入れた情報を伝達し、他者と共有するために用いる記号体系。それによって初めて情報や話題、考えを共有、交換する**コミュニケーション**が成り立つ。
- 思考は、記憶の中の事物や出来事の**イメージ**を形成し、そのイメージを操作する能力。
- 推論は、物事や出来事に対する[論理的な思考過程]のこと。言語は思考や推論に深くかかわっている。

動機づけ・感情　＜人を行動に駆り立てるもの＞

- 動機づけは、行動を始めさせ、ある目標へとその行動を向かわせ、目標に達したときにその行動を続けようとする一連の心の働き。
- [感情（情動）]は情報処理と反応を素早く行うための仕組みであり、心をつき動かすエネルギー源。

個人差 ＜人のカテゴリー分け＞

- 個人差は、一人ひとりの間にある心の働きの**差異**（違い）のこと。この個人差を明らかにするためには、**尺度（ものさし）**が必要であり、**知能検査**やパーソナリティの［類型論］、［特性論］といった分類方法が開発されていった。

社会行動 ＜互いに影響しあうもの＞

- 社会心理学は、人間がどのようにして互いに影響を与えあうかを解明しようとする分野。**他者の存在**によって人間の［社会行動］は変化し、それぞれが互いに影響し合っている。

発達 ＜人はどのように変化をしていくのか＞

- 発達心理学は、人間の身体的成長に伴って生体の種々の機能が成熟していく過程を研究する分野。人は、生涯にわたって、身体的にも精神的にも発達し続けるものであり、［遺伝］と［環境］の両方とも、健康な発達には必要である。

一問一答

❶ 知覚とは、情報と受動的解釈が結びついたものである。
❷ 学習は比較的永続的な行動の変容である。
❸ 人は、動機づけをエネルギーとして、情動の働きによって目標に行動を向かわせる。
❹ 社会心理学は個人が社会にどのような影響を与えるかを解明する分野である。
❺ 発達心理学では、「氏か育ちか」という問題に関して双生児研究が行われることがある。

解説

❶ × 知覚は感覚器官から入ってくる情報を能動的解釈と結びつける。
❷ ○ 学習によって、行動が比較的永続的に変化する。
❸ × 人を目標に向かって行動させるのは動機づけ、エネルギーは情動。
❹ × 個人が他者の存在によってどのような影響を受けるかを解明する分野。
❺ ○ 氏（遺伝）と育ち（環境）どちらの影響が強いのかを考えるときに、双子を研究することがある。

8 臨床心理学の基本理念

臨床心理学の成り立ち

- **Witmer, L.**（1867-1956）は、1896年Pennsylvania大学に世界初の［心理学的クリニック］を作った。また、臨床心理学の訓練プログラムを考案し、資格整備にも貢献した。臨床心理学の父と呼ばれる。
- 心理学的クリニックは主に子どもたちの**知能検査**を行う場としてアメリカ中に広まっていった。
- 20世紀、世界大戦のために心理学者たちは兵士の知能と適性に関するアセスメントを求められ、**集団式知能検査**や**質問紙法パーソナリティ検査**が作られた。このころ心理職の専門性として求められていたのは［心理アセスメント］であった。
- 一方で、戦争で精神的なダメージを負った兵士たちのことが注目され始めた。イギリスの医師**Myers, C.S.**（1873-1946）は、この精神的ダメージを［シェル・ショック］（砲弾ショック）と名づけた。
- 第二次世界大戦後、帰還兵たちの精神医学的ケアのために必要な精神科医を十分に確保できなかったことから、臨床心理学者を訓練し、心理療法の専門家として用いていくことになった。
- 1940年代には、行動主義、精神分析とは異なる流れの、人間の主体性を重視した［人間性心理学］が生まれてきた。**Maslow, A.H.**（1908-1970）の欲求段階説に代表されるように、人間性心理学では人間を自己実現に向かって歩む主体的な存在として捉え、その潜在的能力と成長力を重視する。

科学者－実践家モデル

- 1949年Colorado大学で開催された「臨床心理学における大学院教育に関する会議」において、臨床心理学者の訓練モデル、［科学者－実践家モデル］（Scientist-Practitioner model）が作られた。
- 科学者－実践家モデルとは、臨床心理学者は、科学者であり、実践家であるべき、という考え方に基づき行われる訓練モデルである。**臨床実践のための知識**や**技術**と、臨床心理学的支援とその効果を検証するための**科学的手法の取得**が必要とされる。

科学者－実践家モデルに基づく大学院教育

1. 心理学の基礎分野の知識を習得させる
2. 臨床心理学専門の知識や技術は実習を積ませることにより強化する
3. 科学的な研究方法や統計的なデータ評価方法を必修とする
4. 臨床心理のインターンシップを実施する
5. 実証研究に基づく博士号学位論文を義務づける

生物心理社会モデル

- 心理臨床を実践していく上で重要なもう一つのモデルが、[生物心理社会モデル]（Bio-Psycho-Social model）である。

- 1977年に内科医であり精神科医でもあった **Engel, G.L.** (1913-1999) が提唱した。

- クライエントを**生物的要因**、**心理的要因**、**社会的要因**の3つの側面から理解しようとするモデルである。

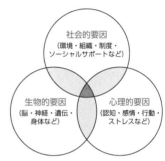

- このモデルを用いてクライエントへの介入と支援を考えることにより、他の援助専門職との**連携**や**リファー**（紹介）をスムーズに行うことができる。

一問一答

❶ Myers, C.S. は、戦争に行った兵士の精神的ダメージを PTSD と名づけた。

❷ 臨床心理学の主な3つの流れは、精神分析、行動主義、人間性心理学である。

❸ 科学者－実践家モデルは、臨床心理学者は科学者である前に実践家であるべき、という考え方に基づいている。

❹ 生物心理社会モデルでは、どの要因が一番重要であるかという考え方はしない。

❺ 生物心理社会モデルでは、クライエントを一元的に捉えようとする。

解説

❶ ✕ Myers はシェル・ショックと名づけた。実際には今でいう PTSD である。

❷ ◯ この3つの流れから主要な心理療法が生み出されていった。

❸ ✕ 臨床心理学者は科学者と実践家の両方であるべきという考え方に基づいている。

❹ ◯ 生物的要因、心理的要因、社会的要因のどの側面も重視する。

❺ ✕ クライエントを多元的に捉えようとするモデルである。

9 臨床心理学のアプローチ

臨床心理学の基本的なアプローチ

- 臨床心理学の基礎的なアプローチには、大きく分けて、[精神力動アプローチ]、[認知行動アプローチ]、[人間性アプローチ] の3つがある。また、心理療法の在り方に大きな影響を与えたものに、[ナラティブアプローチ] と [社会構成主義] がある。

精神力動アプローチ

- 精神的な変調や異常を持つ人々の病気の解明や治療などが研究され、催眠術なども盛んに行われる中で、**Freud, S.** (1856-1939) が [精神分析] を作り上げた。この Freud の理論を基盤とするのが、精神力動アプローチである。
- また、Freud, A. と Klein, M. は子どもに対する心理療法のために [遊戯療法] を考案した。

● 精神力動アプローチ

Freud の流れをくむ派	Freud から分派
Freud, A 自我心理学 Klein 対象関係論 Sullivan 対人関係論 Kohut 自己心理学 など	Adler 個人心理学 Jung 分析心理学

認知行動アプローチ

- 認知行動アプローチには3つの流れがある。
  1つ目は 1950 年代に盛んになった**学習理論**に基づき行動修正を試みる [行動療法] である。行動療法の手法には、系統的脱感作法、エクスポージャー(曝露法)、トークン・エコノミー法、シェイピングモデリング法、SST などがある。
- 2つ目は 1970 年代に始まった、行動における認知の役割を重視する [認知療法] である。代表的なものに **Beck, A.T.** (1921-) の**認知療法**と、**Ellis, A.** (1913-2007) の**論理療法**がある。
- 3つ目は 1990 年代に生まれた「第三世代」といわれる、[マインドフルネス]と [アクセプタンス] を重視するアプローチである。これは認知を変えるのではなく、それが与えるマイナスの影響を少なくしようと試みるものである。

人間性アプローチ

- 1940年代から展開されてきた人間性アプローチは、人間の肯定的な側面とその可能性を重視し、**自己決定**、**自己実現**を促すものである。代表的な心理学者は、**Maslow, A.H.**（1908-1970）や**Rogers, C.R.**（1902-1987）。特に、Rogersの[来談者中心療法]は心理療法の在り方に多大なる示唆を与えた。
- その他には**Gendlin, E.T**（1926-2017）の**フォーカシング指向心理療法**、**Perls, F.**(1893-1970)の**ゲシュタルト療法**、**実存心理療法**、**Berne, E.**(1910-1970)の**交流分析**、**Moreno, J.L.**(1889-1974)の**サイコドラマ**などがある。

ナラティブアプローチ

- ナラティブとは、人が他者に「自分のことを語る」という行為を通して、自分に起きた出来事を受け入れ、**意味づけていく過程**である。語る場面、語る相手によっても意味づけや重みが変化する。この「語ることによる意味づけの変化」を治療的に用いているのが、ナラティブアプローチである。

社会構成主義

- 社会構成主義は、**Gergen, K.J.**（1935-）によって提唱された、「社会の現実というものは、人間の認知（認識、解釈）の枠組みの中で作り上げられていくものである」という考え方である。
- この社会の現実は客観的なものではなく、それに携わる人間によって作り出される主観的なものであるという考え方は、家族療法を起源とした[ナラティブセラピー]や[ブリーフセラピー]などに大きな影響を与えた。

一問一答

❶ 精神力動アプローチは、Adler, A. の個人心理学を起源としている。
❷ Rogers, C.R. の来談者中心療法はその後の心理療法に強い影響を与えた。
❸ ナラティブアプローチでは、誰が聞き手であるかは重要ではない。

> **解説**
> ❶ ✕ Freud, S. の精神分析を起源としている。
> ❷ ○ 「共感的理解」「無条件の肯定的配慮」「自己一致」の態度は他の心理療法にも共通するものとして受け入れられている。
> ❸ ✕ 話し手と聞き手の共同作業であるため、誰が聞き手であるかは重要である。

❓問題

❶ 1879 年に Leipzig 大学に世界初の心理学実験室を開設したのは James, W. である。

❷ 20 世紀前半の心理学の 3 大潮流とは、ゲシュタルト心理学、行動主義心理学と人間性心理学である。 第2回 問3

❸ ゲシュタルト心理学では、物理的な刺激に対する心の働きがあって知覚が起こると考える。

❹ 精神分析は、人間の精神の構成要素を分析し、その規則性を見いだそうとする立場である。

❺ Skinner, B.F. は「すべての行動は条件づけの結果である」とし、アルバート坊やの恐怖条件づけなどの実験を行った。

❻ 認知心理学は、内観と実験との 2 つを研究手法とする。 第1回 問79

❼ 世界初の心理学的クリニックは Freud, S. によって作られた。

❽ 当初、臨床心理学に求められていたのは知能検査や心理アセスメントであった。

❾ 遊戯療法と関連の深い人物は Freud, A. である。 第3回 問5

❿ 「生物心理社会モデル」は、生物生態学的モデルへの批判を背景に生まれたモデルである。 第2回 問78

⓫ 「生物心理社会モデル」はクライエントを理解するためのモデルである。

⓬ Freud, S. の精神分析を基盤としているのが精神力動アプローチである。

⓭ 語ることを治療的に用いるのが来談者中心療法である。

⓮ ナラティブは「語る」という意味であり、ナラティブアプローチは他者が客観的に語る話を聴くことで、自分に起きた出来事を受け入れていく過程である。

⓯ 社会構成主義とは、社会はそこに集められた人によって作られているという考え方である。

Ⓐ 解説

❶ ✕ Wundt, W.M. である。James, W. は 1890 年に『心理学原理』を著した。

❷ ✕ ゲシュタルト心理学、行動主義と精神分析である。

❸ ◯ 知覚は刺激を主観的に捉えたものである。

❹ ✕ 人間が意識できない無意識を重視する立場である。

❺ ✕ アルバート坊やの恐怖実験を行ったのは Watson, J.B. である。

❻ ✕ 内観と実験を用いたのは構成主義である。

❼ ✕ 1869 年に Witmer, L. が作った。

❽ ◯ 子どもの知能検査をはじめ、兵士の知能や適性の検査を行うことが求められた。

❾ ◯ Freud, A. と Klein, M. が子どもの心理療法に遊戯療法を導入した。

❿ ✕ それまでの主流であった生物医学モデルに対して提唱されたモデルである。

⓫ ◯ クライエントを生物面、心理面、社会面から理解しようとする。

⓬ ◯ Freud, S. の理論を発展させたり、分派したりしながら展開している。

⓭ ✕ 語ることを重視したのはナラティブアプローチである。

⓮ ✕ 他者ではなく、自分の主観的な語りによって受け入れていく過程である。

⓯ ✕ 社会とは、人間の認知によって作り出されると考える。

10 心理学研究法の基礎

心理学における研究倫理

- **人を対象とする医学系研究における倫理指針**は、2007（平成19）年の文部科学省・厚生労働省による指針であり、研究をする者は研究実施前に所属機関の**倫理審査委員会**の許可を受けるとされている。

● 研究倫理のポイント

［インフォームド・コンセント］
研究協力者に概要説明、参加を自由意思で決められるよう配慮。
［デブリーフィング］
最初に虚偽の説明を行った場合、実験の参加者に生じた疑念やストレスを取り除くために、終了後に経緯や真の目的を説明。

心理学のさまざまな研究法

［実験法］：主に実験室で被験者を**無作為**に要因ごとの各条件に割り当てて、反応を測定し、各**要因の効果**を検証する方法。
［調査法］：主に**心理尺度**を用いて、**リッカート法**による自己評定で調査対象者に対し回答を求め、選択肢ごとに数字を割り振って、数値化したデータを統計処理する方法。**質問紙**で多数のデータを集められる。他に「明るい－暗い」などの複数の形容詞対で、対象のイメージについて自己評定する**SD法**（semantic differential technique：意味差異法）や、自由記述法など様々ある。

● リッカート法の例

私は細かいことを気にする方だ。	あてはまる	ややあてはまる	あまりあてはまらない	あてはまらない
	4	③	2	1

＊この場合3点と点数化：選択肢は程度の差を示しているだけなので、「ゼロ」がない測定となる。

［観察法］：主に子どもなどを対象として、標的とする行動を観察してカウントしていくことでデータを収集する方法。**質的データ**を収集することもある。観察者による**バイアス（歪み）**が入り込みやすい。

● 観察法のまとめ

主な観察法			記録の方法		データ
時間見本法	一定時間内で行動を抽出		行動目録法	行動生起数	量
場面見本法	特定の行動が起きそうな場面を観察		評定尺度法	行動や印象を評定	質
日誌法	特定の人や集団を日常生活で観察		行動描写法	言葉で記述	質

※行動目録法は、観察対象者に起こりそうな行動の一覧表を用意し、観察結果を記録する。

[検査法]：標準化された心理検査を用いて、被検査者の能力、知識、技能、その他の心的特性を調べる方法をいう。知能検査、適性検査、性格検査など様々な種類がある。

[面接法]：主に一対一で対象者に聞き取り調査を行う。調査的面接は、研究の目的や仮説があり、それを明らかにするために行う。

・[KJ法] は内容が似た記述データをカテゴリーごとに分ける分析法。

・[グラウンデッド・セオリー・アプローチ（GTA）] は、複数の対象者のデータをまとめて概念化し、より大きなカテゴリーとしてモデル化する分析法。

● 調査的面接法の種別

3つの手法	内容
構造化面接	事前にすべて質問内容を決めておき、対象者に細かく回答を求める
半構造化面接	いくつか大まかな質問のみ決めておき、質問の枠の中で対象者の語りに任せる
非構造化面接	事前の質問はなく、すべてを面接者と対象者の語りと相互作用に任せる

[実践的研究]：現実を適切に変化させたり、発展させることを目的として行う研究の枠組み。研究者が現場での体験を通じてデータを収集し、現実を構成する複雑な要素を全体としてそのままとらえようとする。[事例研究] や [アクションリサーチ] などの手法が主となる。

事例研究：臨床的介入の記録を継続的にまとめて、主に**要心理支援者**と**セラピスト**のやりとりを記述し、特定のテーマについて検討する方法である。**インフォームド・コンセント**が特に重要であり、同意を得ておくことが望ましい。

アクションリサーチ：ある状況について問題を発見し、その問題について組織的な変化をもたらすために、対象に応じて様々な研究手法で向上を目指すアプローチ。

GTAってなに？

面接法で最近よく用いられるようになったグラウンデッド・セオリー・アプローチ (GTA) は、もともとアメリカの研究者が看護学の分野で用いたことが最初です。その後、社会学や心理学などの隣接領域にも広がりをみせ、日本ではもともとの GTA 以外に、修正版 GTA なども用いられるようになりました。

GTA は、複数の面接調査対象者から得られた記述データを全体として一つにまとめ、いくつかの概念にコーディングし、より上位のカテゴリーとしてまとめた上で、調べたい現象の理論モデルを構築する仮説生成型の研究に適した方法です。

Column

心理療法やカウンセリングの効果研究

効果研究は心理療法やカウンセリングの効果を科学的知見に基づいて評価するものです。ある技法に効果があるかを調べるには、実験法のように厳密に要因統制を行い、その技法を用いない統制群を置くことができれば何よりです。しかし、実際の臨床場面は実験室のように他の影響を除いた状況を作り出すことは難しく、クライエントに何も心理的支援を行わない統制群を作ることも倫理的にできません。そうした制約がある中で行われるのが効果研究であるといえるでしょう。

一問一答

❶ 研究の目的を偽って実験を行い、実験の終了後に本来の目的を説明することで、実験の参加者に生じた疑念やストレスを取り除く研究倫理上の行為をデブリーフィングという。 第1回 問81

❷ 心理学研究法における観察法は、観察者のバイアスが入り込むことはない。 第1回追試 問81改

❸ 行動目録法は観察対象者に起こりそうな行動の一覧表を用意し、観察結果を記録する。 第1回 問83

解説
❶ ○ 調査対象者に実験後であっても、実験の目的について丁寧に説明し、最終的に同意を得ておく必要がある。
❷ × 観察法は、特定場面において観察者が対象となる行動をカウントしていく方法なので、バイアス（歪み）が入り込みやすい。
❸ ○ 観察法において量的データとして行動頻度をカウントする方法である。

11 心理統計の基礎

尺度水準と代表値

- 心理尺度には4つの**尺度水準**がある。調査法で用いる心理尺度は、ほとんどが [間隔尺度] である。

尺度水準	内容	例
名義尺度	順序性の違いがなく単に異なるカテゴリーであることを示す	性別
順序尺度	個々の値の間に等間隔性はないが順序性はある	学年
間隔尺度	個々の値の間に等間隔性はあるが，基点としてのゼロはない	心理尺度
比率尺度	個々の値の間に等間隔性はあるが，基点としてゼロがある	質量

＊四則演算は間隔尺度、比率尺度で可能となる。

- **代表値**には、**平均値**、**中央値**（度数分布で順序が真ん中のデータ）、**最頻値**（度数分布で最も頻度が多いデータ）などがある。データの散らばり具合を表す**分散**は**標準偏差**（**散布度**でも示せる）の2乗（**分散**の√をとると標準偏差）。

仮説検定と分散分析

- 統計学では本来の対象を [母集団] というが、実際の研究では母集団における代表値（**母数**という）を知ることはできないので、その一部を**標本抽出**してデータとして母数を推定することを [推測統計] と呼ぶ。1つの値を用いて母数の推定を行うことを [点推定] といい、区間で行うことを [区間推定] という。

● 母集団と標本

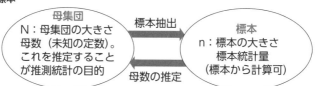

- [確率] とはある事象が起こる割合のことをいう。ある事象が生じる割合が理論的に導かれるとき [確率分布] として表すことができる（表を参照）。一方、標本抽出して得られた分布を [標本分布] と呼ぶ。実際の標本分布は、必ずしも確率分布と一致しない（例：１つのサイコロを振って同じ目が連続して出たりすることがある）。しかし、標本抽出の数を増やしていけば、標本分布は確率分布に近づいていく。

● 確率分布の例（１つのサイコロを振る場合）

サイコロの目	1	2	3	4	5	6
確率	$\frac{1}{6}$	$\frac{1}{6}$	$\frac{1}{6}$	$\frac{1}{6}$	$\frac{1}{6}$	$\frac{1}{6}$

- **仮説検定**とは、[帰無仮説]（例：２群の平均値に差はない）を「**棄却**」し、[対立仮説]（例：２群の平均値に差がないとはいえない）を「**採択**」して、**有意差**があるか判断すること。
- [正規分布] のデータで、両端に2.5％ずつあわせて5％の部分に統計量（t 値等）があると有意であると判定する。

● 有意水準のイメージ

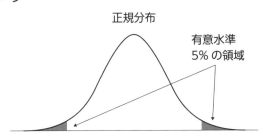

正規分布

有意水準
5％ の領域

- 1％水準は両側0.5％。これを [両側検定] という（**片側検定**もある）。
- ２群は [t 検定]、３群以上は [分散分析] を用いる。
- **分散**は**偏差**（得点−平均）の２乗を平均したもの。
- [多重比較] は、要因の水準が３つ以上あり（例：３クラスでの差をみる場合など）、**分散分析**の検定結果が有意である場合の分析。

● 分散分析の計算イメージ

$$\begin{bmatrix} 測定値の全体平均 \\ からの変動 \end{bmatrix} = \begin{bmatrix} 要因の効果に \\ 基づく変動 \end{bmatrix} + \begin{bmatrix} 水準内での \\ 偶然的な変動 \end{bmatrix}$$

- 2×2などのセル（例：男女×恋愛経験の有無）で名義尺度の出現数をまとめたものをクロス集計表という。なお、この2×2のクロス集計表の場合は［四分点相関係数］（φ〈ファイ〉係数）で関連性を示すことができる。
- **クロス集計表の連関の検定**（例：男女と恋愛経験の関連の検定）では［χ^2（カイ2乗）検定］の確率分布を用いる。
- ［順位相関係数］とは、データが順序や順位で示されている場合や、データが間隔尺度や比率尺度であってもある一定の範囲を超えてかけ離れた数値を示すデータである「**外れ値**」がある場合などに用いられる。

相関的な分析

- **散布度**で表される2つの変数の間の相関関係を表すものを［相関係数］という。
- **相関係数（r）**は $-1 \leqq r \leqq +1$ の範囲で表す（相関係数の強さは下記）。
- 相関係数では、変数 X が変化すると変数 Y も連動して変化することを**共変関係**という。
- 2つの変数間の相関係数が大きい場合にも、例えば「身長」と「体重」が高い相関を示したとして、それに「年齢」という第3の変数が影響して見かけの相関（**疑似相関**）が高くなっている場合がある。
- こうした場合、「身長」と「体重」の両方から「年齢」の影響を取り除いた（統制という）データ間で［偏相関係数］を算出することができる。
- また、偏相関を算出する上で、上の例でいえば「身長」から「年齢」の影響を除いたデータと「体重」、および「体重」から「年齢」の影響を除いたデータと「身長」のそれぞれの相関のことを**部分相関係数**という。
- ［回帰分析］は、雨の降る量（原因）と傘の売り上げ（結果）など、2変数に**因果関係**が予測されるときに行う。
- 結果となる変数を［基準（目的）変数］、原因となる変数を［説明（予測）変数］といい、説明変数が1つの場合を［単回帰分析］という。

● 相関係数の強さ

相関係数	強さ
$0 < r < |0.2|$	ほぼ無し
$|0.2| \leqq r < |0.4|$	弱い
$|0.4| \leqq r < |0.7|$	中程度
$|0.7| \leqq r$	強い

● 回帰式のイメージ

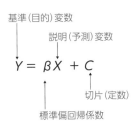

基準(目的)変数
説明(予測)変数

$$Y = \beta X + C$$

切片(定数)
標準偏回帰係数

- 母集団に**確率分布**(正規分布など)を仮定する場合は**パラメトリック検定**(t 検定、分散分析など)とされ、母集団に確率分布を仮定しないものを[ノンパラメトリック検定](データ数が非常に少ない場合などに用いる)という。

一問一答

❶ 統計的仮説検定の有意水準とは、対立仮説が真であるとき帰無仮説を採択する確率である。 第1回 問113

❷ 1要因分散分析の帰無仮説は「全ての水準の母平均は等しい」というものである。 第2回 問80

❸ クロス集計表の連関の検定で利用される確率分布は、カイ2乗分布である。 第1回追試 問82

（解説）

❶ × 正しくは「帰無仮説が真であるとき帰無仮説を棄却する確率」である。

❷ ○ 3水準以上の母平均がすべて等しいという仮説となる。

❸ ○ カイ2乗検定で有意差がみられた場合は、残差分析によって具体的にどのセルに違いがあるか検討する。詳細は他の心理統計の専門書を参照。

Column

 因果関係は慎重に

　単回帰分析は、基本的に因果関係が前提となる分析方法です。因果関係と対比されるものに共変関係というものがあり、相関係数による分析が代表的です。

　共変関係と因果関係の違いを理解するには、横断的研究と縦断的研究の違いを例に考えるとよいでしょう。横断的研究とは、例えば大学生 300 人に質問紙調査をしたようなデータです。同じ時期に調査しているので、得られたデータには因果関係は仮定できません。縦断的研究とは、例えば新入社員 50 人に入社直後、半年後、1 年後と 3 回に分けて質問紙調査をするようなデータであり、50 人は 3 回とも調査に参加します。

　こうして得られたデータは時間的順序性があるので、1 回目のデータが 2 回目、3 回目のデータに影響を与えるという説明がしやすくなります。ただし、横断的研究のデータであっても、理論的に因果関係が仮定できる場合もあります。また、縦断的研究であっても、理論的根拠がなければ因果関係は設定できません。

　まずはしっかりした文献研究によって理論を固め、その上で分析を行うのが研究の王道です。

MEMO

12 多変量解析①

因子分析

- **因子分析**は、直接測定される**観測変数**（例：心理尺度の各項目）から、直接目に見えない**潜在変数**（例：「外向性」など）である**因子**を見いだす分析。
- 因子 (factor) は目に見えない**心理学的構成概念**（例：「自尊感情」など）。
- 下図は因子から各項目への［因子負荷量］を矢印で表しており、太い実線の矢印は高い因子負荷量（通常は |.40| 以上）、点線の矢印は低い負荷量を表し、因子１は項目 1〜3、因子２は項目 4〜6 で構成されると判断する。
- この図は各因子からすべての項目に矢印を仮定する［探索的因子分析］のモデル図。
- 因子の回転には、因子間相関を仮定しない［直交回転］と、因子間相関を仮定する［斜交回転］がある。

● 因子と項目の変数との関係

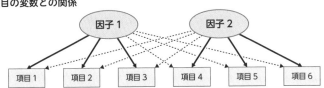

テスト理論

- **テスト理論**とは、心理尺度の開発や使用に関わる考え方をいう。
- 心理尺度を作成した後は、［信頼性］と［妥当性］を検討する。
- 信頼性は、その構成概念の測定の精度を表しており、結果が正確に測定できているかという観点から、心理尺度を評価することをいう。
  （例 1：「○○」という因子名でも、項目群がバラバラの意味だと、項目の合計点はその「○○」因子を正確に示す数値にならない。⇒**内的整合性**）
  （例 2：「今日の気分」のように、測定するたびに合計得点が上がったり下がったりする因子では、そもそも心理尺度として不適切。⇒**安定性**）
- 妥当性は、その構成概念は本当に測定しようとする概念を適切に捉えているかという観点から、心理尺度を評価することをいう。
  （例：「△△」という心理尺度を作っても、合計点の高さが「△△」を適切に表していることを、理論的観点あるいはデータで客観的に示す必要がある）

信頼性

- [α 係数] は**内的整合性**の観点による信頼性の指標で、因子を構成する項目同士のまとまりのよさを意味する。

  （例：左の図でいえば、「因子1」は項目1〜3、「因子2」は項目4〜6でそれぞれα係数を算出し、**α = .70 以上**が経験的基準となる）

- [再検査信頼性係数] は**安定性**の観点による信頼性の指標で、同じ調査対象者が2週間から1カ月程度の間隔を空けて、同じ心理尺度に回答したデータをもとに、因子ごとの相関係数を算出する。

  （例：左の図でいえば、「因子1」「因子2」ごとに合計得点を算出し、1回目と2回目のデータ間で相関係数を算出する。$r=|.70|$ 以上（強い相関）が一応の目安だが明確な基準はない）

妥当性

- [内容的妥当性] は、作成した項目が各因子を構成する上で適切か、複数（3〜5名程度）の研究者が意味内容をチェックし、必要に応じて文を修正する。
- [併存的妥当性] は、類似した他の心理尺度との相関係数を算出。
- [基準関連妥当性] は、その尺度の基準となるような明確な**外的基準**（例：「知的能力」に対する学業成績など）との相関係数を算出。
- [構成概念妥当性] は、理論的に関連が予測される心理尺度との相関係数を算出。
- [因子的妥当性] は、因子構造の適切性を判断し、[確認的因子分析] によって [適合度指標] を算出する。

一問一答

❶ 因子分析の斜交回転において各観測変数と各因子との相関係数を要素とする行列を表すものを因子負荷（量）という。 第1回追試 問6改

❷ テスト理論では、新たに作成した心理尺度はまずは信頼性を満たすことが重要で、妥当性は必ずしも必要ではない。

❸ 併存的妥当性は、理論的に関連が予測される他の心理尺度との相関係数を算出することで検討される。

> 解説
>
> ❶ ✕ 因子負荷（量）でなく因子構造が正しい。因子構造の各数値が因子負荷量となる。
> ❷ ✕ 妥当性も必須である。ただし、特に妥当性は一つの研究ですぐに確認できるというよりは、複数の研究を蓄積していく中で確認していくことも多い。
> ❸ ✕ これは構成概念妥当性の説明であり、併存的妥当性は類似した他の心理尺度との相関係数を算出することで検討する。

13 多変量解析②

重回帰分析

- 重回帰分析は、説明変数が 2 つ以上ある場合をいう。
- [標準偏回帰係数（β）] とは、説明変数がどの程度、基準変数に影響を及ぼしているかを表し、相関係数と同じく－1 から +1 の範囲をとる。
- 説明変数間の相関が高すぎると、標準偏回帰係数の推定量が不安定になるため留意すべきことを [多重共線性] の問題という。
- [重相関係数] は、標準偏回帰係数と説明変数の積である**予測値**が基準変数をどの程度説明しているかの程度を表す。
- 下の数式でいえば、関数の考え方でいうと、重回帰分析は変数 X が 1 つでなく複数（n 個）ある状態である。β は傾き、つまり関数 f(x) の f に該当し、1 つの Y がたくさんの X と傾きや切片で決まるイメージである。

● 重回帰分析の数式的イメージ

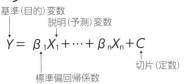

$$Y = \beta_1 X_1 + \cdots + \beta_n X_n + C$$

- 例えば下図のように、本人が主観的に自分を幸福だと感じている程度を表す**主観的幸福感**を基準変数、年収、友人の数、趣味の数の 3 つを説明変数として予測するとする。この場合、もし β_2 の絶対値が最も大きければ、年収や趣味の数よりも友人の数が主観的幸福感を左右していると考える。

● 重回帰分析のモデル

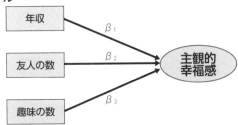

より発展的な分析

- 重回帰分析は説明変数と基準変数はいずれも量的変数であるが、[判別分析]
  のように、量的な説明変数によって、1つの質的な基準変数を予測するための
  分析もある。
- その他、分析手法には、下記のものがある。

パス解析	回帰分析を繰り返し、仮説的モデルの因果関係を検討するもの
構造方程式モデリング	パス解析等のモデルがデータと適合しているかを表す適合度指標を算出できる構造方程式。それぞれパス係数が算出されるが、重回帰分析の標準偏回帰係数と発想は同様である
メタ分析	同一のテーマについて行われた複数の研究成果を統計的な方法を用いて統合する、統計的レビューのこと。異なる研究間の結果を比較するための共通の物差しとして効果量を用いることが必要である

- パス解析は、①**ストレッサー**（嫌悪刺激）⇒**ソーシャルサポート**（周囲に助け
  てもらえる感覚）という単回帰分析と、②ストレッサー＋ソーシャルサポート
  ⇒抑うつ傾向の重回帰分析を行い、モデルにまとめる。ストレッサーからソー
  シャルサポートを経由すると抑うつ傾向を和らげる効果（**緩衝効果**）がある。
- 構造方程式モデリングはこうしたモデルに適合度指標が加えられ、モデルが
  データを適切に説明しているかの目安を提供してくれる。
- メタ分析は例えば、**認知行動療法**のうつ病に対する効果に関する論文を集め、
  全体として認知行動療法がうつ病に有効か検討する場合などに用いる。

一問一答

❶ 重回帰分析の重相関係数は、基準変数と予測値との相関係数のことである。
　第1回 問41

❷ パス解析は回帰分析を繰り返し行ってモデル化したものの適合度指標が算出
　される。

❸ 量的な説明変数によって1つの質的な基準変数を予測するための解析方法は
　判別分析である。　第2回 問7

> (解説)
> ❶ ○　重相関係数を2乗したものを決定係数というが、いずれも予測値が基準変数
> 　　をどの程度説明しているか判断する指標となる。
> ❷ ✕　適合度指標は構造方程式モデリングで算出される。また、構造方程式モデリ
> 　　ングは回帰分析を繰り返し行う必要はなく、モデルを構築するだけで分析が
> 　　可能である。
> ❸ ○　なお、質的変数とは尺度水準が名義尺度か順序尺度、量的変数とは間隔尺度
> 　　か比率尺度のものを指す。

Q 問題

① 研究協力者に概要説明、参加を自由意思で決められるよう配慮することをインフォームド・コンセントという。

② 実験法とは、主に実験室で被験者を無作為に要因ごとの各条件に割り当てて、反応を測定し、各要因の効果を検証する方法である。

③ 調査法で用いられるリッカート法は、調査対象者に自己評定で回答を求めて、選択肢ごとに数値を割り振って数値化したデータを扱う。

④ KJ法とは、複数の調査対象者のデータをまとめて概念化し、より大きなカテゴリーとしてモデル化する分析法である。

⑤ 心理尺度には4つの尺度水準があり、調査法で用いる心理尺度はほとんどが比率尺度である。

⑥ 極端に大きな（あるいは小さな）値を外れ値というが、代表値のうち平均値は外れ値によって影響を受けやすい。

⑦ ある事象が生じる割合が理論的に導かれるとき確率分布として表すことができる。

⑧ 2群の平均値を比較する場合には通常t検定を用いる。

⑨ 単回帰分析では、共変関係にもとづいて、基準（目的）変数と説明（予測）変数の関係を分析する。

⑩ 主成分分析は、個体を最もよく識別できるように、観測変数の重みつき合計得点を求める方法である。 第3回 問81

⑪ 因子分析の回転法は、通常バリマックス（直交）回転を選択すべきである。

⑫ テスト理論の信頼性には、内的整合性と安定性という2つの観点がある。

⑬ パス解析と構造方程式モデリングは基本的に同じ分析方法である。

Ⓐ 解説

❶ ○ 調査対象者には、研究の計画と目的を丁寧に説明した上で、研究への協力について事前に同意を得ることが必要である。

❷ ○ 特に被験者を無作為に各条件に割り当てる点は非常に重要であり、それによって恣意的な実験結果となるのを防ぐことができる。

❸ ○ リッカート法のデータの尺度水準は間隔尺度である。

❹ × グラウンデッド・セオリー・アプローチ（GTA）の説明であり、KJ法は内容が似た記述データをカテゴリーに分けるが、モデル化は行わない。

❺ × 調査法で用いる心理尺度はほとんどが間隔尺度であり、基点としてのゼロがないことに注意すること。

❻ ○ 中央値は外れ値の影響を受けない。実際のデータ分析では外れ値は特別なケースとして除外されることも多い。

❼ ○ 一方で、標本抽出をして得られるのが標本分布である。

❽ ○ t検定には独立した2群によるもの（別々の被験者）と、対応のあるもの（主に同じ被験者の繰り返しデータ）とがある。

❾ × 単回帰分析は因果関係を前提としており、基準（目的）変数が結果、説明（予測）変数が原因である関係で分析に用いる手法である。

❿ ○ 主成分分析はなるべく1つの合成変数にまとめることを目的とするが、やむを得ず複数の合成変数になることもある。

⓫ × 因子分析では、想定される因子間に相関がないという前提がある場合を除き、通常は因子間に相関があることを仮定する斜交回転を用いる。

⓬ ○ 心理尺度を作成する際は、内的整合性のみ検討している研究も少なくないが、できるだけ安定性の観点からの信頼性も検討する方が望ましい。

⓭ × 両方ともモデルを構築することは共通しているが、構造方程式モデリングは、パス解析で算出できない適合度指標を検討できる点でより優れている。

14 実験計画の立案

実験計画の概要

- **実験**とは**操作的研究**ともいい、実験者が操作する変数を［独立変数］、その操作の結果としての変数を［従属変数］という。実験室で行う場合でも、独立変数で設定した変数以外が影響を及ぼすことがある。これを［剰余変数］という。
- 実験計画は剰余変数をいかに統制し、独立変数の影響を検討するかが重要。
- 実験の参加者を［被験者］と呼ぶが、実験操作によって検討する対象を［要因］と呼ぶ。
- 計画の仕方は、無作為に割り振られた被験者がいずれかの実験条件のみを体験する**被験者間計画**、被験者がすべての実験操作を経験する**被験者内計画**の2つがある。分析結果には1つの要因の効果である**主効果**と、2つ以上の要因が複雑に組み合わさって生じる**交互作用**がある。

実験計画の問題

- ある研究テーマに関心をもった際、そのテーマについて内外でどのような研究が行われているのか、できるだけ論文を収集する。そこから自分の関心に近い論文を取捨選択して、概要をまとめるのが**文献研究**である。
- ［リサーチクエスチョン］とは、先行研究で明らかになっていることを踏まえ、これからの研究で何を明らかにするかに関する「研究の問い」である。その上で、研究の**目的**や意義を述べる。そして、現象の背後にあるメカニズムやプロセスについて、ありうる説明としての**仮説**を立て、具体的に生起する現象について**予測**を記述する。

実験の方法

- **実験参加者**は、男女ごとの人数、年齢の範囲や平均をチェックする。実験の目的や意義、実験参加によって生じる不利益の可能性等について事前に**同意**を得ておく必要がある（**インフォームド・コンセント**）。
- 研究の性質上、事後でなければ研究の真の目的が告げられない場合には事前に虚偽の目的を伝え（**デセプション**）、実験終了後に本来の目的を伝えて、データを使用する同意を得る必要がある（**デブリーフィング**）。

- 実験に用いた［装置］や器具は、名称や寸法を記載する。実験に用いた［刺激］
  や［材料］は、図や写真などを記載することで具体的に理解しやすいようにし、
  刺激の強度や**持続時間**など具体的な数値を正確に示しておく。

手続き

- 実験の**手続き**で重要な点として、実験者によって独立変数による操作が加えら
  れた群のことを［実験群］と呼ぶのに対し、操作が加えられていない群を［統
  制（対照）群］と呼ぶ。
- 例えば、何らかの治療法の効果を見る場合、その治療を施した実験群と、治療
  を施していない統制群の間で、予後としての症状（**従属変数**）に差があるか検
  討する場合などがある。

実験参加者の注意点

- 実験を行う上で、参加者に対して以下について注意する必要がある。

練習効果	被験者内計画の実験参加者は特定の課題を複数回行うことで、課題に慣れてしまい、その繰り返しが従属変数に影響を与えることがある
順序効果	被験者内計画で実験する場合、実験参加者が異なる条件の課題を行う際に、その条件提示の順番が影響を与えてしまうことがある
カウンターバランス	被験者内計画で実験する場合、実験参加者の半数は逆の順番にするなどして、順序効果を相殺する
無作為割付	実験参加者を特定の偏りのもとで実験条件に配置すると、従属変数の結果に影響を与える可能性があるため、実験参加者は［無作為（ランダム）］に配置することが重要

一問一答

❶ 研究の目的を偽って実験を行い、実験の終了後に本来の目的を説明すること
  によって、実験の参加者に生じたストレスを取り除く研究倫理上の行為をデ
  セプションという。 第1回 問81

❷ 心理学実験について、行動に及ぼす要因を明らかにするために実験者が操作
  する変数を独立変数という。 第1回追試 問119

❸ 被験者間計画で実験を行う場合、実験群と統制群に無作為に実験参加者を割
  り当てることが重要となる。

解説

❶ ✕ デセプションは研究の性質上、事後でなければ真の目的が告げられない場合に事
  前に虚偽の目的を伝えることであり、問題文はデブリーフィングの説明である。

❷ ○ その操作の結果としての変数を従属変数、実験室内でも独立変数で設定した
  以外で影響を及ぼす変数を剰余変数という。

❸ ○ また、被験者内計画は同じ実験参加者に繰り返し操作を行うことをいう。

15 実験の分析とまとめ

実験データの分析

- 実験の**データ解析**は、仮説検定の考え方に従う。実験で用いる方法には、**実験法**以外に、**調査法**、**観察法**、**検査法**、**面接法**がある。
- 実験については、例えば実験群と統制群の2群を設定した場合、平均値の差を分析するにはt検定を行う。t検定には**対応のあるt検定（被験者内計画）**と**対応のないt検定（被験者間計画）**があるが、この場合は対応のないt検定を行うことになる。t検定の**有意性検定**は有意確率によって**5%水準**あるいは**1%水準**で判定がなされる。

● 2つの過誤

> ①［第1種の誤り］：**帰無仮説が正しいのに、帰無仮説を棄却する誤り**
> ②［第2種の誤り］：**帰無仮説が偽であるのに、帰無仮説を採択してしまう誤り**

- 有意差だけでなく、より信頼できる検定統計量（t値等、統計分析で算出される）を追記して分析することが推奨されている。主に、［効果量］及び［区間推定］（いずれも有意性検定の過誤を防ぐため、群間差などの効果の実際の大きさを表す）の考え方に基づく［信頼区間］が挙げられる。
- 信頼区間は、［標準誤差］（標本統計量が母数の真値から平均的にどの程度変動するか示す指標）を用いて算出し、**エラーバー**を図のように記載する。下図では、同じ平均値でもエラーバーの重なりが少ない右側の結果の方が、確実に2つの学校のテスト得点間に差があると判断できる。

● 2つの学校の生徒のテスト得点平均値とエラーバー

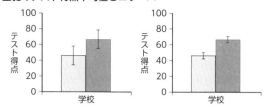

実験結果と考察

- 実験データを分析した後は、図表にまとめて**結果**として記載する。その際に、データ分析で用いた分析手法や得られた検定統計量をすべて正確に本文中に記載し、わかりやすい図表を作成するよう工夫する。
- 結果を記載した後は、得られた結果を、実験計画立案時に設定した**目的**、**仮説**、**予測**に応じて**考察**していく。実験結果は必ずしも計画立案時の予想通りであるわけではなく、当初の目的に沿って設定した予測をどの程度支持する結果となったのか、客観的な観点から判断して考察する必要がある。
- 仮説や予測と異なる結果が得られた場合でも、そうした結果となったのは実験方法に問題があったのか、もしくは当初の仮説や予測を修正する必要があるのかという点についても、詳細に検討することが望ましい。考察の最後には、研究の**今後の課題**について述べ、次の研究につなげる姿勢が重要である。

引用の方法と意義

- 実験計画のまとめを行う際は、問題、方法、結果、考察の順に記述する。
- 基本的に心理学論文では各学会での論文執筆の方法が定められているため（日本心理学会『執筆・投稿の手引き』等）**引用方法と引用文献**の書式に従う。
- 資料収集の段階では、国内の文献だけでなく、広く内外の文献を網羅して本文中で引用する。引用を行うのは、実験計画をまとめる際に、幅広い先行研究の知見を踏まえて**科学的判断**を行うためである。

一問一答

❶ 2群間の平均値の差を分析するときは、対応のない t 検定を行う。
❷ 第2種の誤りとは、帰無仮説が正しいのに帰無仮説を棄却する誤りのことである。
❸ 有意性検定では有意差を出せばよいので、効果量を記載する必要はない。

解説

❶ ○ 対応のある t 検定は、同一被験者によるテスト前後の特定を比較する場合などである。
❷ × これは「第1種の誤り」の説明である。
❸ × 有意性検定の過誤を防ぐためには効果量の記載が推奨される。

16 知覚と認知

心理物理学

- **心理物理学**とは、刺激の物理的特性と、その刺激によって生じる感覚や知覚などの心的過程との関係を**定量的**に研究する学問であり、生理学と物理学の研究者であった Weber, E.H. と Fechner, G.T. が物理学の手法を使い、「心の働き」を解明しようとしたことから名づけられた。Fechner, G.T. によって創始された。

心理物理学的測定法

- 物理量として測定された刺激と、それに対する反応として体験された心理感覚との関係を定量的に把握する方法である。
- 代表的な方法として、下表に挙げたものなどがあり、これらの方法を用いて、［刺激閾］（絶対閾）、［刺激頂］、［弁別閾］（丁度可知差異）、［主観的等価点］などを測定する。

● 代表的な心理物理学的測定法

調整法	被験者が自ら刺激を調整し、その刺激の変化を観察しながらその刺激と等価（等しい）であるか判断する方法 同じになったところを主観的等価点という 例：ミュラー・リヤーの錯視実験、等色実験
極限法	実験者によって刺激変化の調整が行われ、その刺激を少しずつ段階的に変化させ、被験者に二件法（例：はい／いいえ）、もしくは三件法（例：はい／いいえ／不明）によって回答を求める方法
恒常法	実験者が数段階の刺激をランダムな順序で提示し、極限法と同様に、「大／小」、「見える／見えない」、「同じ／違う」、「強い／弱い」などの判断を被験者に求める方法
上下法	二件法（見える／見えない、聞こえる／聞こえない）を用い、被験者が反応可能な刺激よりも一段上げてもしくは下げて反応しやすくすることで、極限法や恒常法よりも効率よく計測できる方法
一対比較法	被験者に刺激を 2 つずつ組にして提示し、感覚的印象の「大／小」や「好き／嫌い」などについて評定、選択させて刺激の主観的価値を計量化する方法
強制選択法	選択肢の数をあらかじめ実験者が限定して問いかけ、その中から被験者に選ばせる方法。反応バイアスを取り除く試みとして開発された
マグニチュード推定法	ある刺激を 10 とした場合、与えられた刺激がいくつになるかを被験者に推定させる方法

感覚の種類

- 感覚とは、生体内の変化や生体に対する刺激に反応して生体の恒常性を保つために必要な機能である。
- 感覚には**視覚**、**聴覚**、**嗅覚**、**味覚**、**皮膚感覚**、**運動感覚**、**平衡感覚**、**内臓感覚**などの種類がある。
- [感覚受容器] によって変化や刺激を感知することができる。

明るさと色の知覚

- 網膜の奥には、[錐体細胞] と [桿体細胞] という 2 種類の視細胞が存在しており、これらの細胞によって網膜に結んだ物体の像の明暗や色や形を捉えることができる。
- 錐体細胞は、主に [明るい場所] で働き色を識別し、桿体細胞は、[暗い場所] で働き明暗を感じる。

● 錐体細胞と桿体細胞

	錐体細胞	桿体細胞
位置	中心窩	周辺
色の感度	良い	悪い
明るさの感度	悪い （明所視：明るい場所で働く）	良い （暗所視：暗い場所で働く）

● 暗順応と明順応

暗順応	明るいところから暗いところに移動し、目が慣れる現象	・[錐体細胞] が機能しなくなり一時的に何も見えなくなる ・[桿体細胞] が機能し始めるが時間がかかる（暗順応が成立するためには 30 分程は必要）
明順応	暗いところから明るいところに移動し、目が慣れる現象	・[桿体細胞] が機能しなくなり一時的に何も見えなくなる ・[錐体細胞] が機能し始める（数分で成立）

- 明所視から暗所視へ移行する明るさでは、赤がくすんで暗くなり、緑や青が相対的に明るく感じるようになる。これは錐体細胞と桿体細胞の動きの違いによって生じる現象であり、[プルキンエ現象] という。
- 色の心理的属性は、① [明度]（明るさ）、② [彩度]（純度）、③ [色相]（色の質的な違い）の**三次元**で説明される。
- 色の知覚を引き起こす刺激を [基本色刺激] といい、R（赤）は 700nm、G（緑）は 546.1nm、B（青）は 435.8nm と国際照明委員会で決定されている。

- 色に関する知覚は色覚とも呼ばれ、色覚のメカニズムに関する仮説として [ヤング・ヘルムホルツの三原色説] がある。これは、人間の眼には赤、緑、青紫に対して感じる 3 つの光受容体があり、その感じ方の割合により多様な色を感じるというものである。

空間知覚

- 空間知覚とは、**視覚・聴覚・触覚**を通じてなされる、三次元空間に関しての知覚のことであり、[運動知覚] [仮現運動] [奥行き知覚] の成立が主なテーマとなる。
- 運動知覚とは、刺激対象物の移動や動きを知覚することである。
- 仮現運動とは、刺激対象物の移動や動きがないにもかかわらず、動いているように知覚することである。
- 奥行き知覚とは、遠近感や三次元的広がりの知覚であり、空間知覚で重要な知覚である。
- 奥行き知覚に利用される手がかりは、単眼性のものと両眼性のものに分けられる。
- 両眼性の手がかりとしては、「輻輳」や「両眼視差」(両目の網膜に映る像の違い) があり、[両眼視差] が奥行き知覚に最も関係している。
- 単眼性の手がかりとしては、陰影や濃淡、重なり、線遠近法、大気遠近法、きめの勾配、運動視差がある。

物体とシーンの知覚

- 物体を知覚することは形の知覚をするということである。「背景」もしくは「地」から浮き出て「図」になることによって物体の知覚が可能になる。
- 形として物が見えてくる領域を「**図**」といい、背景となり注意が向けられない領域を「**地**」という。人は、[図になりやすさの法則] により物体の知覚を行っている。
- シーンとは光景・風景・場面、すなわち、背景のことを指す。人はバラバラのものを 1 つのものにまとめてシーンの知覚を行う (例:Wertheimer, M. が示した、[群化の法則 (体制化の法則)])。

音と音声の知覚

- 音や音声を知覚するための感覚は聴覚である。聴覚は外耳、中耳、内耳を経て外部の刺激を大脳の一次聴覚野へ伝えることで生じる。
- 音とは、人に対して聴覚的感覚を起こす可聴域 16Hz～20kHz の周波数と120dB 以内の音圧を持つ周波数範囲のものであり、それが聴覚器官を通じて神経インパルスに変換され、中枢に伝達されて音が知覚される。
- 音声とは、母音と子音の 2 つがあり、その組み合わせで発話される。人はさらにその音声により言語を作り、コミュニケーションをとることができる。

- 音源定位には、[両耳間時間差]（左右耳に到達する音波に生じる時間の差）や[両耳間強度差]（左右に到達する音波に生じる強度の差）が用いられる。

様々な感覚と多感覚統合

- 味覚は舌の表面に分布している味覚受容器の味蕾に何らかの刺激が与えられることによって生じる感覚である。
- 嗅覚は鼻腔内部の嗅粘膜中の嗅細胞に何らかの刺激が与えられることによって生じる感覚である。
- 触覚は皮膚や粘膜の表面へ何らかの刺激が与えられることによって生じる感覚である。
- 体性感覚は、触覚、痛覚、温覚、冷覚のうち皮膚へ何らかの刺激が与えられて生じる皮膚感覚と、皮膚感覚よりも奥に存在する受容器へ何らかの刺激が与えられて生じる深部感覚を合わせたものをいう。
- 視覚や聴覚など複数の感覚器官から得られる情報を統合し、相互に照らし合わせながら物事を知覚することを [多感覚統合] という。
- 多感覚統合により生じる現象を [クロスモダリティ現象（クロスモーダル効果）] という。クロスモダリティ現象には [マガーク効果] や [腹話術効果]、[ラバーハンド錯覚]、[ブーバ・キキ効果] などがある。

注意、意識

- 必要なものに意識を向けたり、重要なものに意識を集中させたりすることを [注意] という。知覚しているという意識が生じるのは、注意が向けられた刺激に対してのみである。
- 注意は、[全般性注意] と [方向性注意] に大別することができる。さらに、全般性注意は「**選択**」「**持続**」「**分配**」「**転換**」といった 4 つの要素に分けられる。

● 全般性注意の分類

選択的注意	多くの情報の中から、今必要な情報だけを選ぶ
持続的注意	注意力や集中力を持続させて一つのことを続ける
分配性注意	いくつかのことに同時に注意を向けながら行動する
転換性注意	一つのことに注意を向けているときに、他のことに気づいて注意を切り替える

- 全般性注意の障害を**全般性注意障害**、方向性注意の障害を**半側空間無視**という。
- 全般性注意障害は、すべての空間に対して不注意が生じるもので、注意障害といわれる場合、多くは全般性注意障害のことを指す。一方、方向性注意の障害は、特定の方向に対して不注意が生じる（例：右半球損傷に伴う左半側空間無視）。

記憶

- 記憶は、[記銘（符号化）] → [保持（貯蔵）] → [想起（検索）] の過程からなり、すべての過程で成功して、はじめて記憶が成立する。
- 記憶の保持時間によって、感覚記憶、短期記憶、長期記憶に分類される。
  [感覚記憶]：目、鼻、耳などの感覚器官に刺激が入力された時に一瞬だけ保持される記憶
  [短期記憶]：感覚器官に刺激が入力された後、数秒から数十秒間だけ保持される記憶
  [長期記憶]：数分間から一生まで長期間にわたって保持される記憶
- 長期記憶は、[陳述記憶]（宣言的記憶）と [非陳述記憶]（非宣言的記憶）に大別される。陳述記憶は [エピソード記憶] と [意味記憶] に分類され、非陳述記憶は [手続き記憶]、[プライミング]、[古典的条件づけ]、[非連合学習] などに分類される。
- 意味記憶や手続き記憶は加齢の影響を受けにくい。
- 何度も反復することをリハーサルと呼び、短期記憶を保持するリハーサルを [維持リハーサル]、長期記憶に転送するリハーサルを [精緻化リハーサル] という。
- 記憶の測定方法には、主に、再生法・再認法・再学習法などがある。
- 事故や病気の前に経験したことが思い出せなくなったり、新しい経験や情報を覚えられなくなったりした状態を [記憶障害] といい、前者を [逆向健忘]、後者を [前向健忘] という。

● 記憶の分類

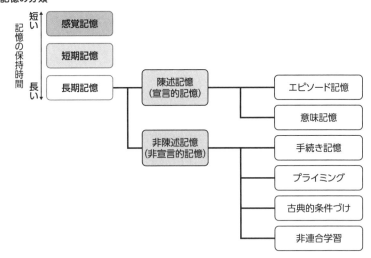

二重貯蔵庫モデル（多重貯蔵庫モデル）

- 二重貯蔵庫モデルとは、記憶は短期記憶と長期記憶の2つから成り立っているという考え方で、Atkinson & Shiffrin によって提唱されたモデルである。その後、[感覚記憶] のメカニズムが加えられ、[多重貯蔵モデル] となった。
- 二重貯蔵庫モデルを支持する実験的証拠として、自由再生の記憶実験における [系列位置効果] が挙げられる。
- 系列位置効果とは、記憶する情報の順番によって、再生率が変化する効果のことである。リストの最初と最後の数項目の再生率が、リストの中間部分の再生率よりも高くなる（[初頭効果] と [新近性効果]）。再生率を折れ線グラフとして表した [系列位置曲線] は **U 字型**になる。

処理水準モデル

- 処理水準モデルとは、記憶の持続性はその記憶刺激の処理の水準に依存し、処理の深い刺激は処理の浅い刺激よりも記憶されるという考え方で、Craik & Lockhart によって提唱されたモデルである。
- 記憶の処理には、① [物理的処理]、② [音響的処理]、③ [意味的処理] の3つのレベルがあり、処理が深ければ深いほど記憶に残る。

ワーキングメモリ・モデル

- **ワーキングメモリ**（作業記憶）とは、作動記憶や作業記憶とも呼ばれ、情報を一時的に保持しつつ、同時に処理する能力のことを指す。
- ワーキングメモリ・モデルは、Baddeley, A. & Hitch, G. によって提唱されたモデルである。
- 初期のモデルでは、ワーキングメモリは、[音韻ループ]、[視空間スケッチパッド]、[中央実行系] の3つのコンポーネントから構成されるシステムとして捉えられていたが、その後 [エピソード・バッファ] を付け加えた新しいモデルが提案された。

メタ記憶

- メタ記憶とは、自己の記憶についての評価と知識、および記憶方略や記憶状態のモニタリング、実行のコントロールなどを包括した概念であり、メタ認知の下位概念として提唱された。
- メタ記憶は、宣言的メタ記憶と手続き的メタ記憶に分けることができる。
- メタ記憶のモニタリング活動には、[学習容易性判断]（EOL：Ease of

learning judgment）、[学習判断]（JOL：Judgment of learning）、[既知感判断]（FOK：Feeling of knowing judgment）、[確信度判断] などのメタ記憶判断がある。

推論

- **推論**とは、利用可能な情報から、規則や過去の事例などに基づいて、結論や新しい情報を導く思考過程であり、演繹的推論と帰納的推論に分けられる。
  [演繹的推論]：複数の前提から結論を導き出すこと
  [帰納的推論]：様々な事例から一般的な法則性を導き出すこと

問題解決（試行錯誤学習・洞察学習）

- [試行錯誤学習] とは、Thorndike, E.L. がネコの問題箱の実験により提唱したもので、試行の積み重ねによって成立する学習のことをいう。
- [洞察学習] とは、Köhler, W. がチンパンジーの実験により提唱したもので、全体の状況から思考することによって問題の解決方法が突然明らかになる学習のことをいう。

意思決定

- **意思決定**とは、複数の選択肢の中から一つを選ぶことであり、そのためには選択肢の間で順序を決める必要がある。
- 集団による意思決定は個人が独立して行う場合に比べ、リスキーな選択をしてしまう傾向にあり、これを [リスキー・シフト] という。

ここが重要

> ## 心理物理学的測定法と記憶
>
> 　知覚及び認知は、「見る」、「覚える」、「考える」、「理解する」といった心の働きである。
>
> 　第1回公認心理師試験では、2018年9月に行われた本試験と北海道胆振東部地震により12月に行われた追加試験の両方において、心理物理学的測定法と記憶に関する問題が出題された。
>
> 　**心理物理学的測定法**は、感覚や知覚と結びつく心理的な刺激量を測定する方法であり、測定法には様々な手法がある。試験対策としては、それぞれの手法の特徴について覚えておくとよいだろう。
>
> 　**記憶**については、記憶の種類やメカニズムをしっかりおさえ、それらが障害を受けた場合に引き起こされる記憶障害の特徴も確認しておくことをおすすめする。特に、大学・大学院を卒業（修了）してから時間が経過している現任者は、知覚・認知心理学といった、いわゆる基礎心理学に対して苦手意識を持っている人が少なくない。しかし、知覚や認知機能に障害のある患者を理解するためには、その機能に関する基礎的な知識が必要不可欠である。そのため、試験対策としてはもちろんであるが、臨床の現場において患者の理解や支援に役立てるため、ヒトの知覚や認知機能のメカニズム、その障害について今一度じっくりと復習しておきたい。

一問一答

❶ 系列位置ごとの再生率を折れ線グラフとして表した系列位置曲線は、U字型になる。 第1回 問6

❷ 展望記憶は加齢の影響を受けにくい。 第1回追試 問50

❸ 極限法は反応バイアスが含まれない測定法である。 第1回 問82

❹ プライミングには、先行情報が後続情報の処理を促進するだけでなく、抑制する場合もある。 第2回 問8

❺ 奥行き知覚における両眼性の手がかりとして線遠近法がある。 第3回 問6

> **解説**
> ❶ ○ リストの最初と最後の数項目が中間部分の再生率よりも高くなる。
> ❷ × 展望記憶は加齢の影響を受けやすい。加齢の影響を受けにくいのは、意味記憶や手続き記憶である。
> ❸ × 極限法ではなく強制選択法の説明である。
> ❹ ○ 促進と抑制の両方がある。抑制する場合はネガティブプライミング効果と呼ばれる。
> ❺ × 線遠近法は単眼性の手がかりである。

第7章　知覚及び認知

65

章末問題・6〜7章

Q 問題

❶ 実験者が操作する変数を独立変数、その操作の結果としての変数を従属変数という。

❷ 実験終了後に本来の目的を伝えて、データを使用する同意を得ることをデセプションという。

❸ 実験計画において順序効果を相殺するにはカウンターバランスという方法がとられる。

❹ 実験を行う際は実験参加者を無作為（ランダム）に配置することが重要である。

❺ 有意性検定では 10％水準、5％水準、1％水準でそれぞれ有意と判断する。

❻ 信頼区間とは、標準誤差によるエラーバーを図示することによって、2 群の平均値の変動可能性の程度によって、結果の信頼度を吟味する考え方である。

❼ 実験結果をまとめる際には、問題、方法、結果、考察の順に作成し、適宜引用文献を記載して、先行研究の知見を踏まえた議論を蓄積する必要がある。

❽ 心理物理学的測定法では弁別閾が測定できる。

❾ 調整法では被験者自身が自ら刺激の量を調整する。

❿ マグニチュード推定法は、主観的等価点の測定に適した方法である。

⓫ 網膜には、錐体細胞と桿体細胞という 2 種類の視細胞がある。

⓬ 桿体細胞は、明るい場所で働き、明暗を感じる。

⓭ 色の心理的属性は、明度と彩度の二次元で説明される。

⓮ 感覚記憶は、目、鼻、耳などの感覚器官に刺激が入力されたときに一瞬だけ保持される記憶である。

⓯ 手続き記憶は非陳述記憶に含まれる。

⓰ ワーキングメモリ・モデルのサブシステムとして感覚貯蔵がある。 `第3回 問113`

A 解説

❶ ○ 独立変数とは実験目的に従って設定された群分けの仕方のことであり、従属変数とは独立変数に影響を受ける様々な測定値のことをいう。

❷ × これはデブリーフィングの説明である。デセプションは研究の性質上、事後に研究の真の目的を告げる必要があり、事前に虚偽の目的を伝えること。

❸ ○ 実験参加者の半数を逆の順序にするなどの方法がとられる。

❹ ○ これを無作為割付という。

❺ × 有意性検定で有意と判断するのは 5% と 1% であり、10% は有意傾向とされるが、通常はこの基準を用いることはない。

❻ ○ エラーバーの長さが異なっていれば、同じデータ数、平均値で有意差があるという結果であっても、結果の信頼度には違いがある。

❼ ○ 実験研究は多くの先行研究をしっかり網羅した上で引用し、先行研究の中で得られた実験結果が客観的にどのように位置づけられるか議論する。

❽ ○ 刺激閾、弁別閾、主観的等価点などの定数を測ることができる。

❾ ○ 調整法では刺激を自由に変化させて等価値を求めることができる。

❿ × マグニチュード推定法は感覚量の測定に用いられる。主観的等価点の測定に最適な方法は調整法である。

⓫ ○ これらの細胞により網膜に結んだ物体の像の明暗や色や形を捉えられる。

⓬ × 桿体細胞は、暗い場所で働く。明るい場所で働くのは錐体細胞。

⓭ × 明度、彩度、色相の三次元で説明される。

⓮ ○ 記憶の保持時間によって、感覚記憶、短期記憶、長期記憶に分類される。

⓯ ○ 非陳述記憶は手続き記憶、プライミング、古典的条件づけ、非連合学習などに分類される。

⓰ × 感覚貯蔵は、多重貯蔵庫モデルにおける貯蔵庫のひとつである。ワーキングメモリ・モデルのサブシステムは、音韻ループ、視空間スケッチパッド、中央実行系、エピソード・バッファの 4 つである。

章末問題

学習と条件づけ

学習の基礎

- [初期学習] とは、出生後間もない時期の経験がその後の行動に影響を及ぼすこと。
- [刻印づけ] (刷り込み) は、[Lorenz, K.] が発見した、動物が誕生後最初に出会った動く対象に対して後追い行動を学習すること。
- 刻印づけが可能になる期間には限度があり、その期間を [臨界期] と呼ぶ。
- 動物の普段抑制されている本能 (生得) 的行動は、ある鍵となる刺激に出会うことで引き起こされ、この連続によって成立するというメカニズムを [生得的解発機構] という (例:オスのトゲウオは、他のオスの腹部の赤色が攻撃行動の解発刺激になる)。

レスポンデント条件づけ (古典的条件づけ)

- [Pavlov, I.P.] は、ベルトで固定されたイヌの唾液を測定する仕組みを作った。
- イヌはエサ (無条件刺激) をみると唾液を分泌する (無条件反応) という本能的行動を示す。[レスポンデント条件づけ] とは、イヌにエサを与える際に、同時にベルの音 (中性刺激) を聞かせる手続きを何十回も繰り返すと (対呈示)、やがてベルの音 (条件刺激) だけで唾液分泌が生じる (条件反応) ようになること。
- レスポンデント条件づけにおける「強化」とは、無条件刺激 (エサ) と条件刺激 (ベルの音) を対呈示する手続きのこと (対呈示強化)。
- レスポンデント条件づけの [消去] とは、無条件刺激を呈示することなく、条件刺激のみを呈示する手続きを繰り返すと、条件刺激が引き起こされにくくなる現象。
- [恐怖条件づけ] は、[Watson, J.B.] のアルバート坊やの実験のように、任意の対象に対する恐怖という情動反応が形成される学習。
- [嫌悪条件づけ] は、任意の味覚に嫌悪刺激を対呈示すると、その味覚刺激を避けるようになる味覚嫌悪条件づけ (ガルシア効果) が有名。

オペラント条件づけ (道具的条件づけ)

- [Skinner, B.F.] は、条件づけをレスポンデント条件づけとオペラント条件づけに分類し、行動に関する知識の体系を確立することをめざした。中にレバーを備え、押すとエサが出る仕組みのスキナー箱を作成した。[オペラント条件づけ]

は、自由に反応できる環境において行動に随伴する（伴う）環境の変化（結果）によって、行動の生起頻度や強さが変化（増減、または消失）する学習プロセス。

- オペラント条件づけにおける［強化］とは、ある行動の生起頻度が、その行動に伴う結果によって、それ以降、増加または現状維持すること。［強化子（好子）］とは、結果として生じることによって行動を強化する刺激や環境の変化。［報酬］とは、生体にとって益や快を生じる物や出来事である。
- ［弱化］とは、ある行動の生起頻度が、その行動に伴う結果によって、それ以降、減少すること。［弱化子（嫌子）］とは、結果として生じることによって行動を弱化する刺激や環境の変化。［嫌悪刺激］とは、生体にとって害や不快を生じる物や出来事である。
- オペラント条件づけによる行動変容前の行動の生起頻度を［オペラント水準］という。
- どのような環境・状況（先行刺激）で、どういう反応（行動）をすればどんな結果が随伴するかという関係でとらえたものを［三項随伴性］という。また、この随伴性を分析することを ABC 分析という。
- オペラント条件づけにおける［消去］とは、行動の結果、以前は出現した強化子が出現しなくなり、行動が起きにくくなる現象。
- 行動に対して毎回強化子を随伴させる手続きを連続強化、たまに強化子を随伴させる手続きを部分（間歇）強化という。部分強化は連続強化より消去抵抗が高い。

● 三項随伴性の流れ（例）

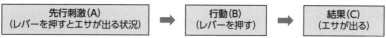

強化のマトリクス

- 行動が増える強化、行動が減る弱化のパターン、そして、刺激が出現する「正」、あった刺激が消失する「負」というパターンからマトリクスができあがる。

● 強化のマトリクス

	行動増加	行動減少
刺激出現	正の強化	正の弱化
刺激消失	負の強化	負の弱化

一問一答

❶ オペラント行動の研究の基礎を築いたのは Pavlov, I.P. である。 第1回 問5
❷ 対呈示強化によって、嫌悪感を引き起こす手続きを恐怖条件づけという。

（解説）
❶ ✕ オペラント行動の研究の基礎を築いたのは Skinner, B.F.。
❷ ✕ これは嫌悪条件づけの説明である。

第8章 学習及び言語

18 多様な学習のかたち

般化と弁別

- 条件づけも多様な状況によって、効果が広がったり、狭まったりする。

般化（はんか）	物理的に似た刺激に対して反応が起こるようになること。言い換えると、刺激の対象および機能が広がることで、条件づけの範囲も広がること
	例：眼鏡をかけた男性小児科医に注射された子どもが、眼鏡をかけた男性全般に対して恐怖を抱いて泣くようになる
弁別（べんべつ）	反応する特定の先行刺激だけに範囲を絞り、他の刺激と区別すること。その結果、先行刺激に応じて異なった行動が学習される。この種の条件づけは弁別学習と呼ばれる
	例：エサが出ることでレバーを押すようになったラットに、赤色ランプのときレバーを押してもエサが出ないが、青色ランプのときレバーを押すとエサが出る手続きを繰り返すと、青色ランプのときだけレバーを押すようになる

馴化と脱馴化

- 単一の刺激を繰り返すことによって生じる現象がある。

馴化（じゅんか）	単一の刺激を繰り返し経験すると、その刺激に対する反応が徐々に弱まり、見られなくなっていく現象
	例：マンションの改修工事が始まった直後、大きな音に驚いていたが、日常的に繰り返されると、次第に音に慣れて気にならなくなった
脱馴化（だつじゅんか）	ある刺激に馴化した後、その刺激の前に別の新たな刺激が呈示されることにより、いったん減弱（馴化）していた反応が復活する現象
	例：マンションの改修工事音に馴化していたが、ひとたび雷の閃光や音を経験した後、再び工事の大きな音に驚く反応が復活した

逃避学習と回避学習

- [逃避学習] は、「①嫌悪刺激を経験⇒②特定の行動⇒③嫌悪刺激から逃れる⇒④特定の行動の生起頻度が増加」というプロセスを経て学習する。
- [回避学習] は、嫌悪刺激出現を知らせる音や光のシグナルを手がかりとして、嫌悪刺激を避けようとする行動を学習する手続き。試行を繰り返すと回避の潜時が短縮し、最終的には呈示直後に回避が起こるようになる。
- ある学習がその後に行う学習に影響を及ぼすことを [転移] という。促進的な効果を与える場合を [正の転移]、妨害的な効果を与える場合を [負の転移] という。（例：スポーツや音楽などの技能学習の転移や鏡映描写などの知覚運動学習の両側性転移）

● 逃避学習と回避学習のプロセス例

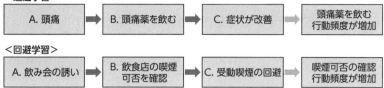

<逃避学習>

| A. 頭痛 | ➡ | B. 頭痛薬を飲む | ➡ | C. 症状が改善 | ➡ | 頭痛薬を飲む 行動頻度が増加 |

<回避学習>

| A. 飲み会の誘い | ➡ | B. 飲食店の喫煙 可否を確認 | ➡ | C. 受動喫煙の回避 | ➡ | 喫煙可否の確認 行動頻度が増加 |

様々な実験と学習

・ 様々な実験により、以下のような学習が見いだされている。

人物	学習	実験とその要点
Thorndike, E.L.	試行錯誤学習	操作すればドアが開く仕掛けを備えた問題箱にネコを入れたところ、試行錯誤を繰り返した末、脱出に成功した。試行の繰り返しにより、逸脱回数や所要時間が減少し、問題解決に有効な行動だけが残った。→反応が環境に対して「効果」を持つときに生起するという「効果の法則」を定式化した
Köhler, W.	洞察学習	チンパンジーは、1本の棒では届かないところにある食物を得る課題において、試行錯誤の過程を経ずに、しばらくの間場面全体を見通すことにより、2本の棒をつないで突然解決に至った
Tolman, E.C.	潜在学習	ネズミの迷路課題実験から、報酬による強化がない期間においても認知地図を獲得する学習が潜在的に行われ、途中から報酬を導入することによって顕在化することを示した
Bandura, A.	攻撃行動の観察学習と代理強化	幼児が、モデルと同一の行動を行わず、直接強化がなくとも、モデルの行動観察により学習が成立するという観察学習の概念を提唱した。また、学習された行動の遂行には、代理強化が重要な役割を果たすことを示した

一問 一答

❶ 髭を生やした男性上司から叱責を受け続けて恐怖を覚えるようになった新入社員が、他の髭を生やした男性全般までも恐れるようになる現象を般化という。

❷ オペラント条件づけで、逃避学習や回避学習を最も成立させやすいものは負の強化である。 第1回追試 問39

解説

❶ ○ このような刺激の般化を刺激般化という。

❷ ○ いずれも嫌悪刺激が結果的に特定行動の頻度を増加させるので、負の強化となる（前項「学習と条件づけ」も参照）。

言語の理解

言語獲得過程

- 1歳半から就学前までに語彙の爆発的増加がみられる。

● 乳幼児期の言葉の発達の流れ

時期	種類	概要・例
生後2、3カ月	クーイング	「くー」、「うーうー」といった喉を鳴らすような母音
生後6カ月前後	喃語	「ばばば」「ままま」といった子音と母音で構成される発声
生後10カ月頃	ジャーゴン	意味は伴わないもののあたかも言葉を話しているように聞こえる発話
1歳頃	初語・一語期	「まんま」、「ぶーぶー」、「だっこ」など
1歳半〜2歳頃	二語期	「ママ　いた」「ごはん　たべる」など
2歳以降	多語期	3語以上の語をつないで、目的語や助詞を組み合わせた複雑な言葉へ

語彙獲得

- 初期語彙獲得は、共同注意とマークマンの制約理論によって説明される。三項関係や[共同注意]は、いずれも生後[9〜10か月頃]にみられる。

制約	内容
三項関係	自己、相手、物の関係性が成立すること
共同注意	事物に対して指さしや視線などで2者間に注意と意図を同時に共有すること
認知的制約	制約により、言葉と物の関係も合理的に理解していくこと
事物全体制約	ある物の名前（例えば車）を部分（タイヤなど）ではなく全体を指していると考えること
相互排他性制約	ある物の名前と別の物の名前は重複しないこと
カテゴリ制約	物は名前があると同時にカテゴリの1つであること

言語獲得装置

- [Chomsky, N.]は、人間には言語獲得装置（LAD）が生まれつき備わっているため、多くの会話にさらされることで、母国語のルールを抽出し、文法を作り出すことが可能になると述べた。
- [普遍文法]とは、言語獲得装置の中核に仮定されている個別言語を越えた文法一般に関する理論。[生成文法]とは、数の限られた特定の規則を用いて文法的に成立する無数の文を生み出せることを説明するアプローチ。

言語獲得支援システム

- [Bruner, J.] は、周囲の大人が子どもの言語獲得を促すように関わりを持つことを示し、言語獲得支援システム (LASS) を提唱した。
- [ナラティブ] とは、自らの経験や空想を時間的に筋道立てて語る行為。子どもは大人とのやりとりでこの能力を発達させていく。2歳頃から語り始め、3歳後半から、一連の出来事の流れを語ることができるようになる。
- [会話] は、聞き手と語り手の共同作業であり、両者相互に交代するなどのルール獲得に支えられている。子どもの会話の成立には、大人による手助けが必要である。
- [談話] とは、ナラティブや会話などの一貫した文脈を備えた複数の文の集まり。

文法構造の理解

- [認知言語学] は、認知科学と密接な関係を持ち、言語が他の認知機能と相互に影響を及ぼすことを重視し、意味こそが言語の本質であるという立場。
- [社会言語学] は、言語の使用の差異を社会階層や性別など社会的事実との関連で捉える言語学の一領域。

● 例文「日本が金メダルをとった」に対する文法的理解

意味論	日本そのものが金メダルをとる、という文章の意味はおかしい
統語論	主語と述語による構成であり、文法的には正しい
語用論	オリンピック中の表現ならば状況として意味が正しく通るので問題ない

言語の障害

- 言語機能の基盤は大脳の言語野にあり、多くの人は左半球優位である。

失語	解説
ブローカ (Broca) 失語	前頭葉の運動性言語中枢の損傷により、聞いた言葉を理解することは比較的可能であるが、話すことが難しくなる非流暢性失語
ウェルニッケ (Wernicke) 失語	側頭葉の感覚性言語中枢の損傷により、自発的に多くの言葉を発するものの、聞いた言葉の理解が損なわれる流暢性失語
ディスレクシア (読字障害)	全般的な知的発達に大きな問題はないが、文字を読むことに困難が生じる限局性学習障害 (SLD)

一問 一答

❶ 生後9〜10か月頃からみられる、対象に対する注意を他者と共有する行動を共同注意と呼ぶ。 第1回 問85

❷ 語用論では、文法に加えて会話の状況を考慮して文の正しさを判断する。

解説

❶ ○ 親子の間で、指さしや視線で物への関心を共有すること。

❷ ○ いずれも意味論、統語論、語用論は、言語獲得において重要な語句なので覚えておくこと。

Q 問題

❶ カモやアヒルといった鳥類のヒナが、ふ化してすぐそばにある動くものの後を追う行動である刻印づけ（刷り込み）は Lorenz, K. が発見した。

❷ 動物には生まれ持った本能的な行動があり、例えば縄張りに侵入してきた動物を攻撃したりするメカニズムのことを、臨界期という。

❸ 古典的条件づけの実験では、イヌにエサを与えると同時にベルの音などの条件刺激を何度も繰り返し聞かせると、ベルの音だけで唾液を出すようになる。

❹ 嫌悪条件づけは、Watson, J.B. が白いネズミと大きな音の対呈示強化によって、乳児が白いネズミを見ただけで恐怖を感じるようになった現象である。

❺ 三項随伴性は、スキナー箱で説明すると先行刺激（レバーを押すとエサが出る状況）、行動（レバーを押す）、結果（エサが出る）という流れとなる。

❻ 類似した条件刺激の中から手続きを変えることで特定の刺激だけに条件反応が起こるようになる現象を弁別という。

❼ 回避学習は、嫌悪刺激、特定の行動、嫌悪刺激の回避、特定の行動頻度が増加というプロセスをたどる。

❽ Köhler, W. は、社会的学習理論において、他者の行動とその結果をモデルとして観察することにより、観察者がモデルの行動を模倣する学習が成立するという観察学習を提案した。

❾ 乳幼児の言語獲得は、喃語、クーイング、一語期、二語期、多語期と進む。

❿ 三項関係とは、自己、相手、物の関係性が成立することであり、生後6カ月頃にみられる。

⓫ 語彙獲得における制約には、認知的制約、事物全体制約、相互排他性制約などがあり、乳幼児期の言語発達を促している。

⓬ 言語獲得装置は Bruner, J.、言語獲得支援システムは Chomsky, N. がそれぞれ主張した。

⓭ ウェルニッケ（Wernicke）失語とは、前頭葉にある運動性言語中枢を損傷すると、聞くことは理解でき口も動くが話すことや復唱ができない失語症である。

❶ ○ 後追い行動は、時間が経つにしたがって消えていくとされる。

❷ × これは生得的解発機構の説明である。臨界期（敏感期）は、刻印づけなどの現象が、生後のある一定のわずかな期間しかみられないことをいう。

❸ ○ これはまさに学習の基本であり、学習が本来は身についていなかった刺激に対する行動を身につけることを示す良い例である。

❹ × これは恐怖条件づけの説明である。

❺ ○ スキナー箱の場合、先行刺激の後に行動が行われ報酬を伴うことで、結果としての学習が形成され、レバーを押す行動が強化される。

❻ ○ 弁別とは似たような刺激の中でも、どれが報酬を得られる刺激かを経験によって見分けることができるようになる現象であるといえよう。

❼ × 回避学習が成立する際の最初のプロセスは嫌悪刺激ではなく、嫌悪刺激を予告する条件刺激であり、より間接的な刺激であるといえる。

❽ × これは Bandura, A. によるものである。Thorndike, E.L. の試行錯誤学習、Tolman, E.C. の潜在学習、Bandura,A. の社会的学習と合わせ、それぞれ区別できるように覚えること。

❾ × 順序はクーイング、喃語の順であり、一語期以降は正しい。

❿ × 三項関係の説明は正しいが、時期は共同注意と同じく生後 9～10 カ月頃とされている。

⓫ ○ それ以外にカテゴリ制約もあり、物事を区別することが乳幼児の言語発達に寄与する流れを理解しておくこと。

⓬ × 言語獲得装置は Chomsky, N.、言語獲得支援システムは Bruner, J.。

⓭ × これはブローカ (Broca) 失語の説明である。

章末問題

感情喚起の機序と感情に関する理論

感情の表出行動

- [感情の末梢起源説]=**ジェームズ・ランゲ説**：James, W. は、感情の発生と体験過程において、内臓と骨格筋の反応という身体が中心的な役割を持つとして末梢起源説を提唱し、同時期に感情の発生と体験過程において Lange, C.G. は血管の反応と血液循環の変化に注目をしていたため、ジェームズ・ランゲ説となった。
- ジェームズ・ランゲ説において James が述べた「悲しいから泣くのではない、泣くから悲しいのだ」は端的にこの説のメカニズムを言い表している。
- [感情の中枢起源説]=**キャノン・バード説**：Cannon, W. は末梢起源説に対して、①身体反応がなければ感情は生起しないはずだが、脊椎の一部を人為的に切除した動物でも情動行動が生じる、②刺激の知覚と内臓の変化を知覚できるまでにはタイムラグが存在するということなどから批判した。Bard, P. は Cannon の共同研究者である。
- [情動の二要因論]=**シャクター・シンガー説**：Schachter, S & Singer, J. によると感情経験は生理的反応だけで生じるものではなく、生じた生理的反応への認知的解釈によるという考え方である。

感情の認知的評価理論

- **Arnold, M. の認知的評価理論**は、ある刺激が良いものか悪いものかの判断を行い、良いと評価された刺激へは接近し、悪いと評価された刺激からは離れるように動機づけられ、その動機づけが意識されることが感情であるとした。
- **Lazarus, R.S. の** [認知的評価理論] では、生じた事態が有害か有用かを評価する（一次的評価）、さらにその事態に対処可能か不可能かを評価する（二次的評価）ことで感情が起こるとしている。

感情の次元論

- **Russell, J.A. の感情の次元論**とは、感情は、[快－不快] の次元と [覚醒－睡眠] の次元の二次元座標上に感情をすべて置き表すことが可能というものである。

感情と社会・文化

- **Panksepp, J.** の考えでは、基本感情とは進化の過程で発達し、それぞれ固有の神経回路が存在するとされ、それを受けて **Ekman, P.** らの見解ではそれ故に**基本感情 (幸福、悲しみ、怒り、驚き、嫌悪、恐れの 6 種類)** は [人種と文化] を超えた**共通なもの**であるが、一方で感情表出については社会・文化で異なるとしている。

感情の発達

- **Bridges, K.M.B.** の**感情発達説**は、誕生後すぐの感情は単なる未分化な興奮状態にあるが、3 カ月前後より快感情と不快感情に分化し始め、12 カ月前後に快感情が喜び、愛情などに、6 カ月前後に [不快感情] が怒り、恐れなどの感情へと発達していくという説である。
- **Lewis, M.** の**感情発達説**は、Bridges の指摘よりも早い、生後数カ月から生後 6 カ月くらいまでに基本的感情がすべてそろい、それを [一次的情動] とし、18 カ月くらいで照れ、共感、羨望が出そろい、24～36 カ月くらいに現れる誇りや恥罪悪感の [二次的情動] が生じていくという説である。

一問一答

❶ Russell, J.A. の感情の次元論は快－不快の次元と覚醒－睡眠の次元の二次元座標上に感情を置き表せるとしている。

❷ Ekman, P. らの見解では基本感情は人種と文化により異なる。

❸ Lazarus, R.S. の認知的評価理論は事態が有害か無害かの判断で感情が生じる。

解説

❶ ○ 快－不快の次元と覚醒－睡眠の次元の 2 次元座標上で感情を置き表せる。

❷ × Ekman らは、基本感情は人種と文化によって異ならないと述べている。

❸ × Lazarus の認知的評価理論では、事態が有害か有用かの評価 (一次的評価) を、さらにその事態に対処可能か不可能かの評価 (二次的評価) をすることで感情が生じる。

21 人格・パーソナリティの類型-類型論

類型論とは

- **類型論**とは一定の見方から、典型的なパターンを設けることで［多様］な性格を分類し、性格の理解を容易にするものである。
- 直感的に個人の全体像を把握しやすいが、人は類型論に収まらないなどの問題がある。
- 代表的な類型論に、体型と気質類型論、気質類型論（新体型説）、価値観にもとづく類型、類型論（向性説）などがある。

体型と気質類型論

- [Kretschmer, E.] は、精神科臨床を通じ、患者体型を観察して、以下のように体型と気質（性格）についての類型論を提唱した。

● 体型気質類型論

体型	性格特徴	気質	関連精神疾患
細長型	非社交的・真面目	分裂気質	統合失調症
肥満型	社交的・気分の変動が大きい	循環気質	双極性障害（躁うつ病）
闘士型	秩序正しさを好み頑固	粘着気質	てんかん

気質類型論（新体型説）

- [Sheldon, W.H.] は、Kretschmer の類型論と異なる発生学的な観点から、身体の各部位を測定して体型と気質についての類型論を提唱した。

● 気質類型論

型	特徴	気質
内胚葉型	内胚葉から生じた消化器系が特に発達した肥満型	享楽的・愛情豊か
中胚葉型	中胚葉から生じた筋骨系が特に発達した筋骨型	活動的・闘争的
外胚葉型	外胚葉から生じた皮膚・神経組織が特に発達した細長型	非社交的・過敏

価値観にもとづく生の様式

- [Spranger, E.] は人が何に価値を置いているかにより性格を 6 類型に分けた。

● 価値観による性格類型

理論型	真理を求めそれに価値を置く
経済型	経済活動に価値を置く
審美型	美的なものに価値を置く
社会型	利他性であることに価値を置く
権力型	権力支配に価値を置く
宗教型	宗教的なものに価値を置く

類型論（向性説）

- [Jung, C.G.] は、精神の働きを決定する力である Libido が、外界に向かうか、内界に向かうかにより、気質を**外向型**と**内向型**に分けた。

● 類型論

Libido が向かう方向	心的機能	類型
内向・外向の 2 つ	思考・感覚・感情・直観の 4 つ	2 × 4 の 8 類型

血液型別性格類型は、科学的に実証されていないことに注意！

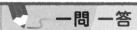 一問 一答

❶ Spranger, E. は体型と気質類型論を作った。
❷ Jung, C.G. は Libido が向かう 2 方向と 5 つの心的機能による向性説を作った。
❸ Sheldon, W.H. の気質類型論で肥満型は循環気質とされている。
❹ Spranger, E. はその人の価値を置いているものをもとにした性格類型を作った。

解説

❶ × 体型と気質類型論を作ったのは Kretschmer, E. である。
❷ × Jung の向性説は Libido の向かう 2 方向と 4 つの心的機能である。
❸ × 肥満型が循環気質とされているのは Kretschmer の体型と気質類型論である。
❹ ○ Spranger は価値観にもとづく生の様式による性格類型を作った。

人格・パーソナリティ －特性論

特性論

- **特性論**とは、性格を構成する各特性に分け、複数の性格特性（性格・因子）の集合体として各特性を数量化するものである。
- [性格特性]を**数量化**しているので、それぞれを比較しやすい。
- **直感的な性格**の全体像は類型論よりも把握がしにくい。

語彙アプローチ（語彙仮説）

- 「重要な特性は自然言語に必ず存在している」という仮説に基づき、Allport, G.W. がウェブスター辞典をもとに、パーソナリティや個人の行動を示したり形容したりしている単語を抽出した。当初は抽出、分類するものであったが、後に因子分析の手法が使われ、[性格特性＝性格構成因子]の抽出が行われた。

Allport のサイコグラフ（心誌）

- Allport, G.W. は、主にウェブスター辞典からパーソナリティを表す単語を抽出し、サイコグラフ（心誌）を作成した。これは特性論によって性格の[基本的な構成]を示した物である。

Cattell の 16 特性（16PF 人格検査）

- Cattell, R.B. は、Allport らが行った辞書的研究などを、再度、因子分析を行うことで[16 因子]を見いだし、それをもとに **16PF 人格検査**を作成した。

Eysenck の MPI モーズレイ性格検査

- Eysenck, H.J. は、MPI モーズレイ性格検査を作成した。これは、①外向性・内向性、②神経症的傾向の 2 つの性格傾向を測定し、検査の正確性を保つために**虚偽発見尺度**（L 尺度＝ Lie Scale）が設けられている。

日本独自の矢田部・ギルフォード性格検査 (YG 性格検査)

- Guilford, J.P. は 13 因子の性格特徴を見いだしたが、その検査をもとに矢田部らが独自に開発し、標準化した検査が**矢田部・ギルフォード性格検査 (YG 性格検査)** であり、これは性格を [12 の特性] (12 因子) で見るものである。

Big Five (特性・性格 5 因子モデル)

- **Big Five (特性・性格 5 因子モデル)** は、[Goldberg, L.R.] が Allport 以来、抽出された性格因子を、1980 年代後半に普及したパーソナルコンピューターで再度因子分析を行った結果、5 つの特性因子で性格の説明が可能とするものであり、現時点ではこの 5 因子モデルが定説となりつつある。

● **Big Five (特性・性格 5 因子モデル)**

外向性 (Extraversion)	積極性・活動性の高さを示し、低さは内向的であることを示す
神経症傾向 (Neuroticism)	高さは情緒不安定性を示し、低さは情緒安定性を示す
開放性 (Openness)	高さは新奇性への積極性、低さは保守性の高さを示す。経験への開放性とも呼ばれる
協調性 (Agreeableness)	他者との協調性の高さ、もしくは低さを示す
誠実性 (Conscientiousness)	与えられた課題への取り組みの計画性・誠実性の高さ、もしくは低さを示す

一貫性論争 (人間－状況論争)

- Mischel, W. の疑義提議以前、人の行動は基本的に様々な状況下でも一貫したものをとると考え、その前提で性格研究が行われてきた。Mischel は、人の行動決定には個人のパーソナリティに負う側面より、その時に個人が置かれた [状況] の方が重要な役割を持つと考え、そのことによって、行動は、①どのような状況下でも [一貫性] があるのか、②どのような状況下においても存在する [パーソナリティ特性] はあるのかと疑問を投じ、論争を通じて相互作用論へとつながっていった。

一問 一答

❶ 語彙アプローチは人格の類型論の中核理論である。
❷ Cattell, R.B. がサイコグラフを考案した。

(解説)

❶ ✕ 語彙アプローチは人格の特性論の中核理論である。
❷ ✕ サイコグラフを考案したのは Allport, G.W. である。

◎ 問題

❶ Cannon・Bard theory は感情の末梢起源説である。

❷ 「快−不快」の次元と「覚醒−睡眠」の次元の二次元座標上で感情を置き表せる次元論は Lazarus, R.S. が提唱した。

❸ Kretschmer, E. の体型と気質類型論は内胚葉型、中胚葉型、外胚葉型の3つの体型と気質の関係を提唱した。

❹ Spranger, E. の価値観による性格類型は理論型、経済型、審美型、社会型、権力型、宗教型の6つの型である。

❺ Big Five（特性・性格5因子モデル）を提唱したのは Cattell, R.B. である。

❻ MPI モーズレイ性格検査は Eysenck, H.J. が作成した。

❼ 類型論の手法により Allport, G.W. のサイコグラフ（心誌）は作成された。

❽ Kretschmer, E. の体型と気質類型論では関連精神疾患として、「細長型＝双極性感情障害」、「肥満型＝統合失調症」、「闘士型＝てんかん」とされている。

❾ Big Five は内向性、神経症傾向、開放性、協調性、誠実性の5因子で構成されている。

❿ Sheldon, W.H. の気質類型論（新体型説）は内胚葉型、中胚葉型、外胚葉型の3つである。

⓫ 情動の二要因論を James, W. が提唱した。

⓬ Bridges, K.M.B. の感情発達説では快感情と不快感情の分化は3カ月前後とされている。

⓭ Cattell, R.B. は先行研究結果を再度、因子分析をして16の特性を見いだし、YG 性格検査を作成した。

⓮ Lewis, M. の感情の発達説では6カ月くらいまでに一次的情動がそろい、24〜36カ月に二次的情動が生じてくるとしている。

⓯ 性格の類型論は数量化され比較しやすく、特性論は直感的に把握しやすいという特徴を持っている。

Ⓐ 解説

❶ ✕ James・Lange theory が感情の末梢起源説である。

❷ ✕ 感情の次元論を提唱したのは、Russell, J.A である。

❸ ✕ Kretschmer の体型と気質類型論は細長型、肥満型、闘士型の3つの体型と気質の関係である。

❹ ○ Spranger の価値観による性格類型は6つの型である。

❺ ✕ Big Five（特性・性格5因子モデル）を提唱したのは Goldberg, L.R. である。

❻ ○ Eysenck が作成したのが MPI モーズレイ性格検査である。

❼ ✕ 特性論の語彙アプローチ（語彙仮説）を Allport が行い、サイコグラフ（心誌）が作成された。

❽ ✕ 細長型＝統合失調症、肥満型＝双極性障害、闘士型＝てんかんという組み合わせである。

❾ ✕ Big Five は外向性、神経症傾向、開放性、協調性、誠実性の5因子で構成されている。

❿ ○ Sheldon は、Kretschmer, E. の類型論と異なる発生学的な観点から、身体の各部位を測定して体型と気質についての類型論を提唱した。

⓫ ✕ 情動の二要因論を提唱したのは Schachter, S. と Singer, J. である。

⓬ ○ 快感情と不快感情の分化は3カ月前後にすると Bridges の感情発達説ではされている。

⓭ ✕ Cattell は先行研究結果を再度、因子分析をして16の特性を見いだし、16PF 人格検査を作成した。

⓮ ○ Lewis の感情の発達説は、Bridges の指摘よりも早い。

⓯ ✕ 数量化され比較しやすいのは性格の特性論で、直感的に把握しやすいのは類型論と、逆である。

23 脳神経系の構造と機能①

神経系の分類

- 神経系は、[中枢神経系] と [末梢神経系] に分けられる。
- 中枢神経系は、[脳] と [脊髄] によって成り立っており、脳は、大脳、小脳、間脳、脳幹 (中脳、橋、延髄) に区別される。
- 末梢神経系は、解剖学的に分類すると**脳神経**と**脊髄神経**からなり、機能的に分類すると [体性神経] と [自律神経] に区分される。

● 神経系の分類

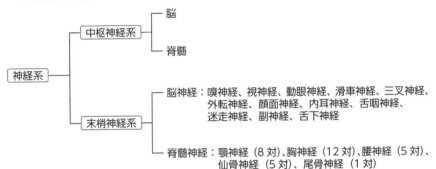

中枢神経系とその働き

<大脳>

- 大脳は、脳全体の**約80%**の重さを占めている。人間の脳で最も発達した部分であり、[大脳皮質] (灰白質)、白質 (大脳髄質)、[大脳基底核] などから構成される。
- 大脳皮質は、[前頭葉]・[頭頂葉]・[側頭葉]・[後頭葉] といった四つ脳葉に分けられる。また、大脳皮質には様々な領野があり、それぞれ異なった機能が備わっている。これを [機能局在] という。
- 大脳基底核は、大脳皮質と視床、脳幹を結びつけている神経核の集まりであり、[線条体] (尾状核・被殻)、[淡蒼球] (外節・内節)、[視床下核]、[黒質] からなる。
- 大脳基底核は、[運動] を調節する役割がある。そのため、大脳基底核の障害により、運動障害が生じることがある。

● 大脳基底核の構造

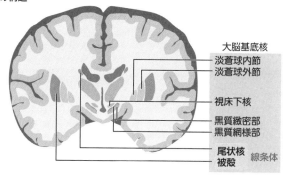

大脳基底核
淡蒼球内節
淡蒼球外節

視床下核

黒質緻密部
黒質網様部

尾状核
被殻　　線条体

● 連合野・主な領野の機能

前頭葉	前頭連合野	[思考]、[学習]、[意欲]、創造、注意、抑制などに関与
	高次運動野	・一次運動野以外の皮質運動野 ・運動の随意的な選択・準備・切り替えなどに関与
	一次運動野	・中心溝前方（Brodmann の 4 野）に位置する ・随意運動に関与 ・障害されると [対側] の対応する筋に麻痺が生じる
	Broca 野	・[下前頭回] の後部に位置する ・障害されると [運動性失語] になる
	前頭眼野	眼球の随意運動に関与
頭頂葉	頭頂連合野	[空間認識] に関与
	一次体性感覚野	皮膚感覚、深部感覚、内臓感覚に関与 　皮膚感覚：触覚、痛覚、温覚など 　深部感覚：位置覚、運動覚、抵抗覚など 　内臓感覚：臓器の状態に伴う感覚
	二次体性感覚野	一次体性感覚野から受け取った体性感覚の情報のうち、運動制御に必要なものを別の脳領域に伝達する役割を持つ
側頭葉	側頭連合野	図形や顔などの [物体認識]、[記憶] に関与
	一次聴覚野	[聴覚情報] の処理に関与
	聴覚周辺野	一次聴覚野で受け取った情報を過去の記憶と照合し、解釈する働きをする
	Wernicke 野	・[上側頭回] の後部に位置する ・障害されると [感覚性失語] になる
後頭葉	後頭連合野	[視覚情報] の処理に関与
	一次視覚野	静止、または運動する対象に関する情報の処理に特化 [パターン認識] にも関与

● 脳の構造（小脳、間脳、脳幹の位置）

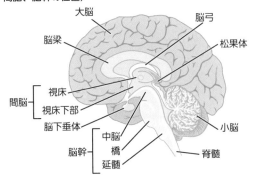

<小脳>
• 運動系の統合や平衡機能、姿勢反射、随意運動の調節など［運動調節］の中枢
  である。

<間脳>
• ［視床］、［視床下部］、松果体、脳下垂体から構成される。

視床	嗅覚を除く［感覚神経］の中継地点である
視床下部	［自律神経（交感神経、副交感神経）］の中枢。呼吸数や血圧、心拍数、消化液分泌の調節に加えて、［体温］や［食欲］、［性欲］、［情動］などを調節する働きも担っている。［ホメオスタシス］の維持に関与

<脳幹>
• 脳幹は［中脳］、［橋］、［延髄］の３つの部位から構成される。

中脳	［眼球運動］や［瞳孔の調節］、［姿勢保持］などに関する中枢
橋	味覚、聴覚、顔の筋肉の動きなどの神経核がある
延髄	生命維持に欠かせない［呼吸中枢］、循環器系の調節にかかわる［心臓中枢］がある。［消化］、［嚥下］、［唾液分泌］などに関する中枢でもある

• 脳幹には、神経線維が網の目のように張り巡らされ、その間に神経細胞が豊
  富に分布している。この放射状に分布している神経系を［脳幹網様体］といい、
  ［意識水準の維持］に関わっている。
  ※脳幹に間脳を含めるかは議論が分かれており、狭義の脳幹では間脳を含めな
  い。

＜脊髄＞

- 脳と脊髄神経の伝導路で反射の中枢である。
- 上は延髄につながり、下は第一腰椎の下端まで伸びている。錐体路が脊髄に運動指令を伝えることで機能する。

記憶の生理学的基盤

- エピソード記憶障害の責任病巣は、主に① [内側側頭葉] (**海馬・海馬傍回**)、② [間脳] (**視床・乳頭体**)、③ [前脳基底部] と考えられており、これらは a. 内側辺縁系回路 (**Papez 回路**) と b. 腹外側辺縁系回路といった 2 つの大脳辺縁系回路を構成している。
- 重篤なエピソード記憶の障害を示した H.M. の症例によって、エピソード記憶に [海馬を含む内側側頭葉] が関わっていることが明らかにされた。
- これまでの研究により、**間脳**や**前脳基底部**もエピソード記憶との関わりが深い領域であると考えられている。コルサコフ症候群では、エピソード記憶の障害がみられることがあるが、これには責任病巣である視床背内側核、乳頭体を中心とする間脳と前頭葉の一部などが関係している。

感情の生理学的基盤

- 感情と関わる脳部位としては、[前頭前野]、[扁桃体] が重要である。
- Phineas Gage の症例では、**前頭前野**の下内側部にある眼窩前頭皮質と前頭極を中心とする損傷が確認された。これは感情の抑制など人の性格と関係する部位として知られている。
- **Papez 回路**は、感情に関わる回路としても知られている。Papez 回路は、帯状回が興奮することで**海馬→海馬采・脳弓→乳頭体**→視床前核→**帯状回→海馬傍回→海馬体**を結ぶ経路である。
- 感情に関する最初の生理学的な理論は、**ジェームズ・ランゲ説**（末梢起源説）である。その後、**キャノン・バード説**（中枢起源説）が提唱された。

脳の検査

- 脳の状態や機能を調べるために様々な神経生理・神経画像検査が用いられる。神経画像検査は、脳の**構造**を評価する検査 (CT、MRI など) と脳の**機能**を評価する検査 (fMRI、PET、SPECT など) に分けられる。
- fMRI や PET、SPECT は [局所脳血流変化] を捉えることが可能である。

● 主な脳・神経系の検査

脳波検査 EEG	脳の働きを見る検査。脳波は大脳皮質に生じる電位変動を頭皮上から記録したもので、大脳の機能変化を捉える脳波の一種である［事象関連電位］(event-related potential：ERP) は認知機能や運動機能を鋭敏に反映する
脳磁図検査 MEG	脳内にわずかに発生する磁場変化を捉えて脳の機能を解析する。脳波に比べ、脳の中の電流の発生源を正確に同定することが可能
磁気共鳴機能画像法 fMRI	MRI の原理を応用し、脳が機能しているときの活動部位の血流変化を画像化する方法。PET や SPECT のように放射性同位素化合物を投与しなくても脳機能を調べることが可能
陽電子放射断層撮影法 PET	放射性同位元素化合物を対象者に投与し、その化合物から放射されるガンマ線をもとに画像化する方法。脳神経細胞の糖代謝を測定する
単一光子放射断層撮影法 SPECT	PET と同様に放射性同位元素化合物を対象者に投与し、その化合物から放射されるガンマ線をもとに画像化する。PET とは測定方法が異なり、薬剤の取り扱いが簡便

 ここが重要

脳の構造と機能

　脳（中枢神経系）に関する問題は、構造および機能について幅広く出題されている。脳の部位ごとに対応した機能があるため、それらをワンセットで暗記することが望ましい。本書では紙面の都合上、脳の構造について詳細な図を呈示できなかったが、脳のイラストを見ながら学習しよう。

Column

 ジェームズ・ランゲ説とキャノン・バード説

　ジェームズ・ランゲ説は、まず生理的な変化が起き、その後で感情を経験する（例．泣くから悲しい）という考え方です。Cannon, W. はこのジェームズ・ランゲ説について神経学的研究を行い、生理的な変化、すなわち臓器の変化では質的に異なる様々な感情の経験を説明できないと批判し、Bard, P. による修正を経てキャノン・バード説が誕生しました。キャノン・バード説は、中枢神経系による情報処理が感情生起の中心で末梢神経系の反応はその感情生起と同時に生じる（例．悲しいから泣く）という考え方です。

一問一答

❶ 中枢神経系のうち、脳幹網様体は意識水準の維持に必須の領域である。
第1回問87

❷ 脳幹は中脳、橋、脊髄の3つの部位から構成される。

❸ 一次体性感覚野は人のすべての感覚をつかさどる領域である。

❹ 補足運動野は、運動の準備や計画に関わる。 第3回問103

❺ Broca 野は頭頂葉にある。 第1回問11

解説

❶ ○ 意識に関わる脳部位は複数あるが、脳幹網様体は最も重要（必須）な領域である。

❷ × 脊髄ではなく延髄が正しい。

❸ × すべての感覚ではなく、皮膚感覚、深部感覚、内臓感覚に関与する領域である。

❹ ○ 運動の準備や計画に関わり、随意運動の開始・抑制、順序動作の制御などにも関与する。

❺ × Broca 野は前頭葉の下前頭回後部に位置する。

MEMO

脳神経系の構造と機能②

自律神経のしくみと働き

- 自律神経は、**末梢神経**に分類され、自分の意思とは関係なく身体の機能を支配している神経のことである。
- 自律神経の中枢は、間脳の［視床下部］と呼ばれる部分である。
- 自律神経は、［交感神経系］と［副交感神経系］からなり、効果を及ぼす臓器や器官（効果器）に対してそれぞれの神経線維が支配している。
- 交感神経は、「起きている時の神経、［緊張］している時の神経」であり、副交感神経は、「寝ている時の神経、［リラックス］している時の神経」である。
- 交感神経と副交感神経は互いに拮抗して働き、一方が活発になるともう一方は抑制される。例えば、交感神経が優位になると血圧は［上昇］し、副交感神経が優位になると［下降］する。
  ※その他の交感神経と副交感神経の機能については表を参照のこと。
- 自律神経は**生体の恒常性**（正常なバランス）を保つ上で重要な役割を果たしている。
- 交感神経節前線維の神経伝達物質は［アセチルコリン］であり、節後線維の神経伝達物質が［ノルアドレナリン］である。
- 副交感神経は節前線維、節後線維ともに神経伝達物質として［アセチルコリン］を放出する。

自律神経とストレスの関係

- 自律神経はストレスの影響を強く受ける。過剰なストレスによって交感神経と副交感神経のバランスが崩れると、頭重感・めまい・吐き気・下痢などの自律神経症状が現れる。これを［自律神経失調症］という。
- 自律神経失調症は、ストレスや生活習慣に関連して発症することが多いため、生活習慣の改善やストレスの軽減が重要である。

● 交感神経と副交感神経の働き

	血管	血圧	心拍数	瞳孔	発汗	唾液	消化管運動
交感神経	収縮	上昇	増加	散大	促進	粘液性の唾液を分泌	抑制（減弱）
副交感神経	拡張	下降	減少	縮小	－	漿液性の唾液を分泌	促進（亢進）

自律神経系の活動を測定する方法

- 自律神経系を測定する方法として、[皮膚電気活動] や [心血管活動] などの指標が用いられる。
- 皮膚電気活動は、**精神性の発汗**を電気的に捉えるもので、測定方法には、電位法と通電法の2種類がある。電位法で測定される反応には、皮膚電位反応と皮膚電位水準があり、2つを合わせて [皮膚電位活動] という。通電法で測定される反応には、皮膚抵抗反応と皮膚コンダクタンス反応がある。
- 心血管系活動は、主に**心拍数**や**血圧**、**血液量**によって記録される。心拍数は、[心電図] で把握することが可能である。
- 心拍変動は、自律神経の緊張やストレス、感情などの指標になる。うつ病では、心拍変動の異常がみられることが明らかにされており、抑うつ状態にある場合、心拍変動の周波数解析において高周波成分（副交感神経）の指標が低下する。

一問一答

❶ 自律神経は生体の恒常性を保つ上で重要な役割を果たしている。
❷ 交感神経系の活動が亢進すると、気道が収縮する。 第1回問25
❸ 心拍数の増加は副交感神経系の作用である。
❹ 副交感神経終末の神経伝達物質はノルアドレナリンである。
❺ 副交感神経系が優位になると血管拡張がみられる。 第3回問129

解説
❶ ○ 自律神経の乱れによってバランスが崩れると自律神経失調症が招じることがある。
❷ × 収縮ではなく拡張する。
❸ × 副交感神経系ではなく交感神経系の作用である。
❹ × 交感神経終末はノルアドレナリンを、副交感神経終末はアセチルコリンを放出する。
❺ ○ 副交感神経系の活動が亢進すると、血管が拡張する。

25 高次脳機能障害

高次脳機能障害とは

- **高次脳機能障害**とは、病気や事故によって脳が損傷されたために、[認知機能] に障害が起きた状態である。学術用語としては、脳損傷に起因する認知障害全般を指すが、国の診断基準は以下のとおりである。

● 高次脳機能障害の診断基準

1) 主要症状など
①脳の器質的病変の原因となる事故による受傷や疾病の発症の事実が確認されている
②現在、日常生活または社会生活に制約があり、その主たる原因が [記憶障害]、[注意障害]、[遂行機能障害]、[社会的行動障害] などの認知障害である※
2) 検査所見
MRI、CT、脳波などにより認知障害の原因と考えられる脳の [器質的病変] の存在が確認されているか、あるいは診断書により脳の [器質的病変] が存在したと確認できる
3) 除外項目
①脳の器質的病変に基づく認知障害のうち、身体障害として認定可能である症状を有するが上記主要症状 1) の②を欠く者は除外する
②診断にあたり、受傷または発症以前から有する症状と検査所見は除外する
③先天性疾患、周産期における脳損傷、発達障害、進行性疾患を原因とする者は除外する
4) 診断
① 1)〜3) をすべて満たした場合に高次脳機能障害と診断する
②高次脳機能障害の診断は脳の器質的病変の原因となった外傷や疾病の急性期症状を脱した後において行う
③神経心理学的検査の所見を参考にすることができる

※主な症状としては、記憶障害、注意障害、遂行機能障害、社会的行動障害に加え、失語、失行、失認などもある。

記憶障害

- **記憶障害**とは、事故や病気の前に経験したことが思い出せなくなったり（逆向健忘）、新しい経験や情報を覚えられなくなったり（前向健忘）した状態である。
- 脳損傷による逆向健忘の場合、一般的にはより最近の記憶（発症時点に近い出来事）ほど想起しにくく、より古い記憶（発症時点から遠い出来事）ほど想起しやすい。

病巣：視床、前脳基底部、側頭葉内側面（海馬）

注意障害

- **注意障害**とは、必要なものに意識を向けたり、重要なものに意識を集中させたりすることが、うまくできなくなった状態である。
- ［全般性注意障害］と方向性注意障害（半側空間無視）がある。

＜全般性注意障害＞

- 以下の4つに分類される。

［持続］性注意障害	注意を持続的に集中することが困難になる
［選択］性注意障害	無関係な刺激に対して注意を奪われやすくなり、目的に沿った注意の方向づけが困難になる
［転換］性注意障害	注意を切り換えることが困難になる
［分配］性注意障害	同時に複数のことを行うことが困難になる

　病巣：右半球、広範囲の脳損傷

＜半側空間無視＞

- 脳損傷の反対側の空間に対する刺激を認識できなくなる状態である。
- ［右半球］損傷に伴う［左］半側空間無視が一般的である。
　病巣：右半球

遂行機能障害

- 遂行機能障害とは、［目標の設定］、［計画の立案］、［計画の実行］、効果的な行動ができなくなった状態である。柔軟性も低下し、臨機応変な対応が困難となる。
　病巣：前頭葉

● **高次脳機能障害の評価に用いられる神経心理学的検査**

記憶障害	・WMS-R（Wechsler Memory Scale-Reviced） ・リバーミード行動記憶検査 ・三宅式記銘力検査、標準言語性対連合学習検査 ・ベントン視覚記銘検査
注意障害	・CAT（Clinical Assessment for Attention：標準注意検査法） ・TMT（Trail Making Test）
遂行機能障害	・BADS（Behavioural Assessment of the Dysexecutive Syndrome） ・WCST（Wisconsin Card Sorting Test）
社会的行動障害	・WOOD法（行動、情緒のチェック表） ・ABS：適応行動尺度

社会的行動障害

- 社会的行動障害とは、[意欲や発動性の低下]、[感情のコントロール障害]、対人関係の障害、依存的行動といった症状がみられる状態である。

  病巣：前頭葉眼窩部、腹内側部

失語・失行・失認

<失語>

- 失語症とは、大脳言語中枢の損傷による言語理解、言語表出の障害である。
- 右利きの95%程度において言語機能は左半球優位といわれている。そのため、多くの場合、左半球の言語に関わる部位の損傷によって失語症が生じる。
- 失語症の分類は、全失語、[Broca]失語、[Wernicke]失語、超皮質性運動失語、超皮質性感覚失語、伝導失語など多岐にわたる。

● 失語症の分類

失語症のタイプ	発話	言語理解	錯誤	復唱	責任病巣
全失語	非流暢	不良	あり	不良	優位半球の前頭葉・側頭葉の広範
Broca 失語 (運動性失語)		良好	まれ	不良	優位半球の下前頭回後部(Broca 野)
超皮質性運動失語		良好	まれ	良好	左前大脳動脈領域
Wernicke 失語 (感覚性失語)	流暢	不良	あり	不良	優位半球の上側頭回後部(Wernicke 野)
超皮質性感覚失語		不良	あり	良好	頭頂後頭部
伝導失語		良好	あり	不良	角回、縁上回、弓状束

<失行>

- 失行症とは、指示された内容や行動の意味を理解しているにもかかわらず、要求された行為ができない障害である。
- 失行症の分類は、[観念失行]、[観念運動失行]、[構成失行]、[着衣失行]など多岐にわたる。

<失認>

- 失認症とは、視覚、聴覚、触覚の感覚の機能には問題がないにもかかわらず、それが何であるか認知できない障害である。
- 障害を受ける感覚の種類によって、視覚失認、聴覚失認、触覚失認などに分類

される。多くみられるのは［視覚失認］である。

例）人の顔が判別できない、物の形や色などが何かわからない

病巣：両側後頭葉

高次脳機能障害に対する支援（リハビリテーションプログラム）

- 高次脳機能障害のリハビリテーションプログラムには、①**医学的リハビリテーションプログラム**、②**生活訓練プログラム**、③**就労移行支援プログラム**の３つがあり、発症・受傷からの相対的な期間と目標に応じて行われる。
- 医学的リハビリテーションには、認知リハビリテーションやカウンセリング、薬物治療などが含まれる。
- 生活訓練プログラムは、**日常生活能力**や**社会活動能力**を高め、それにより日々の生活が安定し、より積極的な社会参加ができるようになることを目的としている。
- 就労移行支援は、障害者支援施設が提供するサービスの一つである。就労する上で必要な知識や能力を高めるための訓練を行う。

一問一答

❶ 脳血管障害は高次脳機能障害の原因の一つである。

❷ 半側空間無視は左側側頭葉の損傷によって生じる。

❸ 感覚性失語は多くの場合、Broca 野の損傷が原因となる。 第 1 回 問 42

❹ 社会的行動障害では、感情のコントロールがうまくできない。

❺ 右利きの者が右中脳大動脈領域の脳梗塞を起こした場合、一般的に失語症が生じやすい。 第 2 回 問 41

解説

❶ ○ 高次脳機能障害の主な原因は、脳血管障害や外傷性脳損傷である。

❷ × 半側空間無視は右半球の損傷によって生じる。

❸ × 感覚性失語の責任病巣は Wernicke 野である。

❹ ○ 社会的行動障害では感情をコントロールする能力が低下する。

❺ × 右利きの者の言語機能は左半球優位といわれているため、右中脳大動脈領域の脳梗塞では失語症は起こりにくい。

章末問題・10章

Ｑ 問題

❶ 神経系は中枢神経系と末梢神経系に分けられる。

❷ 中枢神経系は脳と延髄によって成り立っている。

❸ 頭頂連合野は視覚情報の処理に関与している。

❹ Broca 野が損傷を受けると運動性失語になる。

❺ 後頭連合野は思考、学習、意欲などに関与する領域である。

❻ 視床は自律神経の中枢である。

❼ 副交感神経が優位になると心拍数は減少する。

❽ 半側空間無視が生じると歯ブラシが使えなくなり歯磨きの動作が行えない。

❾ 小脳では不随意運動の調節などが行われる。

❿ 高次脳機能障害の主な症状の一つである社会的行動障害では、計画を立てて物事を実行することができない。

⓫ 遂行機能障害の評価には WMS-R が用いられる。

⓬ 遂行機能障害では、自分で計画を立てて物事を実行することができない。

⓭ 視床下部は動いた時に転ばないようにするといった姿勢保持（姿勢の調節）に関わっている。

⓮ 選択性注意障害では、2つ以上のことに気を配ることができなくなることがある。

⓯ MRI や CT は脳機能を評価することができる検査であり脳の機能的障害を検出できる。

A 解説

❶ ○ 神経系は中枢神経系と末梢神経系に分けられる。さらに、中枢神経系は脳と脊髄に、末梢神経系は体性神経系と自律神経系に分類される。

❷ × 延髄ではなく脊髄である。

❸ × 頭頂連合野は空間認識に関与している。

❹ ○ 理解は比較的良好だが、表出面に困難さを示す。その特徴から表出性失語、非流暢性失語ともいわれる。

❺ × 前頭連合野の説明である。後頭連合野は視覚情報の処理に関与している。

❻ × 自律神経の中枢は視床ではなく視床下部である。

❼ ○ 副交感神経が優位に働いているときはリラックスした状態であるため、心拍数も減少する。

❽ × 半側空間無視ではなく観念失行の説明である。

❾ × 小脳は、運動系の統合や平衡機能、姿勢反射、随意運動の調節など運動調節の中枢である。

❿ × これは遂行機能障害の特徴である。社会的行動障害では意欲や発動性の低下、感情のコントロール障害、対人関係の障害などがみられる。

⓫ × WMS-R は記憶の検査。遂行機能は BADS、WCST などによって検査を行う。

⓬ ○ 遂行機能障害では、目標の設定、計画の立案、計画の実行、効果的な行動ができなくなる。

⓭ × 視床下部は、自律神経および食欲、体温調節、性欲などの中枢である。姿勢保持に関わるのは中脳の機能である。また、小脳も中脳と同様に姿勢の制御に関わっており、特に平衡感覚の処理（姿勢の補正）を担っている。

⓮ × 分配性注意障害の特徴である。

⓯ × MRI や CT は脳の構造を評価する検査であり、脳の器質的病変を確認できる。

26 社会における自己

個人と集団

- [個人内過程] とは、個々の人の内面で生じる事象である。
- [集団過程] とは、個人の間で生じる事象であるが、**集団凝集性**や**集団規範**などの [集団内過程] と、**内集団**と**外集団**の関係により生じる**ステレオタイプ**や**偏見**などの [集団間過程] とがある。

● 集団を捉えるポイント

集団凝集性	成員を集団に引きつけてとどまらせようと働く力のこと
集団規範	集団の中で共有されている行動の適切さに関する信念
内集団・外集団	自身が所属する集団を内集団、それ以外を外集団という
ステレオタイプと偏見	集団成員の属性に関する一般化された固定観念がステレオタイプ、そこに感情的要素が加わった先入観が偏見

コミュニケーション

- **コミュニケーション**とは、音声や身体などで、心理的に意味のあるメッセージを伝えあうことで、[言語的コミュニケーション] と [非言語的コミュニケーション] がある。
- [社会的スキル] は、社会的に望ましいとされる行動をとれる能力のことである。
- [対人魅力] には、①身体的魅力、②空間的近接、③類似性、④相補性の要因があり、それぞれが作用して人は他者に魅力を感じる。
- [対人ストレス] は、人が通常の生活の中で日常的に経験しうる対人関係に起因するストレスである。背景に、好ましい人間関係がないことや、逆に好ましくない人間関係の存在といった要因がある。

親密な対人関係

- Bowlby, J. が提唱した [愛着理論] をもとに、Bartholomew, K. & Horowitz, L.M. は、成人の [愛着スタイル] について、対人関係における他者への評価 (肯定・否定) ×自己評価 (肯定・否定) で、安心型、畏怖型、没頭型、離脱型の４つのタイプを見いだした。
- Sternberg, R.J. の [愛の三角形モデル] では、親密性、熱情、コミットメントの３つを頂点とする三角形を描くことで様々な愛の形について述べた。

社会が及ぼす影響力

- [社会的影響] とは、周りの他者が個人に及ぼす影響のことをいう。
- [社会的ジレンマ] は、多数が一斉に目標追求して社会全体としては好ましくない葛藤状況になること。
- [社会的アイデンティティ] とは、人には自己高揚動機があるので、自己が所属する内集団とその他の外集団にカテゴリー化すると、自他の集団を比較して内集団を高く評価しやすくなるという考え方である。
- [社会的ネットワーク] は、人とのつながりのことであり、身体的・精神的健康にとって重要な要因である。

人とのつながり

- [ソーシャル・ネットワーク] とは、人と人とのネットワークのことであり、人間の行動がソーシャル・ネットワークによってどのように規定されるか考える。
- ソーシャル・サポートとは、人と人との強い結びつきによるサポートの様相のことであり、**情緒的サポート**と**道具的サポート**の 2 種類がある。

様々な集団

- [集合現象] とは、大衆行動によって生み出される現象であり、流行現象やパニックなどが例として挙げられる。
- [集団] は複数の人からなる社会的なまとまりのことをいうが、[組織] は何らかの目的の達成を目指して構成された、個人が役割を持った集団のことをいう。

一問一答

❶ 偏見やステレオタイプが生じるのは、集団内過程で説明される。

❷ 対人魅力に影響を与える要因として、相互作用を伴わない単なる接触の繰り返しや、相手からの評価や好意などが挙げられる。 第2回 問127改

❸ 社会的アイデンティティ理論は、社会的排斥の原因を説明することが可能である。 第3回 問87改

解説

❶ ✕ 偏見やステレオタイプは集団間過程で説明されるもので、集団内過程は集団凝集性や集団規範などが例として挙げられる。

❷ ◯ 対人魅力の要因には、主に身体的魅力、空間的近接、類似性、相補性の 4 つがある。

❸ ◯ 好ましくない内集団成員は内集団ひいきの対象とならず、逆に差別される (黒い羊効果)。

社会における態度・認知・行動の理論

自己過程と態度

- [James, W.] は、[自己 (Self)] を主体としての自己である [主我] と、知られる自己である [客我] に分けて捉えた。
- 客我は、①**物質的自己** (身体、衣服等)、② [社会的自己] (他者から受ける認識により形成される)、③**精神的自己** (自身の意識状態等) の 3 つで構成される。
- [自己過程] は、自己について、注目・把握・評価・表出する 1 つのプロセスとして捉える。
- [態度] は、ある対象をどう思うかであり、①**評価側面** (例：優れている)、②**感情側面** (例：嫌い)、③**行動側面** (例：笑顔でいる) の 3 つで構成される。
- [社会的認知] とは、受け取った情報をそれまでの経験や知識 (スキーマ) で処理していくことで、[社会的感情] とは、他者との関係において生じる感情のこと。[社会的動機] とは、他者と一緒に過ごそうとするエネルギーのこと。

態度変容

- [Heider, F.] は、[認知的均衡理論] (バランス理論) で、自分 (P：perceiver)、対象 (X) 、他者 (O:other) という 3 つの関係を「好き (＋)」「嫌い (−)」で表し (POX モデル) 、3 つの符号が「−」の時に不均衡状態となるので、3 つの積が「＋」となる均衡状態になるよう態度変容が必要になるとした。
- [Festinger, L.] は、[認知的不協和理論] の中で、自分の 2 つの態度や行動が矛盾する場合に認知的不協和が生じ、その不協和を解消するために態度が変容するとした (例：喫煙者がタバコの肺がんリスクを知っても、喫煙者の全員が肺がんになる訳ではないと合理化して喫煙を続ける) 。

対人認知

- **対人認知**のうち、[印象形成] はいくつかの情報をもとに他者に下す判断のこと。
- [Asch, S.E.] の印象形成の実験では、人の印象形成には、影響の大きい**中心特性**と、影響の小さい**周辺特性**があり、他者の情報が提示される順序の影響 (**呈示順序効果**)、初期に接した情報が重要 (**初頭効果**) であることが示された。
- [第一印象] は、眼鏡や口紅、ヒゲ、きちんとした服装、背の高さ、身体的魅力などで左右される。

● 刺激の呈示順序の影響

良い人という印象	知的な⇒勤勉な⇒衝動的な⇒批判力のある⇒強情な⇒嫉妬深い
悪い人という印象	嫉妬深い⇒強情な⇒批判力のある⇒衝動的な⇒勤勉な⇒知的な

帰属と社会的推論

- **帰属**とは、物事の原因を予測することであり、[内的帰属] と [外的帰属] がある。
- [基本的な帰属のエラー（対応バイアス）] は、状況の影響力に比較して行為者の内的属性を過大評価する傾向。
- **社会的推論**は、自己や他者を含む様々な社会的事象に関して行う推論のことをいい、これが歪んでいるために帰属のエラーが起こると説明できる。

● 様々な認知の歪み

基本的な帰属のエラー	例えば部下が課題でよい成績を収めたとき、上司は合理的に判断する以上に、その部下の能力や努力に帰属させやすい
行為者－観察者バイアス	例えばある課題での成功や失敗を本人は課題の困難さなどに帰属させ、第三者は本人の能力や努力などに帰属させやすい
自己奉仕的バイアス	例えば2人で協力して行った仕事がうまくいった場合は自分の貢献だと考え、失敗した場合は相手に責任を負わせやすい
ステレオタイプ的見方	現実認識が単純で偏見を含んだ評価
光背（ハロー）効果	例えば、人の一部の良い部分をみて、すべて良いと判断する場合
寛大効果	他人の良い部分を過大評価し、悪い部分は甘く評価すること

対人行動と相互作用

- [対人行動] とは、行動の目標を他者におくように動機づけられた行動のこと。
- [対人的相互作用] とは、個人やグループ間で動的に変化する一連の行為であり、人が状況に意味を持たせ、他者が意味しているものを解釈し、それに応じて反応することをいう。

一問 一答

❶ 周囲の状況の影響を十分に考慮せずに、他者の行動が内的属性に基づいて生じていると評価する傾向を対応バイアスという。 第1回追試 問10

❷ 人物のある側面を好ましいと判断すると、他の側面も望ましいと判断する傾向を寛大効果という。 第1回 問13改

(解説)
❶ ○ 基本的帰属のエラーということもあるので、どちらの用語が出題されても対応できるようにしておくこと。

❷ × 光背（ハロー）効果のことである。寛大効果は、自分の好みが他者の評価に影響する場合をいう。

28 家庭・集団・文化と個人

家族システム論

- 家族システム論は、家族を一つのシステムとみなす理論。家族システムは、[結婚] によって始まり、**家族メンバーの発達** (出産、子どもの成長、子どもの独立、配偶者の死など) や、社会的・経済的状況とともに変化・発達する。
- 家族システムは、それぞれの家庭の [価値観] や信念、**ルール**、[家族の情緒的風土] (夫婦関係、家族関係の雰囲気や親密さなど) に基づいて機能している。
- システムが変化・発達できずに**機能不全**が起こると、問題が生じる。例えば、[不適切な養育] (虐待、ネグレクト)、[家庭内暴力]、[夫婦間暴力] (DV：Domestic Violence、IPV：Intimate Partner Violence) など。
- 家族システムとしての機能回復をめざす心理的支援が [家族療法] である。

家族療法

- 家族療法は、**Bateson, G.** が統合失調症の家族研究から、「矛盾した言語的メッセージと非言語的メッセージが同時に発せられることにより、受け手に葛藤が生じる」 という [二重拘束説 (ダブルバインド)] を提唱したことがきっかけで始まった。

● **家族療法の特徴**

治療対象	[IP (Identified Patient)] を含む家族
病理 (問題)	家族が現状に対して健康的に適応できないために IP の問題が起きている
治療の目的	家族の不適応の要因を探り、健全なコミュニケーションや行動のパターンを訓練 ⇒家族が健全に機能すれば IP の問題はなくなる
セラピストの役割	家族の行動パターンを積極的介入によって変える

● **家族療法の技法**

ジョイニング	家族との信頼関係を結び、家族システムの一部としてセラピストが積極的に参加し、介入すること
リフレーミング	家族メンバーの行動や出来事、関係性などの「事実」は変えずに、その文脈や意味づけを肯定的に変化させること

生態学的システム論

- Bronfenbrenner, U. の生態学的システム論とは、人間は社会の中で生活するものであるため、様々なレベルで環境からの影響を受けて発達していくということを示した理論。

個人主義と集団主義

- 集団と個人の求めるものが葛藤関係にある場合、**集団の協調性**を優先する考え方が [集団主義]（Collectivism）、**個人の自律性**を優先する考え方を [個人主義]（Individualism）という。

● **生態学的システム論**

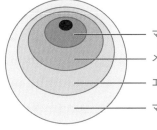

マイクロシステム：直接かかわりのある環境
（家族、兄弟、学校、友達など）
メゾシステム：マイクロシステムの相互関連
（家庭と学校、保育園と小学校、家庭と近所など）
エクソシステム：直接関わらないが環境を
与えるもの（両親の職場・地域社会など）
マクロシステム：大きな枠組みの中で影響を
与えるもの（文化・信念・思想など）

文化・異文化

- 「自己」を形成するもの、[文化的自己観]（cultural construal of self）は、国や地域、その文化や社会的状況によって異なると考えられている。個人が [異文化間葛藤] を乗り越え、新しい文化・環境で適応し、心理的に安定した状態を保つには、[異文化適応] が必要となる。

一問一答

❶ 家族システム論では、個人個人よりもその関係性や相互作用などのシステムとしての機能に着目する。

❷ ジョイニングはアウトリーチで家族のケアを行うとき、初期に活用できるテクニックである。 第1回 問40改

解説

❶ ◯ 家族メンバーが作り出す関係性やシステムとしてどう機能しているかを重視する。

❷ ◯ 特に家族と関わり始めるときに有用なものである。

章末問題・11章

Q 問題

1 個人内過程とは、個々の人の内面で生じる事象である。

2 対人ストレスは、好ましくない人間関係の存在によってのみ生じる。

3 愛の三角形モデルを提唱したのは Sternberg, R.J. である。

4 社会的勢力には、強制勢力、準拠勢力、正当勢力、専門勢力の 4 つがある。
第 3 回 問 102 改

5 組織は何らかの目的の達成を目指して構成された、個人が役割を持った集団のことをいう。

6 James, W. は自己（Self）を主体としての自己である主我と、知られる自己である客我に分けて捉えた。

7 Heider, F. は、認知的不協和理論を唱え、自分の 2 つの態度や行動が矛盾する場合に認知的不協和が生じるので、その解消のため態度が変容するとした。

8 Asch, S.E. の印象形成の実験では、他者の情報が提示される順序の影響はないことが示された。

9 スポットライト効果は、自己中心性バイアスに該当する現象である。
第 3 回 問 14 改

10 家族システムには上位システムと下位システムがある。 第 1 回追試 問 86

11 ダブルバインドは、メッセージの発信者と受信者の間で矛盾したやり取りが行われているときに起こる。

12 リフレーミングは、事実に関する文脈や意味づけを肯定的に変化させるテクニックである。

13 生態学的システム論は、人間が進化の過程で受けてきた環境の影響を図式化したものである。

14 文化的自己観とは、どの文化や地域の中にあっても変化することのない自分に対する認識のことである。

A 解説

❶ ○ それに対して集団過程とは、個人の間で生じる事象を指す。

❷ × 対人ストレスは、好ましくない人間関係の存在に加えて、好ましい人間関係がないためにも生じる。

❸ ○ 親密性、熱情、コミットメントの 3 つを頂点とする三角形を描くことで様々な愛の形を説明している。

❹ × 社会的勢力とは、組織や集団の目標を実現するためのリーダーの影響力の基盤であるが、問題の 4 つに加え、報酬勢力も含めて 5 つある。

❺ ○ 組織は集団という大きな枠組みの中の一つの形であるといえる。

❻ ○ James, W. はアメリカ心理学会の礎を築いた人物であり、その後の心理学の発展に多大な影響を与えたといえる。

❼ × 認知的不協和を唱えたのは Festinger, L. である。Heider, F. は認知的均衡理論で、POX モデルによる説明を行った。

❽ × Asch, S.E. の印象形成の実験では、他者の情報のうち初期に接した情報が重要 (初頭効果) であることが示されている。

❾ ○ スポットライト効果とは、行為者が自分にとって目立つ行為をしたとき、他者が自分に注目していると過度に思う現象をいう。

❿ ○ 家族という上位システムの中に、夫婦、親子、兄弟といった下位システムがある。

⓫ × メッセージの発信者が矛盾したメッセージを発信したときに起こる。

⓬ ○ 事実は変えられないが、それをどう意味づけるのかを変えることはできる。

⓭ × 家族を社会の中のシステムとして捉え、環境との相互作用を図式化したものである。

⓮ × 個々の国や地域で、文化的にも歴史的にも共有されている自己に対する認識のこと。

Piaget の発達理論

29

Piaget を理解するために必要な用語

- Piaget, J. に関する、下記の用語（ターム）を理解しておきたい。

操作	知的な課題を解決する際の方法のこと。個々の心的活動を一つの論理構造に組織化していくことである
同化	環境を感覚や運動を通じ、自分のなかに取り込むことである
調節	自分を外界の環境に合わせてシェマを変える働きである
均衡化	未知の外界に直面した時にシェマの同化ができずにシェマを調節することで安定化していく過程である
シェマ／スキーマ (schema)	経験することで形成されていく外の世界を理解するための枠組みである
アニミズム	すべての事物（無生物も含め）に意識や生命があると考えることである
脱中心化	視点の分化ができない自己中心性から脱却し、他者視点を持つことで適切な推論が可能となる
転導推理	特殊例から一般原理が帰納的推理、一般から特殊例が演繹的推理であり、そのどちらにも属さない幼児の特殊例から特殊例へと推論をしてしまうことである

● 同化と調節と均衡化

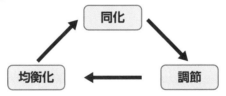

人の発達とは、同化・調節・均衡化を
繰り返して、シェマを拡大・均衡させ
ていくことでもあるよ

Piaget の発達期（発達段階）

- Piaget は **4 段階で** [思考] **が発達**をするという発達段階論を提唱している。
- Piaget の発達期（発達段階）は、[感覚運動期]、[前操作期]、[具体的操作期]、[形式的操作期] の 4 段階である。

● **4 つの Piaget の発達期（発達段階）**

感覚運動期 （0〜2 歳頃）	感覚と運動を協応させ外界の事物を認識し、新しい場面に適応していく **＜この時期の特徴＞**対象の永続性、表象活動、遅延模倣
前操作期 （2〜6 歳 または 7 歳）	・表象的思考が可能となり、外部の刺激と直結した因果関係の認識が可能となる ・この時期には論理的にものごとを考えていく操作的思考までは達していない **＜この時期の特徴＞**アニミズム、リアリズム、自己中心性、象徴活動
具体的操作期 （7〜11 歳頃）	・見た目に左右されずに事物の本質的な特徴が可能となる ・論理的に考えることはでき始めるが、それはまだ具体的場面にしか応用できない **＜この時期の特徴＞**保存の概念の獲得、脱中心化
形式的操作期 （11 歳以降）	・抽象的な概念を使った思考が可能となる ・具体的場面から離れ、仮説を立てて思考することが可能になる **＜この時期の特徴＞**形式的操作＝成人の思考

第 **12** 章

発達

一問一答

❶ Piaget, J. の発達段階論は次の並び方である。
  前操作期⇒具体的操作期⇒感覚運動期⇒形式的操作期
❷ 前操作期において保存の概念を獲得する。
❸ 感覚運動期では対象の永続性、脱自己中心化、遅延模倣がみられる。
❹ 形式的操作期まで思考の自己中心性を持ち続ける。
❺ 前操作期の特徴としてアニミズムがある。

解説
❶ ✕ 正しくは感覚運動期⇒前操作期⇒具体的操作期⇒形式的操作期の順。
❷ ✕ 保存の概念は具体的操作期に獲得する。
❸ ✕ 脱自己中心化は具体的操作期のものである。
❹ ✕ 思考の自己中心性は具体的操作期になると脱中心化が始まる。
❺ ◯ 前操作期の特徴としてアニミズム、リアリズム、自己中心性がある。

Vygotsky の発達理論

物事を達成する能力の発達

- Vygotsky, L.S. の発達理論には、①物事を達成する能力の発達、②言語の発達の 2 つの理論がある。

①**物事を達成する能力の発達**

- [現実発達水準] とは、単独で子どもが達成できること。
- [潜在的発達水準] とは、大人の手助けがあれば達成可能なもの。
- 現実発達と潜在的発達のずれの部分を、発達の [最近接領域] とした。

②**言語の発達**

- Vygotsky は、言語発達を軸とする発達理論を提唱した。
- 言語発達は誕生から 7〜8 歳ぐらいまでに 4 段階を経て発達をする。

● **言語発達の 4 段階**

第 1 段階:[原始的] 段階・[自然的] 段階 (誕生から 2 歳まで)
・言語の輪と思考の輪が重なる前の時期
第 2 段階:[素朴理論] の段階 (2 歳以降)
・言語がシンボル機能を持つことを発見する ・単語数が大きく増加し、言語と思考の輪が合体し始める ・この段階での思考は体系的学習で得られた理論ではなく日常生活より得た素朴理論が中心
第 3 段階:[自己中心的発話] 段階 (7 歳ぐらいまで)
Vygotsky はこの時期の自己中心的発話 (課題解決場面で多く発せられる独言) はそれまでのコミュニケーションとしての言語だけではなく、思考のツールとして機能し出し、概念的思考あるいは言語的思考をする能力が形成されるとした
第 4 段階:[内言化] 段階 (7 歳以降)
・内言化段階に入ると自己中心的発話が減少する ・内言を操り問題解決の思考を行うことができるようになる ・概念的思考に内言と外言の双方を用いて行えるようになる

※第 2 段階と第 3 段階に明確な年齢基準はない。

内言・外言

- Vygotsky は、人間の発話を内言と外言の 2 つに区分した。
- 大人は、思考時に内的な発話である内言を用い、外言を用いなくなる。
- 実験で課題遂行が妨害されたとき、不完全な内言の段階である子どもは独り言が増加し、このことから内言とは思考時に頭の中で思考をする声なき言語であるとした。

Piaget と Vygotsky の内言をめぐる論争（内言論争）

- Piaget, J. と Vygotsky は、「なぜ子どもに内言が表出されるのか」についての論争を展開した。
- Piaget の内言の表出は、子どもの [自己中心性] が反映されるとした。
- Vygotsky の内言の表出は、[問題解決] の過程で内面化が（内言が外に出てしまう）不完全である [内言のプロトタイプ] であるとした。
- この論争後、Piaget は Vygotsky の考えを取り入れている。

一問 一答

❶ Vygotsky, L.S. は内言論争で Piaget, J. の内言を取り入れた。
❷ Vygotsky, L.S. は外界にあわせてシェマを改変する過程を「調節」と呼んだ。
　第1回 問89改
❸ 自己中心的発話が減少するのは第 4 段階の内言化段階である。
❹ 第 3 段階の自己中心的発話段階になると概念的思考に内言と外言の双方を用いるようになる。
❺ 素朴理論とは体系的な学習によって得られる。

解説

❶ ✕ Piaget が Vygotsky の内言の考え方を取り入れた。
❷ ✕ Piaget は外界にあわせてシェマを改変する過程を「調節」と呼んだ。
❸ ◯ Vygotsky の言語発達では第 4 段階の内言化段階に入ると自己中心的発話が減少する。
❹ ✕ 第 3 段階の自己中心的発話段階では、内言が思考のツールとして機能し出し、概念的思考あるいは言語的思考をする能力が形成される。
❺ ✕ 素朴理論とは、体系的な学習によって得られる理論ではなく日常生活より得られるものである。

31 知能指数と知能の構造

知能の定義

- 現時点で諸説あり、一致した定義はないが、①［高度な抽象的思考力］、②［学習能力］、③［適応能力］の3因子が知能を構成すると定義されている。
- **Wechsler系検査**では、①［言語理解］、②［知覚推理］、③［ワーキングメモリ］、④［処理速度］の4因子が知能を構成すると定義されている。

知能指数

- Binet, A. の作った知能検査には、知能指数（IQ：Intelligence Quotient）ではなく、知能指標として［精神年齢（MA：Mental Age)］を使用した。
- Binet は、知能の判定に MA と［生活年齢（CA：Chronological Age)］の差を用いた。
- Stern, W. は知能指数の概念を提唱した。CA に対する MA の比に基づくという考えであり、具体的には知能指数算出は精神年齢を実年齢で割るものである。
- Terman, L.M. が Binet 式知能検査をアメリカで標準化し、スタンフォード版 Binet 知能検査を作成する際に、この Stern の知能指数算出法を実用化した。

> **知能指数の算出公式**
> IQ ＝［精神年齢（MA)］ ÷［生活年齢（CA)］ × 100

偏差知能指数

- Wechsler 系等の知能検査で使用されている偏差知能指数（DIQ：Deviation IQ）は、知能指数（IQ）の算出式と**大幅に異なっている。**

> **偏差知能指数の算出公式**
> DIQ ＝（個人の得点－当該年齢集団の平均得点）÷当該年齢の得点の標準偏差
> 　　　× 15 ＋ 100

知能指数についての注意点

- 検査では、知能指数と偏差知能指数が区別されて使用されている。
- Wechsler 系の知能検査では、[偏差知能指数] が使用される。
- 日本で使用されている田中 Binet Vでは、[偏差知能指数] が使用される。
- 鈴木 Binet・改訂版鈴木 Binet 知能検査では、[知能指数] が使用される。

知能の構造

- 知能の構造には、様々な理論がある。

2因子論	Spearman, C.E.	すべての知的活動に共通する [一般因子 (G 因子)] と個々の知的活動に関係する [特殊因子 (S 因子)] で構成
多因子説	Thurstone, L.L.	すべての知的活動に共通する一般因子 (G 因子) はなく、個々の知的活動に関連した [7 つの基本因子] で構成
上位二因子を仮定した階層群因子モデル	Cattell & Horn	上位二因子とは [流動性知能] と [結晶性知能] のこと
立体モデル (立体知能構造)	Guilford, J.P.	知能は 3 次元、120 因子で構成される
CHC 理論	Cattell & Horn & Carroll	知能因子は [3 階層] (第 1 層：限定的能力、第 2 層：広範的能力、第 3 層一般能力もしくは一般知能 G 因子) で構成、Wechsler 系はこの知能理論を使用
鼎立理論	Sternberg, R.J.	知能には支える [3 側面] (分析的知能、創造的知能、実際的知能) があり、その側面から知能をとらえる
多重知能	Gardner, H.	一般知能 G 因子という概念ではなく、8 個 (もしくは 10 個) の独立した知能因子があると想定されている

一問 一答

❶ Wechsler 系の知能検査では、「IQ = MA ÷ CA × 100」で算出される。

❷ Spearman,C.E. が知能の 2 因子論を提唱した。

(解説)

❶ ✕ Wechsler 系の知能検査では、「DIQ = (個人の得点−当該年齢集団の平均得点) ÷当該年齢の得点の標準偏差× 15 + 100」で算出される。

❷ ◯ Spearman によって知能の 2 因子論 (G 因子と S 因子) が提唱された。

アタッチメント（愛着）

アタッチメント理論

- **アタッチメント**（Attachment）は、愛着とも呼ばれる。特定の他者と、情緒的絆を持つことである。
- 20世紀初頭、[Spitz, R.A.]によって行われた[ホスピタリズム（施設症）]の研究がアタッチメント理論の出発点である。
- 施設入所児は栄養面に問題はなかったが、死亡率が高く、発達上の諸問題があることが明らかにされた。

Bowlbyのアタッチメント理論

- Spitzの[ホスピタリズム研究]を受け、Bowlby, J.は第二次世界大戦後の孤児のホスピタリズム研究を行った。
- ホスピタリズムの原因を[マターナル・ディプリベーション（Maternal Deprivation：母性的養育の剥奪）]と考えた。
- 適切な養育・発達のためのアタッチメントの概念を提唱した。
- [母性的養育の重要性]を唱えた。
- 養育者との関係が後々の発達に及ぼす影響を重要視した。
- 危機状況に陥ったときのアタッチメントの賦活に注目し、それは後の[Ainsworth, M.D.S.]による[ストレンジ・シチュエーション法（Strange Situation Procedure）]に結びついた。

Harlowの代理母実験

- Harlow, H.F.の[代理母実験]が、Bowlbyのアタッチメント理論の生物学的根拠となった。
- 生理的な充足では不十分、スキンシップがアタッチメント形成に重要と実証した。

● **Bowlby のアタッチメント 4 段階**

第 1 段階：人物の識別を伴わない定位と発信	
出生直後から生後 8 週〜12 週頃まで	定位とは注視、後追い等行動、発信とは泣く、微笑、発声等行動
第 2 段階：1 人または数人の特定対象に対する定位と発信	
生後 12 週頃から 6 カ月頃まで	日常よく関わる人に対しアタッチメント行動を向け始める
第 3 段階：移動能力獲得によりアタッチメント対象への能動的接近	
生後 6 カ月頃から 2〜3 歳頃の時期	・人物特定が可能となり、見慣れた人がアタッチメントの対象となる ・養育者を安全基地にして探索行動を行う
第 4 段階：目標修正的な協調性形成	
3 歳頃以後の時期	・養育者の行動を予測し、自身の行動や目標が修正可能となる ・この時期にアタッチメント対象が内在化され、アタッチメント行動が減少する

内的作業モデル

- **内的作業モデル** (IWM：Internal Working Model) では、アタッチメント対象との経験により、「安心感や愛護感」を得られるという確信が内化していく。
- 他者との安定した関係を持つことのできる基礎となっていく。

安全基地

- アタッチメントが成立し始めると、養育者を基地にして子どもは、外部へ［探索行動］を始める。
- 安全基地があることで、外部へと探索を開始することは知的な発達と強い関係がある。

ストレンジ・シチュエーション法（SSP）

- Ainsworth, M.D.S. が、アタッチメントの質を測定する**ストレンジ・シチュエーション法**（SSP：Strange Situation Procedure）を考案した。
- ストレスが与えられ、アタッチメントが賦活したときに子どもが養育者へ示す [4つの行動] のこと。

● SSP による再会時の4タイプ

Aタイプ	回避型	養育者との再会時によそよそしい関わりがみられる
Bタイプ	安定型	養育者と再会後すぐに安定して関われる
Cタイプ	両価値型・抗議型	養育者と再会後に不安定で怒りを表出する
Dタイプ	無秩序・無方向型	養育者に接近と回避の関わりが同時にみられる

※ Cタイプの両価値型・抗議型＝アンビバレント型ともいわれる。

一問一答

❶ Spitz, R.A. によってアタッチメント理論が提唱された。

❷ SSP を考案したのは Ainsworth, M.D.S. である。

❸ SSP による分離場面で、BタイプとCタイプは苦痛（強く泣くなど）を表出しない。 第1回 問90改

❹ 内的作業モデルは愛着対象との突然の分離による喪の作業である。

❺ アタッチメントの第4段階目は著しいアタッチメント行動の増加が特徴である。

❻ SSP によるアタッチメントのタイプ分類で、Aの回避型とCの抵抗／アンビバレント型は分離場面で強く泣くなどの苦痛を表出する。 第1回 問90改

解説

❶ ✕ Spitz, R.A. はホスピタリズム（施設症）の研究をした。正しくは Bowlby, J. である。

❷ ○ SSP を考案したのは Ainsworth, M.D.S. である。

❸ ✕ Bタイプ＝安定型とCタイプ＝両価値型・抗議型は、SSP の分離場面で強く泣くなどの苦痛を示す。

❹ ✕ 内的作業モデルとは愛着対象との「安心感や愛護感」を得られるという確信が内化していくことである。

❺ ✕ アタッチメントの4段階目ではアタッチメント対象の内在化によりアタッチメント行動が減少する。

❻ ✕ Cの抵抗／アンビバレント型は強く泣くなどの苦痛を表出するが、Aの回避型は泣いたりしない。

Column

 Gardner の多重知能（2001 年に追加された 10 の知能）

Gardner, H. の多重知能は第 3 回試験でも問われたので、10 の知能とその内容について簡単に触れておきます。
1. 言語的知能：言語能力に関する知能
2. 論理数学的知能：論理的に考え、数理的処理をする知能
3. 音楽的知能：音楽パターンの聞き分けや音楽で考える知能
4. 身体運動的知能：問題解決や創造的場面に身体を活用する知能
5. 空間的知能：空間のパターンを認識して操作する知能
6. 対人的知能：他人に対する共感や理解に関する知能
7. 内省的知能：自身を理解し、統制する知能
8. 博物的知能：環境に存する多種多様のものを識別し、分類する知能
9. 霊的知能：人の内面 I（精神・霊性）を知る知能
10. 実存的知能：人の内面（人間の実存性）を認識する知能

Column

 Marcia の 4 つの型のアイデンティティ・ステイタス（自我同一性地位）

Erikson, E.H. の提唱したアイデンティティについて、Marcia, J.E. は 4 つの型のアイデンティティ・ステイタス（自我同一性地位）を提唱しました（第 3 回試験で出題）。
同一性達成型：人生上の危機を体験し人生の重要な領域に積極的関与している
早期完了型：人生上の危機を体験すること無く人生の重要な領域に積極的関与している
モラトリアム型：人生上の危機を体験しつつ、人生の重要な領域に積極的関与しようとしている
同一性拡散型：人生上の危機を体験しておらず、人生の重要な領域に積極的関与することの想像が不可能

Column

 Neisser の 5 つの自己知識

自己と他者の関係により発達した自己知覚がどのようになされるのかを Neisser, U. が 5 つの自己知識として提唱しました。第 3 回試験で問われたので簡単に解説をします。
1. 私的自己：主観的な意識経験を持つものとしての自己
2. 概念的自己：自分自身の特性への心的表象（心的表象＝イメージ）
3. 対人的自己：社会的やり取りのなかで形成される自己
4. 生態的自己：環境との関連で知覚される自己
5. 拡張的／想起的自己（時間的拡張自己）：過去（自伝的記憶）や将来のイメージの中の自己

第 12 章 発達

33 ライフサイクル論

発達課題

- **発達課題**とは、ライフサイクルの中の各発達段階に課せられた課題という意味である。
- 発達課題という用語は、[Havighurst, R.J.] が命名した。
- 個人の生涯中の各時期に生ずる。
- 課題が達成できれば Successful、未達成なら Unsuccessful である。
- 発達課題は、前段階のものが未達成なら、その後の課題の達成も困難となる。

Erikson のライフサイクル論

- 発達は生涯にわたり、段階を経て進む [漸成説] という考えである。
- Erikson, E.H. は、人の生涯を [8] 段階のライフサイクルに分け、各段階の**発達課題と心理社会的危機**を提唱した。
- 各発達段階の危機を乗り越えることで、人は適切な方向に発達していく。

● Erikson の発達段階と心理社会的危機

発達段階	年齢（目安）	発達課題と心理社会的危機		
Ⅰ．乳児期	0 歳〜1 歳半	基本的信頼	対	基本的不信
Ⅱ．幼児期前期	1 歳半〜3 歳	自律性	対	恥・疑惑
Ⅲ．幼児期後期	3 歳〜6 歳	積極性	対	罪悪感
Ⅳ．児童期・学童期	6 歳〜12 歳	勤勉性	対	劣等感
Ⅴ．青年期	12 歳〜22 歳	アイデンティティ（同一性）の達成	対	アイデンティティ（同一性）の拡散
Ⅵ．初期成人期	22 歳〜35 歳	親密	対	孤立
Ⅶ．成人期中期・中年期	35 歳〜60 歳	生殖	対	停滞
Ⅷ．成人期後期・老年期	60 歳以降	統合	対	絶望

Erikson のライフサイクル論での関連事項

- **モラトリアム**とは、青年期に大人が負うべき義務を猶予され、自己探求が許される期間のこと。本来は [経済学用語] である。

- **アイデンティティ達成**とは、青年期以降の自己の進むべき方向についての問いかけに肯定的かつ確信的に応えられることである。
- **アイデンティティ拡散**とは、青年期において自分が何者か、どう生きるかを見いだすことができず、自己の連続性と一貫性を確立できないことである。

職業意識とライフコース選択

- **早期完了**とは、[Marcia, J.] が提唱した。これはライフコース選択において自己探求の時期や葛藤を経ることなく、親などの権威者から**与えられた職業意識を疑いなく受け入れ、アイデンティティを早期に完了**させてしまうことである。
- [中年期危機] とは、身体的の危機、セクシャリティの危機、対人関係構造の危機、思考の柔軟性の危機が生じ、**アイデンティティを再構築する**必要があることである。
- [生成継承性]（Generativity：ジェネラティビティ）とは、成人期中期・中年期及び成人期後期・老年期の発達課題、新しい概念を生み出しつつ、矛盾するが以前得た自身の経験知を次世代に伝えることである。

一問一答

❶ Erikson, E.H. は人の生涯を 6 つの発達段階からなると考えた。第1回 問15
❷ 生成継承性（Generativity）はモラトリアムの終結時期になると必然的に生じてくる。
❸ モラトリアムとは元々は物理学用語である。
❹ 児童期・学童期での発達課題と心理社会的危機は、「勤勉性　対　劣等感」である。
❺ 乳児期での発達課題と心理社会的危機は、「自律性　対　恥・疑惑」である。

【解説】
❶ ✕　Erikson, E.H. のライフサイクル論は 8 つの段階である。
❷ ✕　生成継承性（Generativity）は、成人期中期・中年期及び成人期後期・老年期など、モラトリアムの終結時期より遅く、また必然的に生ずるわけではない。
❸ ✕　モラトリアムは、元々は経済学用語である。
❹ ○　この時期に中心となる発達課題と心理社会的危機は、「勤勉性　対　劣等感」である。
❺ ✕　乳児期においての発達課題と心理社会的危機は、「基本的信頼　対　基本的不信」である。

34 発達の遺伝と環境

遺伝か環境か

- [単一要因説] とは、遺伝か環境かのどちらかに発達の規定因を求める考えである。現代の心理学では、遺伝と環境の両因がともに発達に影響するとしており、単一要因説で発達を説明することは行っていない。

● 遺伝と環境の相互関係について

遺伝寄り	遺伝論	発達は遺伝に規定され、遺伝的特徴が発達していくと現れてくる
	成熟論	Gesell, A.
	環境閾値説	Jensen, A.R.
	輻輳説 (加算寄与説)	Stern, W.
	相互作用説	Piaget, J. や Vygotsky, L.S.
	経験論	Watson, J.B.
環境寄り	環境論	環境によりその後の発達が規定される

遺伝論 (成熟論)

- Gesell, A. の [成熟優位説] は、経験より変化の規定因として、成熟の優位性を強調した。成熟とは、外部の影響が強く関与しない基礎的な [生得的行動型] の出現のこと。Gesell は、[レディネス] は、学習を可能または効果的に行える程度に成熟した水準のことであると定義した。

環境閾値説

- Jensen, A.R. は、遺伝的特性が発現するためには最低限の影響を与える [環境 (閾値)] が必要であり、遺伝性質発現後は環境による影響を受けないとした。

輻輳説

- Stern, W. の輻輳説は、[加算説 (加算寄与説)] とも呼ばれる。
- 輻輳説では、発達が以下の模式図により規定されるとした。

輻輳説の模式図　　　発達 ＝ 遺伝的要因 ＋ (行動もしくは環境的要因)

相互作用説

- **相互作用説**は、輻輳説が加算（足し算）なのに対し、以下の模式図のように、発達の中にある遺伝と環境が［かけ算（乗算）］で成り立つとしている。
- Piaget, J. の相互作用説では、人間が環境と相互作用するとしている。
- Vygotsky, L.S. の相互作用説では、子どもの認知は、大人（発達のより進んだ人）との社会的相互作用で発達するとしている。

> **相互作用説の模式図**　　発達 ＝ 遺伝 × 環境

第12章

発達

ニッチピッキング（適性選択）理論

- 人は成長するにつれ、遺伝的特性に沿った環境を選ぶという能動的相関の影響力により、相対的に受動的相関の影響力が減少していくという理論。Scarr, S.& McCartney, K. が提唱した。

環境論（経験論）

- Watson, J.B. は、発達において身体・生理側面の発達のみ［遺伝要因］とし、高度な行動はすべて［学習（経験）］により発達するという［環境論・経験論（学習優位説）］を述べた。
- 学習とは、経験によって変化し、比較的永続的な行動の変容のことである。

一問 一答

❶ Jensen, A.R. は環境因を重視し、発達はすべて学習によるものとした。
❷ 発達における相互作用説は加算であり、「遺伝的要因＋（行動もしくは環境的要因）」と模式化されている。
❸ Stern, W. は発達における輻輳説を提唱した。

解説
❶ × 発達の環境因のなかで特に学習を重視したのは Watson, J.B. である。
❷ × 相互作用説は乗算であり、模式図は「遺伝×環境」である。
❸ ○ 輻輳説または加算説（加算寄与説）を提唱した。

35 高齢者の心理社会的課題

老化のメカニズム

- 老年期の明確な基準はないが、成熟してから後の生理的現象をさし、機能の衰退していく状態をいう。
- 老化のメカニズム（加齢・老化学説）は消耗説、Rate of living 説、ストレス説、プログラム説、代謝産物原因説、遊離基説、架橋結合説、体細胞変異説、誤り説、自己免疫説などがあるが現時点で確定したものはない。

ソーシャル・コンボイ（ソーシャル・サポート）

- ソーシャル・コンボイのコンボイ（convoy）とは護送船団の意味である。**コンボイ・モデル**では、同心円によって[対人関係]を描く。
  ①援助を受ける[個人]を中心点にする
  ②生涯（長期）にわたり、親密であり安定的な関係にある成員（配偶者、家族等）を中心点近くに配置する
  ③ある程度社会的役割に基づく、親密さが高い成員（友人、近い親戚等）をその外側へ配置する
  ④社会的役割に依存した、親密さが高くない成員（隣人、専門家等）を外側へ配置する
- コンボイ・モデルでいえることは、高齢期になると社会関係の喪失や生活範囲の減少が生じ、同心円の中心近くに存する関係者の重要度が相対的に増加する。
- ソーシャル・サポートの機能的側面には、①情緒的サポート、②道具的サポート、③情報的サポート、④評価的サポートの4種類がある。

● **コンボイ・モデル図**

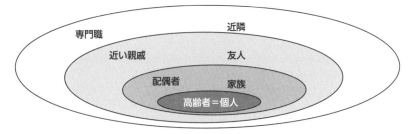

選択的最適化と補償理論

- [選択的最適化] とそれによる [補償理論]（SOC 理論：Theory of Selective Optimization with Compensation）とは、Baltes, P. らの生涯発達理論の中心となる考え方である。
- ここでの発達観は [獲得] と [喪失] の両面が合わさっているというものであり、高齢期に遭遇する喪失へのコーピングについて述べられている。
- Baltes は SOC 理論の中で、①選択的な最適化を行うこと、②補償的・代替的な方策をとることがあり、①と②が合わさって円熟化（喪失への適応、ウェルビーイングの獲得）に向かうと提唱している。

サクセスフル・エイジング

- **サクセスフル・エイジング**とは、高齢期になっても、①身体疾患が少なく、②残存する身体機能・認知機能がある程度高いこと、③積極的な社会参加・貢献をすることであり、この①〜③をベースにした [社会的活動性] を持続していくことである。

エイジング・パラドクス

- **エイジング・パラドクス**とは、様々な喪失体験をした高齢者が、必ずしも全員ではないが若年層よりも [幸福感] や [心理的安定感] が維持されていることである。

一問 一答

❶ ソーシャル・コンボイとは、補償的・代替的方法をとることである。
❷ エイジング・パラドクスとは、高齢者の方が若年者よりも幸福感や心理的安定感が維持されていることである。
❸ サクセスフル・エイジングとは、認知機能が低下した世代の総称である。
❹ 選択最適化とそれによる補償理論（SOC 理論）は、死の受容の理論である。

解説
❶ ✕ ソーシャル・コンボイとは支援を受ける個人を中心に同心円の中心近くに存在する親密さが高く安定的な関係者の重要度が相対的に高いことを示す。
❷ ○ パラドクス＝逆説である。
❸ ✕ サクセスフル・エイジングとは高齢期になっても身体疾患が少なく、残存する身体機能・認知機能がある程度高く、積極的な社会参加・貢献が可能なことをさしている。
❹ ✕ 円熟化（喪失への適応及びウェルビーイングの獲得）に向かう理論である。

36 非定型発達と発達障害

非定型発達

- 定型発達とは、発達段階の順序や時期が標準的で適応的である場合をさす。それが標準から外れ、不適応的な発達を示す場合を［非定型発達］と呼ぶ。身体的な非定型発達には、身体的に成長が阻害される**早産**、**低出生体重児**や**成長障害（器質性、非器質性）**などがある。

● 身体的な非定型発達

早産	在胎 37 週未満での出産
低出生体重児	2,500g 未満（1,500g 未満は極低出生体重、1,000g 未満は超低出生体重児）
器質的発育不全	身体機能が原因で起こる発育不全
非器質的発育不全	・発育を阻害する明らかな（器質的）疾患がみられない発育不全 ・環境的ネグレクト（例えば、食物が十分に与えられていない）、刺激の剥奪などが原因として考えられる

- 精神的な非定型発達には、［発達障害］や［アタッチメント障害］といったものがある。DSM-5 では発達障害は神経発達症群に分類され、アスペルガー症候群などの広汎性発達障害は自閉スペクトラム症に統合された。

● 主な精神的な非定型発達（DSM と ICD の対応。◆は DSM-5 の分類）

DSM-5	ICD-10	特徴
◆［神経発達症群／神経発達障害群］ 知的障害（知的能力障害）	精神遅滞（F7）	全般性知能の障害。IQ［70］以下、［18］歳以下で出現
自閉スペクトラム症／自閉症スペクトラム障害＜ ASD ＞	・広汎性発達障害（F84） ・アスペルガー症候群（F84.5）	発達早期から、社会的相互作用、コミュニケーション※、［想像力］の障害がみられる
注意欠如多動症／注意欠如多動性障害＜ ADHD ＞	多動性障害（F90）	［不注意］、［多動性・衝動性］の 2 つの特徴が顕著
限局性学習症／限局性学習障害＜ SLD ＞	学力の特異的発達障害（F81）	全般的な知的な遅れはないが、読む・書く・話す・計算・推論などの機能が著しく困難

DSM-5	ICD-10	特徴
運動障害群 (発達性協調運動症／発達性協調運動障害)	運動能力の特異的発達障害 (F82)	[協調運動] の障害により、日常生活に支障がある
◆ [心的外傷およびストレス因関連障害群] 反応性アタッチメント障害／反応性愛着障害	小児期の反応性愛着障害 (F94.1)	養育が不十分な環境で育ったことによる愛着行動の欠如。[9] カ月以上 [5] 歳までに出現
脱抑制型対人交流障害	脱抑制性愛着障害 (F94.2)	養育が不十分な環境で育ったことによる無分別かつ不適切な愛着行動を示す。9 カ月以上で出現

第 12 章 発達

※**コミュニケーションの障害**のアセスメントに使われるのが、「**サリーとアン課題**」などの心の理論課題。[心の理論] とは他者の心を推測したり、理解したりする能力で、通常 [4] 歳ごろ獲得するとされる。

非定型発達に対する介入、支援

・非定型発達に対する介入、支援で重要なのは早期発見・早期療育である。これにより、本人に適した環境調整を行うことが可能になる。さらに [二次障害] を予防することもできる。また本人に自分の障害を伝え、それを受容させていく支援も必要である。

一問一答

❶ 知的障害は成人期に発症する場合もある。 第1回 問97
❷ 自閉スペクトラム症はおよそ 3 歳以前から行動症状がみられる。
❸ ICD-10 では、広汎性発達障害は自閉スペクトラム症に統合された。
❹ 限局性学習障害には、ディスレクシアと呼ばれる算数障害が含まれる。

解説
❶ × おおむね 18 歳以下で発症する。
❷ ○ 発達早期、およそ 3 歳以前からみられる。
❸ × ICD-10 ではなく、DSM-5。
❹ × ディスレクシアは読み書きに困難のある読字障害のこと。

Ｑ 問題

① Piaget, J. の発達段階論は 6 段階である。

② Piaget, J. の脱中心化とは他者視点を持つことで適切な推論が可能となることである。

③ Vygotsky, L.S. の内言とはコミュニケーションを他者ととるための言語である。

④ Vygotsky, L.S. のいう潜在的発達水準とは大人の手助けがあれば達成可能なもののことである。

⑤ DIQ は MA ÷ CA × 100 で算出される。

⑥ Erikson, E.H. は人の生涯を 8 つの発達段階からなると考えた。

⑦ 一般的に中年期危機は身体的なもので、アイデンティティは一貫して変化がない。

⑧ 成熟優位説は Jensen, A.R. が提唱した。

⑨ 相互作用説が輻輳説と異なる点は、遺伝と環境の関係を乗算で規定しているところである。

⑩ 限局性学習症／限局性学習障害＜ SLD ＞には必ず知的な遅れが存在する必要がある。

⑪ コミュニケーションの障害のアセスメントに使われるのものの一つに「サリーとアン課題」という心の理論課題がある。

⑫ Cattell & Horn & Carroll によって多重知能が提唱された。

⑬ レディネスとは比較的永続的な行動の変容のことである。

⑭ 環境閾値説を提唱したのは Gesell, A. である。

Ⓐ 解説

❶ ✕ Piaget の発達段階論は、4 段階（感覚運動期、前操作期、具体的操作期、形式的操作期）である。

❷ ○ Piaget の脱中心化とは、見方の自己中心性から脱却して他者視点を持ち適切な推論が可能となることである。

❸ ✕ Vygotsky の内言とは、思考のためのツールである。

❹ ○ 大人の手助けがあれば達成可能なことを、Vygotsky は潜在的発達水準と呼んだ。

❺ ✕ DIQ は「DIQ =（個人の得点－当該年齢集団の平均得点）÷当該年齢の得点の標準偏差× 15 + 100」で算出される。

❻ ○ Erikson の発達段階論は 8 段階。

❼ ✕ 一般的に中年期危機は身体的なものもあるが、同時にアイデンティティの再構築の必要にも迫られる。

❽ ✕ 成熟優位説は Gesell, A. が提唱した。

❾ ○ 相互作用説は、遺伝と環境を乗算で規定し、輻輳説は加算で規定している。

❿ ✕ 限局性学習症／限局性学習障害＜ SLD ＞とするには、全般的な知的な遅れはないということが必要である。

⓫ ○ 心の理論が成立していないことがコミュニケーションの障害にあるとされ、それを見るために「サリーとアン課題」が使われることもある。

⓬ ✕ 多重知能は、Gardner, H. が提唱した。

⓭ ✕ レディネスとは、学習を可能または効果的に行える成熟に達した水準のことである。

⓮ ✕ 環境閾値説を提唱したのは、Jensen, A.R. である。

37 障害の分類

障害の分類

- 世界保健機関（WHO）による健康と障害の分類は、2001年に、[国際障害分類（ICIDH）] から [国際生活機能分類（ICF）] へと変更された。ICIDH は「医学モデル」といわれるのに対し、ICF は「社会モデル」といわれている。

国際生活機能分類（ICF）

- ICF は [心身機能・身体構造]、[活動]、[参加] という中立的な言葉を使い、それが「どのくらいできるか」によって**健康度**を図る。また、[環境因子]、[個人因子] を考慮し、それぞれの要素が互いに影響し合うことを重視している。

● 生活機能モデル

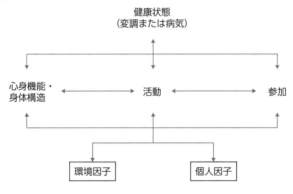

- ICIDH は、障害や欠点を克服させようとする方向であるのに対し、ICF はその人の強みやできることを生かして生活機能を向上させようとする方向であり、生物心理社会モデルに共通した考え方を含んでいる。

障害の種類

- 障害の種類は大きく分けると、[身体障害]、[知的障害]、[精神障害] の3つ。ただし、法律によってその定義が異なることには注意が必要である。

● 障害の種類

身体障害	身体障害者福祉法 (1949・昭和 24 年)	①視覚障害　　②聴覚・平衡機能障害 ③音声・言語障害、そしゃく障害 ④肢体不自由　⑤内部障害　の 5 種類
知的障害	知的障害者福祉法 (1998・平成 10 年) ※この法律には知的 障害の定義がない	知的障害児 (者) 基礎調査 (2005・平成 17 年) に よる定義 ①**知的機能の障害**と②**日常生活能力の障害**が発達 期 (おおむね **18 歳**まで) に生じていること
精神障害	精神保健福祉法 (1995・平成 7 年)	統合失調症、精神作用物質による急性中毒、また はその依存症、知的障害、精神病質、そのほかの 精神疾患を有するもの

疾病・障害の診断基準

- WHO の [国際疾病分類 (ICD)] は、身体疾患から精神疾患に至るまで網羅している。米国精神医学会 (APA) の [精神疾患の診断・統計的マニュアル (DSM)] は、精神科領域で用いられている。
- どちらも [操作的診断基準] (それぞれの疾患に対し診断基準の項目を設け、患者の症状のうちそれに該当する項目の数によって診断) である。これにより疾患の [アセスメント] が行われている。

一問一答

❶ ICF では、生活機能の障害は、身体の機能不全によって能力低下が引き起こされる中で生じる、と考える。 第 1 回 問 126

❷ ICF では、障害への心理的支援においては、診断名ではなく、生活の中での困難さに焦点を当てることが重要である、と考える。 第 1 回 問 126

❸ ICF では、障害とは、心身機能、身体構造及び活動で構成される生活機能に支障がある状態である、と考える。 第 1 回 問 126

❹ DSM は身体疾患も網羅している。

❺ ICD は日本の医療保険分野で広く使われている。

解説

❶ ✕ これは ICIDH の考え方である。

❷ 〇 ICF では、生活機能を中心に支援を考える。

❸ ✕ ICF では支障があるという考え方でなく、何ができるかという考え方をする。

❹ ✕ DSM は精神疾患のみの診断基準である。

❺ 〇 ICD は日本における疾病や死因などの統計、障害者手帳の診断にも使われている。

38 障害者支援

障害者に対する支援制度

- [合理的配慮] とは、障害者に障害を持たない者と同じ権利を保障するための措置のこと。提供する側にとって過度の負担ではなく、本質から逸脱しないことを前提に個別の調整を行う。
- 障害者差別解消法において、合理的配慮の提供は、**行政機関は法的義務**とされているが、**民間事業者は努力義務**。障害者雇用促進法においては、民間事業者も法的義務。
- 療育、[特別支援教育] は、就学前、学童期の保育・療育・教育機関における機能障害や活動制限を改善するための**発達段階に応じた教育的働きかけ**。2007（平成19）年の学校教育法の改正で「特別な教育支援を必要とする児童に対して適切な特別支援教育を行うこと」が定められた。

● **特別支援教育体制**

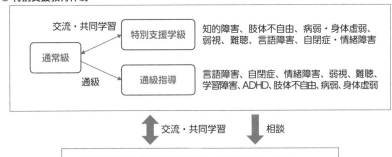

- [就労支援] とは、障害者それぞれの状況に即して就労が実現できるよう支援すること。各都道府県にある**地域障害者職業センター**では、就職に向けての**相談・援助**から**就職後の職場適応**まで継続的な支援や、事業主に対する**障害者の雇用管理に関する相談・援助**などを実施。障害者手帳がなくても利用できる。
- [リハビリテーション] とは、何らかの理由で能力低下、機能低下した状態から身体的、心理的、職業的訓練などを通して、改善するよう働きかけること。

障害者に対する支援方法

- 障害者を支援する心理学的方法には、SST、**応用行動分析・認知行動療法**、TEACCH、ペアレントトレーニングといったものがある。

● 障害者への支援方法

ソーシャルスキルトレーニング<SST>	社会の中で生きていく上で必要な、対人関係を円滑にするための社会的スキル、感情コントロールを習得するための訓練。**ロールプレイ、練習、フィードバック**等が行われる
応用行動分析・認知行動療法	**学習理論**に基づき、行動の背後にある原因を分析し、強化や消去を用いて、適切な行動を増やしたり、不適切な行動を減少させたりする。また、行動変容につながる認知のマネジメントやコントロールについて教える
TEACCH	自閉症とその家族に対する包括的支援 自閉症の人が地域社会の中で自立した生活ができるよう、本人の持っている技能を発達させ、自閉症の人が理解しやすい環境を作ることによって自発的に行動できるようにすることを目指す
ペアレントトレーニング	親の養育態度を改善し、子どもとのかかわり方に介入することで、子どもの状態の改善を図る

一問一答

❶ 障害者差別解消法において、合理的配慮の提供は、行政機関も民間事業者も法的義務である。

❷ 特別支援教育は特別支援学校及び特別支援学級の2カ所で行われている。
第1回 問27

❸ 特別支援教育における通級指導では、知的障害は対象にならない。 第1回 問127

❹ 合理的配慮の対象は障害者手帳を持っている人に限られている。 第3回 問46

❺ TEACCHは、精神障害者に対する支援を目的としてつくられたプログラムである。

解説

❶ ✕ 行政機関は法的義務だが、民間事業者は努力義務。

❷ ✕ 通級指導でも行われている。

❸ ◯ 知的障害は通級指導の対象にはならない。

❹ ✕ 障害者手帳を持っていることは対象となるための条件ではない。

❺ ✕ 自閉症とその家族の支援プログラムである。

Q 問題

❶ 2001年WHOは、ICIDHからICFに変更した。

❷ ICIDHは「社会モデル」といわれるのに対し、ICFは「医学モデル」といわれている。

❸ ICFは個人の強みを生かすストレングスモデルである。

❹ 知的障害者の定義は知的障害者福祉法に定められている。

❺ 精神保健福祉法では、発達障害は精神障害に含まれない。

❻ DSMはWHOによって作成された診断基準である。

❼ 合理的配慮によって取り除かれるべき社会的障壁には、障害者に対する偏見も含まれる。 第3回 問46

❽ 大学における合理的配慮の妥当性の検討には、医師の診断書が必須である。 第2回 問97

❾ 特別支援教育の教員は特別支援学校教諭免許状が必須である。 第1回 問27

❿ 特別支援教育の就学に際しては、専門家及び保護者の意見聴取が義務づけられている。 第1回 問27

⓫ 通級指導は障害者総合支援法に定められている。 第1回 問127

⓬ 通級指導は自立活動と各教科の補充指導が行われる。 第1回 問127

⓭ SSTではモデリング学習も用いられる。

⓮ 知的障害のある子どもに対しては、スモールステップでできることを増やすという対応が適切である。

⓯ 障害者支援は親への働きかけよりも子どもの支援が中心となる。

Ⓐ 解説

❶ ○ 国際障害分類（ICIDH）から国際生活機能分類（ICF）に変更した。

❷ × ICIDHは「医学モデル」、ICFは「社会モデル」である。

❸ ○ ICIDHのリハビリテーションモデルから、ストレングスモデルに転向した。

❹ × 知的障害者福祉法には定められていないため、厚生労働省「平成17年度知的障害児（者）基礎調査」による定義が用いられている。

❺ ○ 1995（平成7）年に精神保健福祉法が成立した際には含まれていなかった。その後発達障害者支援法が作られ、現在は発達障害者も運用上「精神病質その他精神疾患を有する者」になった。精神保健福祉手帳も発行される。

❻ × DSMはAPAによって作成された診断基準。

❼ ○ 社会的障壁とは、障害者にとって日常生活または社会生活を営む上で障壁となるものを指し、偏見もそれに含まれる。

❽ × 医師の診断書はあった方がよいが、必須ではない。

❾ × 特別支援学校教諭免許状がなくても、特別支援教育の教員になれる。

❿ ○ 専門家と保護者の意見を聞かなければならない。

⓫ × 通級指導は学校教育法に定められている。

⓬ ○ 障害に応じた自立活動の指導及び各教科の内容を補充するための特別指導を行うことができる。

⓭ ○ SSTでは、ロールプレイをしたり、モデルを見たりしながら必要なスキルを身につける。

⓮ ○ 少しがんばればできるということを目標にし、成功体験を重ねてできることを増やしていくことが重要である。

⓯ × 障害者支援は、親に対してもペアレントトレーニングなどの働きかけをする。

章末問題

39 心理アセスメント

心理アセスメントとは

- 心理アセスメントとは、クライエントに対し、必要な情報を収集し、その状態像を把握し、どのような支援が望ましいか見立てることをいう。
- 情報の把握と手法には、[面接法]・[観察法]・[検査法] の 3 つが挙げられる。
- 一つの手法だけではない**包括的なアセスメント**が非常に重要である。
- 心理アセスメントにおいても、検査の目的や使用法などについてクライエントに説明し、同意を得る [インフォームド・コンセント] は必須である。

関与しながらの観察

- Sullivan, H.S. は、精神医学を**対人関係の学**とし、関与しながらの観察を提唱した。
- **関与しながらの観察**とは、カウンセラーとクライエントの関わりすべてがアセスメントであり、継続され、修正していくものであると指摘している。

面接法

- **面接法**とは、クライエント本人や家族に面接をして情報を収集する方法。
  [構造化面接]：質問項目があらかじめ決められている面接方法
  [半構造化面接]：あらかじめ質問項目を用意しながら状況に合わせて質問を変えていく方法
  [非構造化面接]：質問項目を決めずにクライエントが自由に話す面接方法

● **面接によるアセスメントとして重要なもの**

インテーク面接	**治療面接に入る前**に行われる面接のこと。必要な情報を収集しながら、今後に繋がる**信頼関係（ラポール）**を築いていくことが必要になる
司法面接	事件や事故の被害者あるいは目撃者となった子ども達に対し、心理的負担を最小限にし、かつ正確な情報をできるだけ多く収集することを目指す面接法である。基本的に **1 回のみ**となる
査定面接	クライエントの状態を把握することに特に重点を置いた面接

観察法

- **観察法**とは、クライエントの表情・態度・行動などを観察して情報を収集する方法である。[自然観察法]、[実験観察法]の2種類に大別される。

検査法

- **検査法**とは、標準化された心理検査を実施し、クライエントの知的発達や心理状態を把握する方法である。

テストバッテリー

- **テストバッテリー**は、心理検査を目的に応じて複数の検査を組み合わせて実施することである。目的は、特定の心理的特性の評価や判断の信頼性を高めることと、異なる心理的特性を広く把握することにより包括的にクライエントを理解することの大きく分けて2点がある。

ケースフォーミュレーション

- アセスメントによって収集された情報をもとに、クライエントが抱えている問題が、クライエントの生活や人生にどのような意味や機能、役割となっているかを検討する（機能分析）。その上で、そのメカニズムに基づいて支援の方針を決定していくことを[ケースフォーミュレーション]という。
- ケースフォーミュレーションには、**問題の明確化・探索・定式化・介入・評価**という**5つの段階**がある。

一問 一答

❶ テストバッテリーでは、MMPIとYG性格検査というような同じタイプの検査を組み合わせて実施する。

❷ 機能分析とは、クライエントが社会でどのような役割を果たしていけるかを検討することである。

❸ ケースフォーミュレーションでは、クライエントと心理職との共同作業を重視する。 第1回 問18

解説
❶ ✕ 目的やクライエントの特性に応じて、異なるタイプの検査を組み合わせるのが通常。
❷ ✕ 機能分析とは、クライエントの問題行動が、何らかの機能や役割を果たしていると考え、その機能を探ることである。
❸ ◯ 心理職が一方的に作っていくものではない。

40 質問紙法①

YG 性格検査 (矢田部・ギルフォード性格検査)

- **考案者**：Guilford, J.P. が作成した性格検査を矢田部達郎らが日本版にした。
- **尺度**：[12] の性格特性からなる。測定結果で、「**平均型**」「**不安定積極型**」「**安定消極型**」「**安定積極型**」「**不安定消極型**」の 5 つの類型に分類することもできる。
- **項目数**：[120] 項目
- **特徴**：項目数が多すぎず、実施が容易である。ただし、妥当性尺度はないため、回答の虚偽や誇張といった歪みをチェックできない。

MPI (モーズレイ性格検査)

- **考案者**：[Eysenck, H.J.]
- **尺度**：「**内向性 – 外向性**」（**E 尺度**）、「**神経症的傾向尺度**」（**N 尺度**）、「**虚偽発見尺度**」（**L 尺度**）の 3 尺度からなる。
- **項目数**：[80] 項目
- **特徴**：E 尺度、N 尺度項目に似た 12 項目を加えることで、検査の目的をあいまいにし、矛盾した回答を発見できるよう作成されている。

NEO-PI-R

- **特徴**：[Big Five の 5 因子] に基づき、人格特性を測る。
- **5 因子**：「**N：神経症傾向**」「**E：外向性**」「**O：開放性**」「**A：調和性**」「**C：誠実性**」

16PF 人格検査

- **特徴**：[Cattell, R.B.] の人格分析をもとにし、**16 歳以上**の成人が対象。
- **項目数**：187 項目
- **構成**：[16] の一次因子と [4] の二次因子からなる。

MMPI (ミネソタ多面的人格目録)

- **考案者**：[Hathaway, S.R. & McKinley, J.C.]
- **尺度**：[10] の臨床尺度と [4] の妥当性尺度からなる。

- **項目数**：[550] 項目
- **特徴①**：臨床場面で多く使用されている。項目数が多いため、実施に時間がかかる。妥当性尺度を持つことで、回答者が故意に自分を良く見せようとしていないかといった歪みや虚偽をチェックできる。
- **特徴②**：尺度名が示す精神疾患をそのまま表す測度とはいえないため、解釈の際には注意が必要。

● MMPI の尺度

	記号	尺度名	査定内容
妥当性尺度	?	疑問尺度	無回答、拒否的態度、優柔不断
	L	虚偽尺度	望ましい方向に意図的に歪曲する傾向
	F	頻度尺度	心理的混乱、問題点の誇張、適応水準
	K	修正尺度	防衛的、自己批判的な態度
臨床尺度	1 Hs	心気症	精神面よりも身体的症状を訴える態度
	2 D	抑うつ	意欲低下、抑うつ傾向、不適応感など
	3 Hy	ヒステリー	自己内省の弱さ、ストレス対処の仕方
	4 Pd	精神病質的逸脱	社会的ルールや権威に反発する傾向
	5 Mf	男性性・女性性	典型的な性役割に対する取得度や価値観
	6 Pa	妄想症	対人関係の敏感さ、猜疑傾向
	7 Pt	精神衰弱	不安や緊張、強迫等の神経症的傾向
	8 Sc	統合失調症	統制の程度、疎外感
	9 Ma	軽躁病	過活動傾向、興奮の程度など
	0 Si	社会的内向	社会的活動や対人接触を避ける傾向

一問一答

❶ MPI は、McKinley, J.C. によって開発された。

❷ MMPI は、12 の臨床尺度、5 の妥当性尺度からなる。

❸ NEO-PI-R は、パーソナリティの 6 つの次元を測定する検査である。 第 1 回 問 8

❹ MMPI の F 尺度得点が高かった場合、精神的苦痛を誇張している可能性がある。 第 1 回追試 問 73 改

解説

❶ × MPI は Eysenck, H.J. によって開発された。

❷ × 10 の臨床尺度、4 の妥当性尺度からなる。

❸ × パーソナリティの 5 つの因子を測定する検査である。

❹ ○ MMPI の F 尺度は、心理的混乱、症状の誇張、詐病あるいは重篤な精神病等の可能性を測る。

41 質問紙法②

EPPS 性格検査

- **考案者**：[Edwards, A.L.]
- **構成**：AとBの対の文のどちらかを選ぶ「**強制選択法**」により、「社会的望ましさ」に対する回答の歪みを調整し、**15** の性格特性を測る。15 の性格特性は、[Murray, H.A.] の欲求表に基づき作成された。
- **項目数**：225 項目
- **特徴**：人間の基本的欲求をもとに性格特性を測れるものとして、学生相談や職業相談に用いられる。

SDS (自己評価式抑うつ性尺度)

- **考案者**：[Zung, W.W.K.]
- **構成**：2 項目の「**主感情**」、8 項目の「**生理的随伴症状**」、10 項目の「**心理的随伴症状**」からなる。
- **項目数**：[20] 項目
- **特徴**：項目数が少なく簡便に実施できるため、医療機関や学生相談等の初回に用いられることが多い。

BDI - Ⅱ (ベック抑うつ尺度)

- **考案者**：[Beck, A.T.]
- **項目数**：[21] 項目
- **特徴**：**最近の 2 週間**における抑うつの重症度を測定する。

MAS (顕在性不安尺度)

- **考案者**：[Taylor, J.A.]
- **構成**：不安尺度 50、虚偽尺度 15 項目からなる。
- **項目数**：65 項目
- **特徴**：MMPI から不安に関する質問項目を抽出して作成された。

STAI（状態―特性不安検査）

- **考案者**：［Spielberger, C.D.］
- **構成**：「状態不安（一時的な情動反応）」と「特性不安（不安な態度）」それぞれ［20］項目からなる。
- **項目数**：［40］項目
- **特徴**：MAS が測定できる不安が「特性不安」であることに対し、STAI は「状態不安」と「特性不安」の両方を測定できる。

CMI 健康調査票

- **考案者**：［Brodman, K.］、Erdmann, A.J. Jr.、Wolff, H.G. ら。
- **構成**：「身体的項目」として 12 区分、「精神的項目」として 6 区分からなる。
- **項目数**：原版は 195 項目だが、日本版はそれに男子 16 項目、女子 18 項目が追加されている。
- **特徴①**：［神経症］を判別できる。
- **特徴②**：心身両面の症状に関する質問により、精神科や内科、耳鼻科等の医療臨床各科に応用できる。

一問一答

❶ MAS は、MMPI の項目から作成された。 第1回 問109
❷ STAI は、Zung, W.W.K. によって開発された。
❸ SDS と BDI-Ⅱは、主に不安の程度を測定するものである。
❹ EPPS 性格検査の 15 の性格特性は、McKinley, J.C. の欲求表に基づいている。
❺ BDI -Ⅱでは、最近 1 カ月間の抑うつの程度を測定する。

解説

❶ ○ 不安を測定するものとして、MMPI から質問項目を厳密に抽出し、作成された。
❷ × STAI は、Spielberger, C.D. である。
❸ × SDS と BDI-Ⅱは、抑うつを測定する。
❹ × McKinley, J.C. ではなく、Murray, H.A. の欲求表に基づいている。
❺ × 1 カ月間ではなく、最近 2 週間。

作業検査法と発達検査

内田クレペリン精神作業検査法

- **考案者**：Kraepelin, E. の作業研究をもとに、内田勇三郎が開発した。
- **構成**：一桁の数の単純加算を **1 行 1 分**として、**5 分の休憩**をはさみ [15] **分ず**つ行う。
- **特徴**：作業曲線に影響する精神機能の働きを調べるもので、「**練習**」「**疲労**」「**慣れ**」「**興奮**」「**意志緊張**」という **5 つの因子**が精神作業に影響していると考える。健常者の作業曲線は [定型曲線] と呼ばれる。

ベンダー・ゲシュタルト・テスト

- **考案者**：原案は [Bender, L.] の「視覚 / 運動ゲシュタルトテストおよび臨床的使用」であるが、実際は Pascal, G.R. と Suttell, B.J. の実施および整理法が用いられる。
- **構成**：[Wertheimer, M.] が視知覚研究に用いていた図形と Bender, L. が考案した図形の計 **9 枚**の幾何学図形を模写する。
- **特徴①**：ゲシュタルト心理学に基づく。**視覚運動のゲシュタルト機能の程度、脳障害の可能性、人格の傾向**など多方面の情報を得ることができる。
- **特徴②**：作業検査法の人格検査、神経心理学的検査、投影法人格検査など、様々な使用方法ができる。

新版 K 式発達検査 2001

- **考案者**：京都児童院で開発された。
- **対象年齢**：[0] 歳〜成人
- **構成**：Gesell, A.、Binet, A.、Bühler, C. らが考案した項目に、独自の項目を加えた構成となっている。全体の**発達指数（DQ）**および**発達年齢（DA）**に加えて、「**姿勢・運動（P-M）**」「**認知・適応（C-A）**」「**言語・社会（L-S）**」の 3 領域ごとの DQ および DA を得ることができる。
- **特徴①**：精神機能を多面的に捉えることができる。発達の進みや遅れ、全体的なバランスを把握することを目的としている。
- **特徴②**：障害の有無にかかわらず、健常児や早産児にも用いることができる。

日本版 KABC-Ⅱ

- **考案者**：[Kaufman, A.S. & Kaufman, N.L.]
- **対象年齢**：[2 歳 6 カ月]〜[18 歳 11 カ月]
- **構成**：[認知尺度] と [習得尺度] から構成され、**認知尺度**には「継次」「同時」「学習」「計画」の 4 尺度があり、**習得尺度**には「語彙」「読み」「書き」「算数」の 4 尺度がある。
- **特徴①**：個人の認知処理能力と習得度を分けて測定できる。
- **特徴②**：子どもが得意な認知処理過程がわかることで、子どもの指導・教育に役立てることができる。

発達障害に関する検査

- 特定の発達障害の可能性や行動、情緒の適応度をアセスメントできる検査が、近年は臨床現場でよく用いられている。

● 発達障害関連の検査一覧

特性傾向	対象	検査名
ASD	乳幼児	M-CHAT
	乳幼児〜児童	PEP-3、[CARS]
	幼児〜成人	[ADOS-2]、ADI-R、PARS-TR
ADHD	子ども	ADHD-RS
	成人	[CAAR-S]
LD	子ども	LDI-R、MIM-PM、STRAW
行動や情緒	子ども	CBCL、SDQ
	全年齢	[Vineland-Ⅱ]

一問一答

❶ 内田クレペリン精神作業検査は、ランダムに並んだ数字を 1 分ごとに行を変え、30 分間連続して加算する。 第 1 回追試 問 91

❷ 新版 K 式発達検査は、全般的な進みや遅れ、バランスといった発達の全体像を捉えるものである。

❸ KABC-Ⅱの適応年齢は、2 歳 6 カ月から 18 歳 11 カ月までである。
第 1 回追試 問 122

解説

❶ ✕ 30 分間ではなく、15 分間連続して加算する。
❷ 〇 発達の全体像を捉えるものであり、発達のスクリーニング目的ではない。
❸ 〇 以前のバージョンでは、12 歳 11 カ月までだったものが引き上げられた。

43 知能検査

田中ビネー知能検査 V

- **考案者**：Binet, A. と Simon, Th. が開発。その後、田中寛一が日本版に標準化し、現在の日本では田中ビネー知能検査 V として使用されている。
- **対象年齢**：[2] 歳〜成人
- **特徴①**：2 歳から 13 歳は精神年齢（MA）と生活年齢（CA）の比から知能指数（IQ）を算出する。
- **特徴②**：**14 歳以上**には、[偏差知能指数（DIQ）] が算出でき、**結晶性・流動性・記憶・論理推理**の 4 つの領域別の指標も算出できる。

ウェクスラー式知能検査

- **考案者**：Wechsler, D.
- **特徴**：WISC-IV、WAIS-IV の改訂において、言語性、動作性の 2 分類は廃止され、**全 IQ および 4 つの指標得点**により知的能力をはかる。

● **全 IQ の分類**

130 以上	非常に高い
120〜129	高い
110〜119	平均の上
90〜109	平均
80〜89	平均の下
70〜79	低い（境界域）
69 以下	非常に低い

● **ウェクスラー式の年齢別名称**

WPPSI- Ⅲ	幼児用	2 歳 6 カ月〜7 歳 3 カ月
WISC- Ⅳ	児童用	5 歳〜16 歳 11 カ月
WAIS- Ⅳ	大人用	16 歳〜90 歳 11 カ月

● **全 IQ および各指標が示す代表的な知的側面**

- [言語理解]：言語能力や言語情報に基づく推理、一般的知識などに関する。
- [ワーキングメモリ]：聴覚的短期記憶、聴覚的情報処理能力などに関する。
- [知覚推理]：視覚的な問題解決・視覚的情報処理能力などに関係する。
- [処理速度]：目と手の協応運動、同時処理能力などに関する。

● 各指標と下位検査の対応　　（　）は補助検査

	言語理解 [VCI]	知覚推理 [PRI]	ワーキング メモリ [WMI]	処理速度 [PSI]
WISC-Ⅳ	「類似」 「単語」 「理解」 (「知識」「語の推理」)	「積木模様」 「行列推理」 「絵の概念」 (「絵の完成」)	「数唱」 「語音整列」 (「算数」)	「符号」 「記号探し」 (「絵の抹消」)
WAIS-Ⅳ	「類似」 「単語」 「知識」 (「理解」)	「積木模様」 「行列推理」 「パズル」 (「絵の完成」「バランス」)	「数唱」 「算数」 (「語音整列」)	「符号」 「記号探し」 (「絵の抹消」)

 ここが重要

> **発達検査、知能検査は最新の改訂版に情報をアップデートしておこう！**
>
> 　WAIS-Ⅳの日本版は 2018 年に販売開始。下位検査の内容も変わっている。ウェクスラー式は事例問題でも頻出のため、各検査と対応年齢、各指標得点が示す概要をおさえておこう！

一問一答

❶ WAIS は、5 歳から 15 歳を対象とする個別式知能検査である。 第1回追試 問90
❷ ウェクスラー式知能検査の PRI 指標は、主に同時処理能力や手先の器用さを測るものである。
❸ 田中ビネー知能検査Ⅴ では、13 歳以下では、精神年齢（MA）から知能指数（IQ）を算出する。 第2回 問130
❹ WISC-Ⅳ、WAIS-Ⅳの特徴は、全体 IQ 以外に 4 つの群指数を算出できることである。

解説

❶ ✕　WAIS の適応年齢は 16 歳以上である。
❷ ✕　問題文は処理速度（PSI）の説明。PRI 指標は知覚推理であり、視覚的情報処理を主に測る。
❸ ○　13 歳以下では精神年齢と生活年齢の比から知能指数を算出する。
❹ ✕　改訂により、WISC-Ⅳ、WAIS-Ⅳでは、群指数ではなく指標得点となった。

投影法

ロールシャッハ・テスト

- **考案者**：Rorschach, H.
- **実施法**：[10] 枚の左右対称のインクブロット図版に対して見えたものを自由に回答させる。
- **特徴①**：「何が見えたか」ではなく、「どう見たか」に着目する。
- **特徴②**：片口式と包括システムの 2 つが代表的な分析方法である。

TAT（主題統覚検査）

- **考案者**：[Morgan, C.D. & Murray, H.A.]
- **実施法**：ある場面の絵が描かれているカードを示し、自由に物語を作ってもらう。
- **特徴①**：物語の主人公の行動や登場人物から、クライエントの**欲求や圧力**を捉える。
- **特徴②**：原法では 20 枚のカードを使用するが、実際にはクライエントに応じて 1 枚から 10 枚の図版を選んで実施されることが多い。

P-F スタディ

- **考案者**：[Rosenzweig, S.]
- **実施法**：漫画の一コマのふきだしに入るセリフを自由に書いてもらう。24 枚の絵からなり、いずれも日常場面のフラストレーションを感じる状況が描かれている。
- **内容**：F（frustration）の検査名のとおり、[欲求不満耐性] を捉える。すべての目標指向行動を**アグレッション**と定義している。特に、[対人関係] に起因するフラストレーション下でのアグレッション反応を測定する。
- **特徴①**：24 枚の絵は、[自我] 阻害場面と [超自我] 阻害場面に大別される。精神力動の観点からアセスメントができる。
- **特徴②**：他の投影法と比べ、回答の幅が狭いが、実施が容易でクライエントの負担が少ない。

アグレッションの型

		障害優位型	自我防衛型	要求固執方
アグレッションの方向	他責的	他責逡巡反応	他罰反応 (変型他罰反応)	他責固執反応
	自責的	自責逡巡反応	自罰反応 (変型自罰反応)	自責固執反応
	無責的	無責逡巡反応	無罰反応	無責固執反応

SCT（文章完成法）

- **内容**：不完全な文章の続きを書くことで、パーソナリティを測定する。成人用は **60** の刺激文からなる。
- **特徴**：パーソナリティを「**知的側面**」「**情意的側面**」「**指向的側面**」「**力動的側面**」の 4 つの評価項目で分析する。その決定要因として、「**身体的要因**」「**家庭的要因**」「**社会的要因**」の 3 つがある。

一問一答

❶ SCT のパーソナリティの評価項目は、「知的側面」「情意的側面」「指向的側面」である。

❷ TAT は、決められた順序に従って全ての図版を呈示することによって正確な解釈が得られる。 第1回問115

❸ P-F スタディでは、葛藤場面の反応を通じて、対人スキル能力をはかる。

❹ P-F スタディでは、アグレッションの方向は、内向・外向に分けられる。

解説

❶ ✕ 「力動的側面」が抜けている。

❷ ✕ TAT は実施法や分析法解釈法が一定していない。原法では 20 枚のカードを順番に呈示するが、実際には 1〜10 枚の図版を選んで実施することが通常である。

❸ ✕ 欲求不満場面を提示し、欲求不満耐性をはかる。

❹ ✕ 他責的・自責的・無責的に分けられる。

描画法と神経心理学的検査

バウムテスト

- **考案者**：[Koch, K.]
- **実施法**：「(実のなる) 1 本の木を描いてください」と教示する。
- **特徴①**：**空間象徴理論**に基づき、描かれた絵を無意識的な自己像だと仮定して解釈する。
- **特徴②**：もともとは職業適性検査の一つとして用いられていた。実施は容易でクライエントの負担も少ないが、補助的に用いられるのが一般的である。

HTP テスト (多面的 HTP 法)

- **考案者**：[Buck, J.N.]
- **実施法**：[家・木・人] (House, Tree, Person) の順に、それぞれ別の用紙に描く。[多面的 HTP 法] では、1 枚の用紙に描く。第 2 段階として、**描画後質問**を行う。
- **特徴**：描画で非言語的、質問で言語的と、双方から解釈する。

風景構成法

- **考案者**：中井久夫
- **実施法**：「[川]→[山]→[田]→[道]→[家]→[木]→[人]→[花]→[生き物]→ [石]」と描く順番が定められている。これらを 1 枚の用紙に描いて風景を完成させる。
- **特徴①**：統合失調症者の臨床的見地から考案された。
- **特徴②**：それぞれのアイテムをいくつ描くか描かないかは自由である。また**新たなアイテム**を付け加えてもよい。

認知症スクリーニング検査

- **内容**：[見当識] (場所や時間など現在の状況の理解) および知的状態を検査する。
- **特徴①**：[MMSE (ミニメンタルステート検査)] と [改訂長谷川式簡易知能評価スケール (HDS-R)] は、簡便な認知症スクリーニング検査として臨床現場で多く用いられている。
- **特徴②**：MMSE や HDS-R は、言語性課題が中心のため、言語機能に問題がある場合は評価に注意が必要である。

● MMSE と改訂長谷川式簡易知能評価スケール（HDS-R）の違い

	MMSE	HDS-R
問題数	[11] 項目	[9] 項目
満点	30 点	30 点
弁別点数	[23] 点以下：認知症の疑い	[20] 点以下：認知症の疑い
特徴	言語性課題に加えて、図形模写など動作性検査がある	事前に家族や周囲の人からの聞き取りが必要

日本版リバーミード行動記憶検査（RBMT）

- **内容**：日常生活に近い状況を検査内容とし、生活上欠かせない記憶を評価するもので、高次脳機能障害の検査に用いられる。実施時間は 30 分程度。
- **項目数**：「姓名」「持ち物」「約束」「絵」「物語」「顔写真」「道順」「用件」「見当識」の 9 つの検査項目からなる。
- **特徴①**：**標準プロフィール点**における目安は、[9] 点以下は**重度記憶障害**、[16] 点以下は**中等度記憶障害**、21 点以下は**ボーダーライン**。
- **特徴②**：再検査による練習効果を排除できるため、リハビリ等の効果測定に有用である。また、展望記憶機能を測定できる。

ベントン視覚記銘検査

- **内容**：[視覚] 性の「記銘—保持—再生」の機能を測定することで、高次脳機能の検査に用いられる。
- **構成**：1〜3 の図形が描かれた 10 枚 1 組の図形を即時再生あるいは模写や遅延再生させる。
- **特徴①**：難聴や言語障害がある高齢者にも実施できる。
- **特徴②**：図形が 3 種類あることで、練習効果を排除でき、リハビリの効果測定等にも使用できる。

一問一答

❶ バウムテストは、Buck, J.N. によって考案された。
❷ 風景構成法は、教示されるアイテムをすべて聞いた後に好きな順序で書く。
❸ HDS-R は、認知症の重症度評価を主な目的とする。 第1回 問51

(解説)
❶ ✕ Koch, K. によって考案された。
❷ ✕ 一つずつ順番にアイテム名を告げていくため、描く順番は決まっている。
❸ ✕ 認知症の重症度の指標はない。

Q 問題

❶ P-Fスタディの葛藤場面は、自我の退行場面と超自我が阻害される場面とで構成される。 第1回 問17

❷ HDS-Rは、図形模写などの動作性検査を含むテストである。 第1回 問51 。

❸ WAIS-Ⅳの検査結果で、ワーキングメモリ指標が有意に低かった場合、聴覚的短期記憶が苦手であるといえる。 第1回 問76改

❹ ウェクスラー式知能検査の「符号」は、知覚推理指標の下位検査である。

❺ 非構造化面接とは、あらかじめ質問項目が決められているが、状況に合わせて変更していく面接法である。

❻ MMPIは、550の質問項目があり、実施時間は1時間以上を見込む必要がある。 第1回 問109

❼ バウムテストは、テストバッテリーの一つとして用いられることが多い。

❽ インテーク面接では、クライエントの問題に関連する情報を初回で漏れなく収集する。 第3回 問38

❾ HDS-Rは、15点以下が認知症と判定される。

❿ 司法面接では、正確な情報を得るために複数回行うことが通常である。

⓫ 知的な遅れがなく、社会性やコミュニケーションに発達障害が疑われる児童に用いるべき検査は、ADOS-2よりもM-CHATが適切である。 第1回追試 問11改

⓬ 新版K式発達検査は、運動、社会性及び言語の3領域で測定する。 第1回追試 問129

⓭ 多面的HTP法では、家・木・人を、それぞれ別の用紙に描く。

⓮ RBMTは、日常場面での記憶を検査できるものとして妥当性が高い。

⓯ 言葉の遅れと視線の合いにくさが気になる2歳2ヶ月の男児に行う検査としてWPPSI-Ⅲは適切である。 第2回 問61改

Ⓐ 解説

❶ ✕ 自我阻害場面と超自我阻害場面で構成される。

❷ ✕ 動作性検査を含むのは MMSE の説明。

❸ ◯ ワーキングメモリは、聴覚の情報処理に関する指標である。

❹ ✕ 処理速度の下位検査。

❺ ✕ あらかじめ質問項目が決められているが、状況に合わせて変更していく面接法は、半構造化面接の説明。

❻ ◯ 質問項目が多いため、質問紙法の中では所要時間を要する。

❼ ◯ バウムテストのみというよりは、バッテリーの中の一つとして用いられることが多い。

❽ ✕ インテーク面接は、クライエントとのラポール形成が重要な目的の1つとなる。そのため、情報を初回で漏れなく収集する必要はない。

❾ ✕ HDS-R は、20 点以下が認知症と判定される。

❿ ✕ 司法面接は、子どもの負担を考えて、基本的に1回のみである。

⓫ ✕ M-CHAT は乳幼児（おおむね2歳前後が適応年齢）対象のため、児童であれば、ADOS-2 が適切である。

⓬ ✕ 「姿勢・運動 (P-M)」「認知・適応 (C-A)」「言語・社会 (L-S)」の3領域である。

⓭ ✕ 多面的 HTP 法では、1枚の紙にすべてのアイテムを描く。

⓮ ◯ 実際の生活場面を検査にシミュレートしている。

⓯ ✕ WPPSI- Ⅲの適用年齢は2歳6ヶ月からであるため不適切。

46 精神力動アプローチ

精神力動療法

- **精神力動療法**は、[精神分析]を基盤とし、心の中に働くあらゆる力のありようを捉え、その理解に基づいて支援を行うこと全般をさす。
- この療法の特徴は主に3つある。
  ①対話によってクライエントの気付きを促進させることに重点をおく。
  ②**転移逆転移の理解**、[解釈]を重視する。
  ③解釈と同じくクライエントの変容に重視されるものに、**Alexander, F.** が提唱した[修正情動体験]がある。
- **修正情動体験**とは、カウンセラーとの交流が、クライエントの過去の対人関係で形成された不適応の原因となる人間関係のパターンを破り、安心感を伴う新たな体験となることで適応的に修正していくもの。

精神分析

- 精神分析は、**Freud, S.** が考案した。Freud は、不適応的症状は**無意識**の抑圧であるとし、[自由連想法]や防衛機制など、様々な概念を生み出した。
- [局所論]は、意識・前意識・無意識からなり、[構造論]は超自我・自我・イド（エス）からなる。

転移

- **転移**とは、クライエントが抱くカウンセラーに対する非合理的な感情である。
- [陽性転移]とは、好意や恋愛感情などを抱くことで、[陰性転移]とは怒りや敵意といった負の感情を抱くことである。
- 転移はカウンセラーとクライエントが**共同で構築している**ものと理解される。

逆転移

- **逆転移**とは、カウンセラーがクライエントに抱く非合理的な感情のこと。
- 以前、逆転移は悪いものとされていたが、現在は逆転移も含めて面接に還元していく流れとなっている。

防衛機制

- **防衛機制**とは、認めがたい自身の感情や欲求から自分を守るために無意識的に働く様々な方法のことである。

● 代表的な防衛機制　※ここでは代表的なものを抜粋

抑圧	**ショックな出来事や不快な感情を単純に抑え込んでしまうこと** 例：ショックな出来事をそのまま忘れる
否認 (否定)	**現実の出来事を、現実として受け入れないこと** 例：癌であると宣告されたが、間違いであるとし認めない
投影 (投射)	**自分のある種の感情や衝動、考えが、自分の中にあると認めず、それを他者に投げかけること** 例：後ろめたい気持ちを「みんながジロジロ見ている」と思う
反動形成	**受け入れがたい感情や衝動を抑圧するために、それと反対の感情や衝動を示すこと** 例：喫煙をしたい人が、禁煙のメリットを過剰に表明する
知性化	**感情を本当に感じることを避けるため、浅い知的レベルで理解しようとすること** 例：自分の深い心の傷に直面することを避けるために、心理学を学んで理屈で理解しようとする
合理化	**行動の真の理由を隠すために、もっともらしい理由を作ること** 例：イソップ童話の「取れなかったブドウは美味しくなかったのだ」が有名
昇華	**欲求を、社会的に望ましい活動へのエネルギーに向けること** 例：性衝動を部活動に熱中することで発散する
同一化	**叶わない願望や自分にないものを、それを持つ他者になったかのように感じることで空虚感を埋めようとすること** 例：子どもを持たない人が他人の子の服を作ってあげる

一問一答

❶ 精神力動アプローチでは、対話によってクライエントの気づきを促進させていくことを主な目標としている。

❷ 自由連想法では、カウンセラーの解釈は極力行わないように努める。

❸ 自分が嫌っている人がいる場合に、「相手が自分を嫌っている」とする防衛機制は、抑圧の一例である。

(解説)

❶ ○　精神分析に基づき、無意識の意識化が重要な治療目標である。

❷ ×　クライエントの発話に対して、カウンセラーが直面化・明確化・解釈を加えることがクライエントの洞察を促す。

❸ ×　抑圧ではなく、投影である。

47 認知行動アプローチ

行動療法

- **行動療法**では、不適応的行動は間違った学習によって習得されたと考える。そこで、学習理論に基づいて適切な学習によって不適応的行動を除去し、適応的行動を習得することを目指す。

● 代表的な行動療法

原理	名称	方法
レスポンデント条件づけ	系統的脱感作法	Wolpe,J. により考案。**不安階層表**を作成し、弛緩状態で順次不安に曝露する方法
	エクスポージャー（曝露法）	不安場面に直接さらして不安が減るまで慣れさせる方法
	フラッディング	最も強く不安を感じる事柄にいきなり曝露する方法
	曝露反応妨害法	強迫性障害に用いられることが多い。強迫行動を禁止し、恐怖や不安に直面化させ慣れさせて消去する方法
オペラント条件づけ	トークン・エコノミー法	トークン（擬似貨幣）を適切な行動ができた場合に与え、一定量ためるとクライエントの望む物と交換できるという方法。子どもによく用いられる
	シェイピング	目標となる行動を直ちに習得することが難しい場合に、達成しやすい課題から**スモールステップ**を踏んで段階的に目標行動に近付いていく方法
	タイム・アウト法	子どもの問題行動に用いられることが多い。子どもの問題行動に「注意を向ける」等の強化子を与えないために、タイム・アウト室に 10 分程度とどめて、強化子を取り除き、問題行動の消去を目指す

理性感情行動療法

- **理性感情行動療法（REBT）**は、[Ellis, A.] が考案した。ABC モデル（A：出来事、B：信念、C：結果）を提唱し、Cの結果（気分・行動）はAが引き起こすのではなく、Aの出来事に対する信念Bによるものと捉えた。Bが [非合理的な信念] であれば、合理的な信念に修正していく療法である。

認知療法

- **認知療法**は、[Beck, A.T.] が考案したもので、REBT と同様に「感情や行動は出来事が原因ではなく、出来事に対する認知によって起こる」と仮定する理論である。ある場面で自動的に浮かぶ思考を [自動思考] とし、自動思考を起こさせるより深い認知の枠組み [スキーマ] を仮定した。

認知行動療法

- **認知行動療法**とは、行動理論および認知理論を統合したかたちで、不適応状態や症状を認知および行動から捉える。現在、実証的エビデンスをもとに多種多様な療法が編み出されており、様々な領域で使われている技法の総称である。

● 認知行動療法の基本モデル

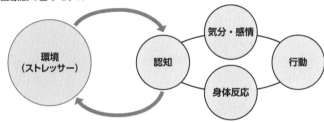

マインドフルネス

- **マインドフルネス**は、第 3 世代とされる認知行動療法の一つ。3 回以上 [うつ病] を再発する人のために開発された。「いまここ」の体験に、評価せずに、**修正せずに**、ただ観察していく心的活動である。

一問 一答

❶ 系統的脱感作法は、Skinner, B.F. によって開発された。

❷ 認知療法における、より深い認知の枠組みは「シェマ」と呼ばれる。

❸ 認知行動療法のマインドフルネスでは、認知及び行動の修正を主な目的とする。

解説

❶ ✕ Wolpe, J. により考案された。

❷ ✕ シェマではなく、スキーマである。

❸ ✕ マインドフルネスでは修正しない。

48 人間性アプローチ

クライエント中心療法

- **クライエント中心療法**は、**Rogers, C.R.** が考案したもので、心理的不適応は、[現実自己（経験）] と [理想自己] のギャップによって生じると仮定した。「現実自己」と「理想自己」の一致（「自己一致」）の領域が大きいほど適応的であると考えた。
- 特徴は、非指示的療法である。Rogers は、「現実自己」と「理想自己」を一致させようとする成長への衝動および傾向を [自己実現傾向] と呼び、誰もが持っているとした。

● **Rogers の自己一致モデル**

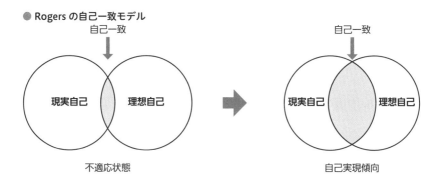

● **クライエント中心療法におけるカウンセラーの 3 つの態度**

共感的理解	クライエントの内的世界を "あたかも" クライエントのように共感的に理解すること
無条件の肯定的配慮	条件なしでクライエントのすべての側面をありのままに受容すること
自己一致（純粋性）	カウンセラー自身が、自己一致状態にあること

マイクロカウンセリング

- **マイクロカウンセリング**は、[Ivey, A.E.] が考案した概念で、クライエント中心療法を具体的に技法化し、体系化したものである。

フォーカシング

- **フォーカシング**は、[Gendlin, E.] が考案。漠然とした言葉にできない身体感覚 [フェルトセンス] に注意を向け、気づきや理解を深めるため、表現できるようになることで自己を成長させる方向へ向かっていくというもの。
- いまここ、で起こっている体験の流れを [体験過程] と呼び、重要視した。

集団療法

- Rogers, C.R. は、個人心理療法から集団療法に注目し、[エンカウンター・グループ] が発展していった。
- **Moreno, J.L.** は、演技を通して感情表現が可能になり、新たな気づきを得られるとして [サイコドラマ (心理劇)] を開発した。

交流分析

- **交流分析**は、[Berne, E.] が考案した。自我状態を「親 (P)」「大人 (A)」「子ども (C)」の 3 つに分類し、さらに「親 (P)」と「子ども (C)」をそれぞれ 2 つに分けた。これら 5 つの分類は、質問紙 [エゴグラム] で測定できる。

● 交流分析の自我状態

批判的な親 (CP)	規範・道徳を重んじ、厳格である
養護的な親 (NP)	思いやりがあり、面倒見がよく、受容的
大人 (A)	現実的で理性的
自由な子ども (FC)	感情的で自由。本能的に行動する
順応した子ども (AC)	周囲との協調、適応を重んじ、感情を隠し遠慮がち

一問一答

❶ Rogers, C.R. は、カウンセラーの基本的態度として、「共感的理解」「無条件の肯定的配慮」「中立性」の 3 つを提唱した。

❷ サイコドラマを開発したのは Ivey, A,E. である。

❸ フォーカシング指向心理療法では、クライエントが自身の身体に起こる、まだ言葉にならない意味の感覚に注意を向けるよう援助する。 第1回 問114

解説

❶ × 「中立性」ではなく「自己一致 (純粋性)」である。

❷ × サイコドラマは Moreno, J.L. である。

❸ ○ 「フェルトセンス」「体験過程」がフォーカシングのキーワードである。

49 日本で生まれた心理療法と近年注目されている支援方法

森田療法

- **森田療法**は、「**あるがまま**」を重視するもので、**森田正馬**が考案した。
- その方法とは、不快な状態をなんとかしようとするのではなく、あるがままを受け入れ、本来やりたい行動を行っていくことで、「とらわれ」の状態を打破するというもの。
- 森田は心気症的性格傾向を［ヒポコンドリー性基調］と呼び、自己の心身の状態に注意が集中することで、かえって不快な状態を増幅させてしまう［精神交互作用］により、病的な部分に「**とらわれ**」た状態（**森田神経質**）になってしまうと唱えた。

● 森田療法の入院治療過程

絶対臥褥期	1週間程度	何もせずひたすら寝ている
軽作業期	3日〜1週間	昼間に1回は外に出る等といった軽い作業をする
重作業期	1週間以上	読書や大工仕事などのやや重い作業をする
生活訓練期	1週間以上	社会復帰に向けた訓練をする

内観療法

- **内観療法**は、［吉本伊信］が考案したもので、［身調べ］を発展させた。
- **集中内観**と**日常内観**があり、［日常内観］を重視する。
- 重要な他者に関して、①［世話をしてもらったこと］、②［して返したこと］、③［迷惑をかけたこと］の3点を内省するという特徴がある。
- **集中内観**では、**1週間**宿泊し、内観したことを1〜2時間おきに訪れる面接者に報告する。テレビや携帯電話等は禁止される。

臨床動作法

- **臨床動作法**は、当初は身体不自由に対する訓練法として［成瀬悟策］が考案した。臨床動作法は［心身一元現象］に基づいて、言葉ではなく動作を治療の媒体とする。
- **動作課題**を作成し、クライエントの**主体的な努力**によって動作課題を達成していく。

- クライエントは動作法の過程で、身体や心に対する気づき、努力による工夫といった［動作体験］を得る。それによって、自己コントロール感や達成感を同時に体験することによって、日常場面にも生かされてくる。

近年注目されている支援方法

- 近年注目されている心理療法や支援方法に PTSD の治療や高齢者の支援などに特化した支援方法がある。

● 近年注目されている支援方法の代表例

PTSD・トラウマ	ソマティック・エクスペリエンシング (SE) 療法	Levine, P. 博士が開発。**「身体の経験」**と直訳される。身体感覚を通してトラウマをケアする
	TIC（トラウマ・インフォームドケア）	「トラウマを念頭においたケア」と訳される。**二次被害**を防ぐことを主な目的とする
認知症・高齢者	回想法	Butler, R. が考案。高齢者が自身の人生を振り返ることで、情緒の安定や認知機能の活性化を目指す療法
	リアリティ・オリエンテーション（現実見当識訓練）	日常生活の中で、時間や場所・天気などを伝え続けることで、［見当識障害］の改善をするアプローチ
	バリデーション	**認知症**の高齢者とコミュニケーションを取る方法。［感情表出］を重視した対話法

一問一答

❶ 森田療法のあるがままに受け入れるアプローチは「身調べ」に由来する。
第1回 問4

❷ 内観療法では、「してもらったこと」「して返したこと」「迷惑をかけたこと」及び「して返したいこと」という4項目のテーマが設定されている。 第1回 問128

❸ 認知症のケアに用いる技法としてバリデーションがあげられる。 第1回追試 問37

【解説】
❶ × 「身調べ」に由来するのは内観療法の説明である。
❷ × 「して返したいこと」が不要である。
❸ ○ 高齢者に対して尊厳を持ち、感情表出を受容して関わるコミュニケーション方法である。

50 訪問による支援や地域支援

コミュニティ・アプローチ

- クライエントが生活している地域や組織などの環境と関わり合いながら支援することをコミュニティ・アプローチという。
- 高齢化社会、不登校や引きこもりといった外部と自らつながることが難しいケースにおいては公認心理師から地域に積極的に関わっていく必要がある。
- コミュニティ・アプローチは、**危機介入・コンサルテーション・地域全体への心理教育**の3つが大きな役割となる。

● コミュニティ・アプローチの代表的な役割

危機介入	自傷他害の危機に代表されるような**緊急事態**に直面しているクライエントやその周囲の人たちが危機を脱出でききるよう支援すること
コンサルテーション	身近な家族や他職種に対し、クライエントに効果的な支援ができるよう**助言する**こと。地域支援では、他職種との連携が欠かせないため、専門家同士で適切な支援のためのコンサルテーションが求められる
地域への心理教育	不登校の子どもの気持ちや認知症の正しい知識などの**講演**を行うことやグループ活動の開催などを通して、広くメンタルヘルスの向上に努める

アウトリーチ（訪問支援）

- クライエントが住む家や地域に支援者が出向いてサポートを行うことを［アウトリーチ］（訪問支援）という。
- アウトリーチは**災害時の支援**の際にも求められる。
- アウトリーチの際にも、クライエントに多面的かつ包括的なサポートを行うために**多職種からなるチーム**で取り組むことが重要である。

自殺の予防

- 自殺対策では、悩んでいる人に寄り添い、関わることで［孤立］を防ぎ支援することが重要である。

● 自殺の予防対策

いのちの電話	1971（昭和46）年に東京都に設置され、全国に広がった。自殺予防に限らず、多様な相談支援、**危機介入**の役割を持つ
ゲートキーパー	**自殺の危険を示すサインに気づき、声をかけ、話を聞いて、必要な支援につなげることができる人**。専門性の有無にかかわらず、それぞれの立場で進んで行動することが自殺予防につながる

地域包括ケアシステム

- 厚生労働省が超高齢化社会に向けて2025年を目処に実現を目指している仕組みが地域包括ケアシステムである。
- **高齢者の尊厳の保持**と**自立生活の支援**の目的のもとで「住み慣れた地域で人生の最後まで過ごせるように」をテーマに、**住まい・医療・介護・生活支援**等を一体で提供できる地域システムである。
- 地域包括ケアシステムは、介護保険の保険者である［市町村］や［都道府県］が地域の特性に応じて作り上げていく。

終末期ケア

- 終末期ケアとは緩和ケアの一部であり、終末期ケアは死期が近い場合に対象となる。
- 支援の際には最後まで本人の意思を尊重した生き方を支援することが重視され、**生前の意思表明**とされる［リビングウィル］や、本人と家族や医療関係などが皆で支援方法を話し合う［アドバンス・ケア・プランニング］が注目されている。

一問一答

❶ 自殺対策におけるゲートキーパーの役割は、専門的な解釈を加えながら診断を行い、必要に応じて医療機関を受診させることである。 第1回 問34
❷ リビングウィルの表明には家族の承諾が必要である。 第2回 問51
❸ 地域包括ケアシステムとは、高齢者が住みやすい地域を国が作り上げていくものである。

解説

❶ ✕ ゲートキーパーは、専門家である必要はない。専門的な解釈や診断は行わない。
❷ ✕ リビングウィルとは生前の意思表明であり、本人の意思が最優先であるため家族の承諾は必須ではない。
❸ ✕ 国ではなく市町村や都道府県といった自治体がその地域に合わせて作り上げていくものである。

51 支援方法の選択と留意点

エビデンス・ベイスト・アプローチ（EBA）

- 支援方法の選択において、支援者の好みというような偏った選択であってはならない。クライエントの様々な要因を勘案し、最適な支援法を選択する必要がある。
- [エビデンス・ベイスト・アプローチ] は、実証的エビデンス、クライエントの価値観や特性、支援者の経験等を総合的に勘案して支援方針を決定する。

● エビデンス・ベイスト・アプローチ

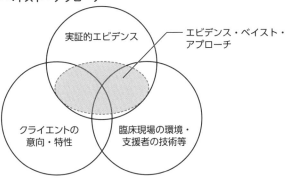

作業同盟

- カウンセラーとクライエントがカウンセリングの内容や方向性に対して一致して協力して取り組むことを [作業同盟] または**治療同盟**という。
- 各種心理療法やカウンセリングが効果を生むためには、カウンセラーとクライエントとが良好な対人関係を結び、枠組みを守りながら作業同盟を結んで取り組んでいく姿勢が重要である。

動機づけ面接

- クライエントが自身の問題の解決を望んでいない場合あるいは解決したいという気持ちが弱い場合に、クライエントに問題意識を抱かせ取り組もうという

意欲を持たせる関わりを［動機づけ面接］という。

- 動機づけ面接は、生活習慣病やアルコール依存症などの場合に必要になることが多い。

クライエントのポジティブな側面へのアプローチ

- クライエントが持っている**リソース（資源）**をみつけ、それを強める働きかけも支援において大切となる。

● **クライエントがそもそも持っている力を強化する概念**

エンパワーメント	無力感や自分の人生に対する統制感等が欠けてしまった状態から、本来あった状態に力づけていくこと。本人の問題解決能力を増強できるよう援助すること
ストレングス	クライエントが本来持っている問題解決能力や強み、可能性のこと。エンパワーメントと関連が深い。問題を否定的に捉えたり、クライエントを「病者」として接したりするのではなく、クライエントの主体性の重視、支援者と支援対象者との関係の対等性を強調する用語

面接の中断や失敗

- 心理療法やカウンセリングの中断や失敗の一因となるものに［逆転移］（カウンセラーがクライエントに対して抱く非合理的な感情）と［負の相補性］（カウンセラーとクライエントが互いに怒りや敵意といった負の感情を増幅させてしまうこと）が挙げられる。いずれの場合もカウンセラーは自らの内面に気づき、治療に生かそうとする姿勢が重要になる。

一問 一答

❶ 治療者自身が相互作用に影響を与えることを含め、治療者とクライエントの間に起きていることに十分注意を払うことを治療同盟という。 第2回 問17

❷ エビデンス・ベイスト・アプローチとは、実証的エビデンスがある治療法のみを行うというアプローチである。

❸ 動機づけ面接ではクライエントのポジティブな面を強調し、クライエントの価値を高める。 第3回 問116

解説

❶ ✕ 問題文は関与しながらの観察の説明である。治療同盟とは、クライエントの問題に対してカウンセラーとクライエントが共に協力して取り組むことを指す。

❷ ✕ 実証的エビデンスがあるだけではなく、クライエントの価値観や環境因などを総合的に判断することである。

❸ ○ 動機づけ面接は、クライエントが自ら「解決できる」と思えるよう支援することであるため、クライエントのポジティブな面の強化は有効である。

Q 問題

❶ Gendlin, E.T. は、問題や状況についてのまだはっきりしない意味を含む「からだ」で体験される感じをコンテナーと呼んだ。 第2回 問18

❷ 森田療法では、不安を「あるがままに」受け止めた上で、不安が引き起こす症状の意味や内容を探求していく。 第1回 問128

❸ 作業同盟の概念に、課題に関する合意は含まれない。 第3回 問127

❹ 精神分析における転移とは、クライエントのみで形成される。

❺ 交流分析の FC とは、周囲との協調を重んじ、自分を抑え込む状態である。

❻ マイクロカウンセリングの開発者は Ivey, A,E. である。

❼ フラッディングは、不安や恐怖を感じる対象に段階的にさらしていく方法である。

❽ 動作法では、心理的な問題の内容や意味を心理療法の展開の主な要因としては扱わない。 第1回 問128

❾ 洗浄強迫における行動療法では、不潔だと感じる物に意図的に触れさせ、手洗い行動をしないように指示し、時間の経過とともに不安が弱まっていくことを確認させる。 第1回 問151改

❿ トークン・エコノミー法では、レスポンデント条件づけの原理を用い、望ましい行動を示した場合に強化報酬を与える。 第1回 問50

⓫ 精神力動療法では、無意識的な心的過程が存在することが基本前提となる。 第1回追試 問53

⓬ トークン・エコノミー法は、賞賛によって行動を強化する。 第1回追試 問89

⓭ エクスポージャーは、オペラント条件づけの原理に基づき、不安場面に直接さらしていく方法である。

⓮ 認知行動療法では、クライエントの不安な気持ちに共感し、安全な行動をとるようにさせる。 第1回追試 問60改

⓯ 臨床動作法は、吉本伊信によって考案された。

❶ ✕ コンテナーとは、精神分析で使用される「心の容器」という用語である。Gendlin, E.T. は、「からだ」で体験される感じをフェルトセンスと呼んだ。

❷ ✕ 不安の意味や内容を探求することはしない。

❸ ✕ 作業同盟は、カウンセリングの内容や方向性に対してカウンセラーとクライエントが一致して取り組むことである。そのため、取り組む課題の合意は重要なものとして含まれる。

❹ ✕ クライエントとカウンセラーが共同で構築していると捉える。

❺ ✕ 後半は、FC ではなく AC の説明である。

❻ ◯ マイクロカウンセリングは Ivey がクライエント中心療法を技法化、体系化したものである。

❼ ✕ 問題文はエクスポージャーの説明。フラッディングは段階的ではなく、いきなり最も強い恐怖場面にさらす。

❽ ◯ 動作法では、動作課題を達成していくことが主題である。

❾ ◯ 曝露反応妨害法にあたる。

❿ ✕ トークン・エコノミー法は、レスポンデント条件づけではなく、オペラント条件づけの原理を用いている。

⓫ ◯ 精神力動アプローチは、精神分析が基盤となるため、無意識の存在は基本前提である。

⓬ ✕ 賞賛ではなく、トークン (擬似貨幣) によって強化する。

⓭ ✕ 原理はオペラント条件づけではなく、レスポンデント条件づけである。

⓮ ✕ 問題文は認知行動療法の説明になっていない。基本的には認知および行動の変容にアプローチする。

⓯ ✕ 臨床動作法を考案したのは、成瀬悟策である。

章末問題

52 ストレスと心身の疾病との関係

ストレス反応

- **Selye, H** は、環境刺激によって引き起こされる生理学的反応を**ストレス**、ストレスを引き起こす環境刺激を**ストレッサー**と呼んだ。
- 生体がストレッサーを受けるとその内容にかかわらず生理的反応が起きるとした。
- **Selye, H** は、ストレッサーが引き起こす一連の生理的反応を[汎適応症候群]と呼び、①**警告反応期**、②**抵抗期**、③**疲憊期**の 3 段階からなると提唱した。

ストレスへの対処

- **Lazarus, R.S.** は、ストレッサーに対する**認知的評価**と**対処行動**（コーピング）を重視し、**心理学的ストレスモデル**を提唱した。
- 認知的評価には、「ストレッサーが自身にとって脅威か否か」の**一次評価**と「ストレス反応をコントロールできるか否か」の**二次評価**があるとした。
- **Lazarus, R.S.** は、コーピングを問題の解決を試みる[問題焦点型]コーピングと、感情に焦点を当てる[情動焦点型]コーピングの 2 つに大別した。

心身症

- **心身症**とは、身体疾患の中で、その発症や経過に[心理社会的因子]が密接に関与し、器質的ないし機能的障害が認められる病態をいう。
- ストレスによる腹痛や頭痛などの**身体症状**へのアプローチと、**生活習慣の見直しやストレスの対処法**へのアプローチの**両面が必要**になる。

タイプ A 行動パターン

- 心身症と関連が指摘されている性格傾向に、**タイプ A 行動パターン**がある。
- [Friedman, M. & Rosenman, H.] が提唱した。
- タイプ A 行動パターンとは、競争的でせっかち、成果主義的性格特性をいう。
- [脳心臓血管系] の疾患との関連が指摘されている。

アレキシサイミア（失感情言語傾向）

- **アレキシサイミア**は、[Sifneos, P.E.] によって提唱された。

- アレキシサイミアとは、自分の感情を認知しづらい、感情の言語表現が苦手であるという特性を指す。そのため、ストレスの解消がうまくいかず、心身症との関連が指摘されている。

バーンアウト（燃え尽き症候群）

- [Freudenberger, H.J.] が初めて**バーンアウト**という言葉を用いた。
- 燃え尽き症候群とは、対人援助職者に多く認められる情緒的枯渇によって起こる [精神疲労状態] である。
- バーンアウトの代表的な症状は以下の 3 つである。
  - ① [情緒的消耗感]：疲れ果てた感情や、もうできないといった気分
  - ② [脱人格化]：支援対象者や他者に対して無関心になり、非情にみえる感情や行動をとることが増す
  - ③ [達成感の減退]：充実感や自己効力感を得ることができなくなる状態

生活習慣病

- **生活習慣病**とは、食事や運動、喫煙や飲酒、ストレスなどの生活習慣が影響して発症する疾患の総称である。
- 生活習慣の背景には、ストレスの影響が指摘されている。

● **代表的な生活習慣病のポイント**

糖尿病	生活習慣が影響している可能性があるタイプは [2 型糖尿病] である。食事療法や運動療法が取り入れられる
メタボリック・シンドローム	診断基準は、① [腹囲] に加え、② [高血圧]・[高血糖]・[脂質代謝異常] のうち 2 つ以上が認められた場合

一問 一答

❶ コーピングの結果は、二次評価というプロセスによって、それ以降の状況の評価に影響を与える。 第 1 回 問 95

❷ 心身症とは、発症や経過に心理社会的要因が関与する身体疾患のことである。 第 1 回 問 129

❸ バーンアウトの情緒的消耗感とは、自分への不信や疑念が生じる状態を指す。 第 1 回追試 問 17

解説

❶ ✕ 二次評価とはコーピングの前に行われる認知的評価の第二段階のことである。

❷ 〇 身体そのものの原因ではなく、ストレスが関与した身体症状をさす。

❸ ✕ 情緒的消耗感とは、感情の枯渇状態であり、疲れ果てた気持ちや、もう働けないという気分をさす。

53 緩和ケア、グリーフケア

リエゾン精神医学

- がん医療、難病医療において、治療過程にうつ病等の精神疾患になるリスクが指摘されており、**リエゾン精神医学**が発展してきている。
- 心理職は、**チーム医療**の一員として、がん等の重い身体疾患の知識を身につけ、病気に関するクライエントの傷つきや苦悩、今後の生き方等をカウンセリングなどで支えていくことが求められる。

緩和ケア

- 緩和ケアとは、がん等の重い身体疾患を抱えるクライエントとその家族に対し、[身体症状]、[精神症状]、[社会経済的問題]、[心理的問題]、[スピリチュアル（実存）的問題]を包括的にアセスメントし、生活の質（QOL）を改善するアプローチである。

● 緩和ケアにおける包括的アセスメント　※番号順に行うことがポイント

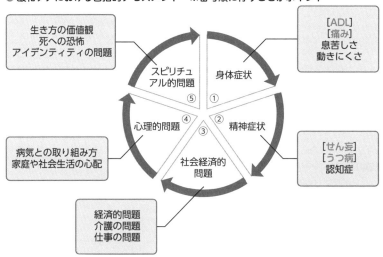

サイコオンコロジー（精神腫瘍学）

- **サイコオンコロジー**とは、［がん］が心に及ぼす影響・心ががんに及ぼす影響を研究し、がん医療における心を専門とする分野のこと。

グリーフケア（悲嘆のケア）

- 大切な他者の死に代表される「喪失」は、悲嘆をもたらす。ほとんどの悲嘆は［6 カ月］以内に回復する。喪失に対する悲嘆への心理的支援を、**グリーフケア**という。悲嘆反応が［6 カ月］以上続き、日常生活に支障をきたす場合を、［複雑性悲嘆］という。

● Kübler-Ross の「死の受容過程」

後天性免疫不全症候群

- **後天性免疫不全症候群（AIDS）**は、HIV に感染し、免疫能力の著しい低下に起因して様々な疾患に陥る病のことである。
- 以前は「死に到る病気」と恐れられたが、近年は有効な治療薬の開発によって、AIDS の発症を抑えることが可能になっている。
- しかしながら、長期にわたる服薬の維持には、［アドヒアランス］（患者が積極的に治療法を選択し、決定した治療法を守って治療を受けること）が重要な課題となり、さらに社会的偏見や不安等の心理社会的課題に対して心理職によるカウンセリングが求められている。

一問一答

❶ 緩和ケアでは、精神症状、社会経済的問題、心理的問題及びスピリチュアルな問題の 4 つを対象にしている。 第1回 問54

❷ 後天性免疫不全症候群（AIDS）は、死に至る病気として恐れられている。

解説

❶ ✕ 身体的問題が抜けている。「痛み」に代表される身体的問題は、最初にアセスメントおよびケアをする必要がある。

❷ ✕ 現在は投薬により、症状のコントロールが可能となり、慢性疾患へ変わりつつある。

54 災害時の支援

災害時のストレス反応

- 突然の大きな災害は、様々なストレス反応を引き起こす。初期の反応は、「通常起こりうる反応」である場合が多いが、それが持続することで重篤化する危険性がある。
- 災害直後の一般的な反応経過として、[茫然自失期]、[ハネムーン期]、[幻滅期]の3期がある。
- 強いストレス反応・症状が [1カ月] の間、継続した状態を**急性ストレス障害 (ASD)**、1カ月以上継続している状態を**心的外傷後ストレス障害 (PTSD)** という。

● **被災者のこころの状態の経過**

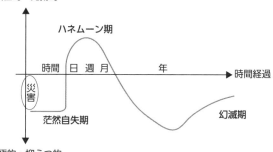

出典：岩井圭司(金吉晴 編集)『心的トラウマの理解とケア(第2版)』P.66 2006年 じほう

心理的応急処置（PFA）

- **心理的応急処置（PFA**：Psychological First Aid）とは、WHOが作成した、災害**直後**の心理支援に関する支援者の [基本的姿勢] をマニュアル化したもの。
- 災害や事故直後に、適切なソーシャルサポートを提供することで、ストレス反応の持続、重篤化を防ぐ。
- PFAとは、「**専門家しかできないものではない**」「**専門家が行うカウンセリングではない**」「**心理的デブリーフィングではない**」とされる。

準備	・危機的な出来事について調べる ・その場で利用できるサービスや支援を調べる ・安全と治安状況について調べる
見る	・安全確認 ・明らかに急を要する基本的ニーズがある人の確認 ・深刻なストレス反応を示す人の確認
聞く	・支援が必要と思われる人々に寄り添う ・必要なものや気がかりなことについてたずねる ・人々に耳を傾け、気持ちを落ち着かせる手助けをする
つなぐ	・生きていく上で基本的なニーズが満たされ、サービスが受けられるように手助けをする ・自分で問題に対処できるように手助けをする ・情報を提供する ・人々を大切な人や社会的支援と結びつける

こころのケアチーム、災害派遣精神医療チーム

- 災害時の支援における混乱の学びから、災害救助法に基づき被災都道府県からの要請に応じて厚生労働省が「**こころのケアチーム**」を避難所に派遣するようになった。
- その後、国として具体的な活動要領を定め、2013（平成 25）年に「**災害派遣精神医療チーム（DPAT）**」が策定された。
- DPAT の特徴としては、構成メンバーに**精神科医師や看護師、業務調整員**が含まれていること、災害発生後 [48] 時間以内に被災地で活動する**先遣隊**を定義していること等がある。

一問 一答

❶ 巨大な自然災害の直後におけるサイコロジカル・ファーストエイドでは、被災体験を詳しく聞きだし、被災者の感情表出を促すことが役目の 1 つである。
第1回 問124改

❷ ASD（急性ストレス障害）とは、強いストレス反応が被災後 3 カ月続いている場合である。

解説
❶ × PFA は、カウンセリングではない。PFA では、安全の確認や食料等の基本的ニーズを満たす手助けをするものである。
❷ × 3 カ月ではなく、1 カ月以内。

第 16 章

健康・医療に関する心理学

章末問題・16章

Q 問題

❶ 生活習慣病では、腹囲に反映される内臓脂肪型肥満が大きな危険因子になる。 第2回 問53

❷ タイプA行動パターンは、がんとの関連が指摘されている。

❸ アレキシサイミアは、Freudenberger, H.J. によって提唱された。

❹ アレキシサイミア傾向の高い心身症患者の特徴として身体症状より気分の変化を訴える。 第2回 問47

❺ がん診療連携拠点病院における緩和ケアチームは、入院患者のみならず外来患者も対象になる。 第1回 問54

❻ 「喪失」に対する悲嘆反応は、通常は3カ月以内に回復する。

❼ 災害直後の不眠は病的反応であり、薬物療法を行う。

❽ Kübler-Ross, E は「死の受容過程」の最後を「受容」とした。

❾ 2型糖尿病では、薬物療法が中心となるため、服薬管理が心理的支援の主な対象となる。 第1回 問133

❿ 災害発生後早期の支援では、被災者のグループ面接で避難生活の不満を互いに話し、カタルシスが得られるようにする。 第1回追試 問95

⓫ PFAは、こころのケアチームが提唱した災害直後における支援者の態度のマニュアルである。

⓬ サイコオンコロジーのサイコとは、心理学（psychology）のサイコである。

⓭ がん患者とその支援において、がんそのものに起因する疼痛は心理的支援の対象ではない。 第1回追試 問26

⓮ 喪失に対する悲嘆が6カ月以上続き、日常生活に支障をきたす状態を混合性悲嘆という。

⓯ 災害派遣精神医療チーム（DPAT）の特徴として、災害発生後、24時間以内に被災地で活動できる部隊を備えていることが挙げられる。

⓰ バーンアウトの中核的な特徴は不安である。 第1回追試 問17

❶ ○ 腹囲の増減は内臓脂肪を反映し、メタボリック・シンドロームの診断基準の一つにもなっている。

❷ × 脳心臓血管系の疾患との関連が指摘されている。

❸ × アレキシサイミアは、Sifneos, P.E. によって提唱された。

❹ × アレキシサイミア傾向の人は自分の感情を認知することが苦手なため、気分の変化よりも身体症状を訴える。

❺ ○ 入院患者も外来患者も、どちらも対象になる。

❻ × 「喪失」に対する悲嘆反応は、6 カ月以内に回復する。

❼ × 災害直後のストレス反応は通常起こりうる反応とされる。

❽ ○ ただし、みなが同じ過程を経るわけではなく、実際にはより複雑である。

❾ × 2 型糖尿病は生活習慣が密接に関係しているため、服薬指導のみならず、生活習慣を見直す動機づけやストレスケアが必要である。

❿ × PFA では、デブリーフィングは行わない。

⓫ × こころのケアチームではなく、WHO が提唱した。

⓬ ○ 心理学 (psychology) と腫瘍学 (oncology) を合わせた言葉である。

⓭ × 痛みも心理的支援の対象である。

⓮ × 喪失に対する悲嘆が 6 カ月以上続き、日常生活に支障をきたす状態は、複雑性悲嘆という。

⓯ × 災害派遣精神医療チームは、48 時間以内に被災地で活動できる部隊を備えていることが特徴である。

⓰ × バーンアウトでは、不安も認められることがあるが、中核的な特徴ではない。

章末問題

55 福祉現場で生じる課題

自殺

- 警察庁と厚生労働省の調査によると、2010(平成22)年以降、10年連続で[減少]していたが、2020(令和2)年の自殺者数は前年比750人増(3.7%増)の2万919人(2021年1月速報値)となり、リーマンショック直後の2009(平成21)年以来11年ぶりに[増加]に転じた。
- 男性は1万3,943人(前年比135人減)と11年連続で[減少]であったのに対し、女性は6,976人(前年比885人増)と2年ぶりに[増加]した。2020年は新型コロナウイルス感染拡大に伴う外出自粛や生活環境の変化が影響した恐れがある。

少子高齢化

- 令和2年版高齢社会白書によると、日本の総人口の1億2,617万人のうち、65歳以上は3,589万人(28.4%)である。背景には、出生率の低下、平均寿命の延びからくる超高齢社会化が挙げられ、発展途上国では起こりにくく、労働力人口の減少や**社会保障費用の増大**が問題となりやすい。

貧困

- **貧困**とは、生活必需品が欠乏し、肉体的・精神的に生活力が減耗した状態。
- 総務省の調査によると、2000年代に入って格差社会が問題となり、所得格差は拡大傾向にあるとされる。**所得格差**とは、[OECD]の基準に基づいて[相対的貧困率]を算出したものである。
- **相対的貧困率**とは、全人口のうち等価可処分所得が貧困線(等価可処分所得の中央値の半分の額)を下回る人数の割合をいう。
- 年間収入等の分布の均等度を表す指標を[ジニ係数]といい、0から1の値をとり、0は均等を示し、1に近づくほど不均等となる。

虐待

- **虐待**は、主に[身体的虐待](殴る・蹴るなど暴力)、[ネグレクト](放棄・放任、食事を与えない、放置により健康・安全への配慮を怠るなど)、[心理的虐待](怒鳴る、脅迫、拒絶など)、[性的虐待]、[経済的虐待](障害を理由に賃金を

払わないなど）が挙げられる。

- **虐待**は［児童福祉法］、［児童虐待防止法］、［高齢者虐待防止法］、［障害者虐待防止法］、［配偶者虐待防止法］などの法規によって措置が規定されている。

DV

- **DV**（Domestic Violence）には明確な定義はないが、単に暴力ではなく、関係性の問題や人権を著しく侵害する問題であり、内閣府男女共同参画局によると「配偶者や恋人など親密な関係にある、又はあった者から振るわれる暴力」という意味で使用されている。
- 日常的に虐待を受けると、誘拐や監禁などで危害を受けた犯人に対して、愛情や同情を感じるようになる［ストックホルム症候群］や、恐怖を感じつつも離れることができない［トラウマティック・ボンディング］などの関係が生じることがある。

養育困難・要支援家庭・要保護児童

- 保護者の状況（経済、心身の病気や障害等）や子どもの状況、虐待の有無など養育環境に何らかの問題を抱え、養育が困難な状態を［養育困難］という。
- 養育困難な状況に陥る可能性がある家庭を、［要支援家庭］という。
- 児童福祉法では、保護者のない児童または保護者に監護させることが不適当であると認められる児童を［要保護児童］と定義している。被虐待児童や、不良行為をなす恐れのある虞犯児童や非行児童などが含まれる。
- 要保護児童を発見した者は、児童相談所や市町村へ［通告］する義務を負う。（児童福祉法第25条）

一問一答

❶ 近年の自殺者数は、男性よりも女性の方が多い。
❷ 高齢化率は約15%である。 第1回追試 問131
❸ 自殺手段や自殺が生じた場所について繰り返し詳しく報道することは、自殺予防になる。 第3回 問3

解説

❶ ✕ 男性の方が多い。
❷ ✕ 令和2年高齢社会白書によると、高齢化率は約28.4%である。本問のような統計資料は最新版を確認すること。
❸ ✕ マスメディアによる自殺報道は、自殺美化や自殺念慮を抱える人に影響を与える可能性がある。厚労省の「著名人の自殺に関する報道にあたってのお願い」などに沿った報道が求められる。

56 心理社会的課題

福祉の現場における心理社会的課題

- 福祉の現場において要支援者が抱える心理社会的課題と、その支援方法については、児童福祉や高齢者福祉、障害者福祉等の視点から理解することが重要である。

生活習慣

- 食事、睡眠、排泄、清潔、衣服の着脱などを**基本的生活習慣**といい、望ましい社会生活を送る上で重要である。
- [発達段階]に応じた基本的生活習慣の形成ができるよう繰り返し、その意義を理解できるようになることが望ましい。
- 年齢相応の生活習慣を身につけていない背景には、[不適切な養育（マルトリートメント）]や虐待などの可能性があるため、単に「だらしない」などと判断せずに注意深く様子を見ることも肝要。

制御困難

- 自分や他人に危害を与えるような衝動を抑えることが困難な障害を[衝動制御困難]といい、DSM-5では秩序破壊的、衝動制御・素行症群のカテゴリーにまとめられる。
- 薬物治療や心理療法などで感情調節をしようとしても、改善しない、もしくは増悪し、暴言や暴力などで生活に支障をきたす状態を[感情調節困難]という。

子育て

- 少子化が問題になるにつれ、社会全体における子育て支援の必要性が高まり、**エンゼルプラン**（1994・平成6年）、**新エンゼルプラン**（1999・平成11年）、**次世代育成支援対策推進法**（2003・平成15年）や**少子化社会基本法**（2003・平成15年）などが制定された。
- 特に2016（平成28）年の**児童福祉法の改正**では、市町村は子どもが心身ともに健やかに育成されるような支援を行う基礎自治体であるとされた。

PTSD

- **PTSD** (Post-Traumatic Stress Disorder) は、震災や津波などの災害、大事故、DV や虐待による暴力、性被害など、精神的衝撃を受けるトラウマ (心的外傷) 体験に晒されたことで生じる、特徴的なストレス症状群のことを指す (DSM-5)。
- ①侵入症状群、②回避症状、③認知や気分の陰性の変化、④覚醒や反応性の異常などの症状が [1 カ月] 以上持続し、社会生活や日常生活の機能に支障をきたしている場合に、PTSD と診断される。[1 カ月] 以内の場合は [ASD] (急性ストレス障害: Acute Stress Disorder) と診断される。

解離

- **解離**とは、無意識的な防衛機制の一つで、辛い体験などを意識から切り離すものであり、日常的に起こりうるものと障害とみなされるものがある。
- 著しい苦痛や社会的機能の障害をもたらしている場合は障害と見なされ [解離性障害] に分類される。個々の障害は DSM-5 では [解離性健忘 (Dissociative Amnesia)] や [解離性同一性障害 (DID: Dissociative Identity Disorder)] などが挙げられる。

喪失

- 家族など親しい人との離別や自身の身体や機能、将来の希望や自身にとってかけがえのないものを失うことを喪失という。
- 死の受容は [Kübler-Ross, E.] による有名な 5 つの段階、① [否認と孤立]、② [怒り]、③ [取り引き]、④ [抑うつ]、⑤ [受容] がある。
- 病的な反応に陥らないよう、健康な自我を支えるような支援が重要である。

一問一答

❶ 年齢に応じた生活習慣を身につけていない背景には虐待の可能性もある。
❷ 喪失した対象に対する悲嘆過程をともに体験し、その意味をともに探ることが心理的支援の目標である。 第 1 回 問 20
❸ PTSD の障害有病率は男性の方が高い。 第 3 回 問 54

解説
❶ ○ 虐待や発達障害による誤学習や未学習の可能性など多角的に探る。
❷ ○ 病的な反応に陥られぬよう健康な自我の働きを支える。
❸ × 女性の方が多いとされる。

57 児童福祉分野

児童福祉の対象

- 児童福祉分野は要保護児童や要支援家庭などを対象としており、**児童福祉法**で定められている 12 の児童福祉施設は以下の通りである。
- 児童厚生施設や児童家庭支援センターを除く施設は、児童相談所、福祉事務所、市町村が入所を決定する。

● 児童福祉法による児童福祉施設

助産施設	入院しての助産が必要で、生活保護受給世帯、市町村民税非課税世帯など、所得が一定以下の妊産婦が助産を受けられる施設
乳児院	乳児を入院させ、養育する施設。退院後の相談や援助を行う。必要があれば幼児の養育も可能
母子生活支援施設	[配偶者のない] 女子や DV 被害などを受けた女子、[監護すべき] 児童などを入所させ、保護・自立の促進を援助する
保育所	保育園など、保護者が働いているなどの理由で、保育を必要とする児童を預り、保育することを目的とする通所の施設
幼保連携型認定こども園	**幼稚園**と**保育所**の機能を併せ持った施設で、[都道府県知事] が認定する。入所は、利用者と施設との間で**直接の交渉**を行う
児童厚生施設	児童遊園や児童館など、児童に健全な遊びを与えて、その健全育成を図る目的で設置された施設
児童養護施設	保護者のない児童、[被虐待児]、[環境上養護を必要とする児童] を入所させて養護し、退所した者への相談や自立のための援助を行う施設
障害児入所施設	・障害のある児童に、保護、日常生活の指導及び自活に必要な知識や技能の付与を行う施設 ・福祉サービスを行う [福祉型] と、福祉サービスに併せて治療を行う [医療型] がある ・児童相談所や市町村の保健センターの医師等により療育の必要が認められた児童を対象としており、手帳の有無は問われない
児童発達支援センター	日常生活における基本的な動作の指導や自活に必要な知識・技能の習得や集団生活への適応のための訓練を行う施設
児童心理治療施設	・[心理的問題] を抱え、日常生活に支障をきたしている子どもたちに、医療的な観点から生活支援を基盤とした心理治療を行う施設 ・対象は心理（情緒）的、環境的に不適応を示している子どもとその家族。対象年齢は小・中学生を中心に 20 歳未満 ・入所や通所は、[児童相談所長] が適当と認めた場合に措置として可能

児童自立支援施設	[不良行為] を行った、またはそのおそれがある児童や、家庭環境等の環境上の理由により生活指導が必要な児童を入所、または保護者の下から通わせて、必要な指導を行い、自立を支援することを目的とする施設
児童家庭支援センター	母子家庭や、その他の家庭、子ども、地域住民その他からの相談に応じ、必要な助言、指導を行い、あわせて児童相談所、児童福祉施設等との連絡調整その他厚生労働省令の定める援助を総合的に行うことを目的とする施設

● その他の児童福祉に関する施設

児童相談所	・[都道府県] と [指定都市] に設置が義務づけられている ・児童の養育に関する専門的知識・技術が必要な [相談業務] や児童の[一時保護]、[市町村への助言] などを行う ・所長、[児童福祉司]、[児童心理司]、医師、児童指導員、保育士、心理療法を行う者などが配置 ・所長は、児童等の親権に係る [親権喪失]、[親権停止]、または [管理権喪失] の審判の請求や審判の取り消しが可能 ・24 時間 365 日児童虐待や子育ての相談を受け付けており、虐待を受けたと思われる児童を発見した際は速やかに通告することが求められる。電話番号は 189 番
里親制度 小規模住居型児童養育事業 （ファミリーホーム）	・里親制度は、[児童福祉法] の規定に基づき、児童相談所が要保護児童の養育を委託する制度 ・4 人以下の里親及びファミリーホームへの委託率（里親等委託率）は、全国平均で 20.5%（平成 30 年）であるが、自治体間で差がある ・[養育] 里親と [専門] 里親について研修が義務づけられている。2017 年度から一貫した里親支援が都道府県（児童相談所）に業務として位置づけられている
自立支援ホーム	義務教育終了後、児童養護施設、児童自立支援施設を退所し、就職する児童に対し日常生活の援助や相談などを行う

一問一答

❶ 児童相談所は、児童福祉法によって定められている児童福祉施設である。
第1回追試 問55

❷ 公認心理師は児童相談所の所長になることが可能である。

❸ 里親制度の普及啓発や里親支援や養子縁組に関する相談や援助を行うことが、都道府県の業務として位置づけられている。

解説

❶ × 児童相談所は、児童福祉法によって設置が定められているが、児童福祉法で定められる児童福祉施設には含まれていない。

❷ ○ 児童福祉法第12条の3に定められている。

❸ ○ 児童福祉法によって定められている。

58 家族支援

子育て支援

- **子育て支援**は、身近なところでは**市町村**に設置されている［保健センター］が乳幼児健診や子育て相談などを行っている。
- 専門的な支援は、**都道府県**に設置されている［児童相談所］が行っている。特に［児童虐待］への対応を中心に行う。
- 虐待を発見したら、児童相談所で処遇決定を行い、**在宅支援**となった場合には市町村に設置される［要保護児童対策地域協議会］で情報を共有し、様々な機関が連携して家庭支援を行う。

● 児童虐待対応の流れ

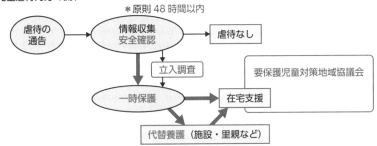

社会的養護

- 社会的養護（代替養護）は、保護者のいない児童や、保護者に監護させることが適当ではない児童を、公的責任で社会的に養育し保護するとともに、養育に困難を抱える家庭を支援すること。
- ［里親制度］や**ファミリーホーム**などで養育する［家庭的養護］と、**乳児院、児童養護施設、児童自立支援施設**などで養育する［施設養護］がある。

● 里親制度

養育里親	養子縁組を前提とせず、一定期間子どもを養育する
専門里親	専門的なケアを要する被虐待児、非行等の問題を有する子、障害児を養育する
親族里親	養育者の死亡などにより、民法に定められた扶養義務者及びその配偶者である親族が養育する
養子縁組里親	[特別養子縁組]（戸籍上も自分の子どもとして育てること）を前提として養育する

被虐待児のケア

- 不適切な養育（マルトリートメント）や虐待などによって[愛着形成の阻害]が起きている子どもは、多くの場合[基本的生活習慣]の未熟さを伴っており、自己認識や基本的対人関係についても[誤学習]している。このため、**衝動制御困難**や**感情調節困難**といった症状が現れやすい。
- このような子どもたちのケアには、まずは[環境調整]が重要であり、特に代替養護により親子を分離した場合、子どもの生活の枠組みを整え、[生活の中の治療]を目指すことになる。

親子関係調整と家族支援

- 児童虐待の場合、子どものケアだけでなく、保護者への指導や[家族支援]を通して[親子関係調整]を行い、**家族再統合**を目指す。
- [家族再統合]は、分離した子どもを親のもとに戻すための支援であるが、そのためには親子が安全に安心して一緒にいることができる状態を作る必要がある。

一問一答

❶ 児童虐待について、在宅支援か代替養護かを判断するのは都道府県知事である。
❷ 要保護児童対策地域協議会には、児童の通う学校も加わる。
❸ 母親以外の人が積極的に子育てに関わることをマザリーズという。
第3回 問136 改

解説
❶ ✕ 都道府県に設置された児童相談所である。
❷ ○ 学校からの情報や支援は重要なポイントである。
❸ ✕ マザリーズは、母親の乳幼児への語りかけのことである。母親以外の人が積極的に子育てに関わることは、アロマザリングという。

59 高齢者福祉（介護）

老人福祉法

・**老人福祉法**で規定している施設には以下のものがある。

● 老人福祉施設

老人デイサービスセンター	・入浴、食事の提供、機能訓練、介護方法の指導などのサービスを提供する施設 ・対象者は、65 歳以上で、身体上または精神上の障害があるために日常生活を営むのに支障がある者で、やむをえない事由により介護保険法に規定する通所介護を利用することが著しく困難など、政令で利用を認められた者
老人短期入所施設	・養護者の疾病などの理由により、居宅で介護を受けることが**一時的に困難**となった高齢者に対して、短期間入所させ、養護することを目的とする施設 ・対象者は、「老人デイサービスセンター」と同じ
養護老人ホーム	・行政による入所措置施設で、**経済的な理由**により、居宅で養護を受けることが困難な 65 歳以上の**自立者**を入所させ、養護することを目的とする施設 ・介護保険施設ではないため、入所申込は市町村に対して行う
特別養護老人ホーム（特養）	・入所者が可能な限り在宅復帰できることを念頭に、**常に介護が必要**な方の入所を受け入れ、入浴や食事などの日常生活上の支援や、機能訓練、療養上の世話などを提供する施設 ・**要介護 3〜5** のいずれかの要介護認定を受けている人が対象。ただし、要介護 1〜2 の場合であっても、認知症が重度の場合や家族による虐待があるような場合等やむをえない場合に特例入所が認められる
軽費老人ホーム	・無料または低額な料金で、**60 歳以上**の者を入所させ、食事の提供など、日常生活上で必要なサービスを提供することを目的とする施設 ・食事サービスのある A 型、自炊を前提とする B 型、食事や生活介護などが付帯する C 型がある
老人福祉センター	**無料または低額**な料金で、高齢者に関する各種の相談に応ずる。高齢者に対して健康の増進、教養の向上、レクリエーションのためのサービスを総合的に提供することを目的とする
老人介護支援センター	老人福祉に関する専門的な情報提供、相談、指導や、居宅介護を受ける高齢者・養護者などと老人福祉事業者との間の連絡調整などの援助を総合的に行うことを目的とする

地域包括支援センター

- 地域包括支援センターは、高齢者のサポートを目的として、[市町村] ごとの人口規模や業務量、財源等の状況によって設置される。
- 保健師、社会福祉士、[主任ケアマネジャー] 等が配置されており、主な業務は以下の4つである。
  - ① [介護予防ケアマネジメント] 業務　　②総合相談支援業務
  - ③権利擁護業務　　④包括的・継続的ケアマネジメント支援業務
- [ケアマネジメント] (居宅介護支援) とは、要介護者が居宅サービスを適切に利用できるように、要介護者の希望や、心身の状況、置かれている状況などを勘案し、サービス計画を作成し、サービス事業者等と連絡調整や施設等の紹介等を行うことを指す。

要介護認定

- 介護保険サービスの利用希望者に対して、どのような介護がどの程度必要かを判定するために行う調査を [要介護認定] という。
- 市町村の担当者や委託されたケアマネジャー (介護支援専門員) が訪問し、全国共通の認定調査票に基づいて、①身体機能・起居動作、②生活機能、③認知機能、④精神・行動障害、⑤社会生活への適応について、[聞き取り調査] や動作確認などによる認定調査を行い、主治医の意見書やその他の必要書類により、介護認定審査会が要介護認定区分の判定を行う。
- 認定は介護を必要とする度合いによって、[要支援1〜2] と [要介護1〜5] によって分かれ、区分により受けられるサービスの内容や支給限度額が変わる。
- ケアマネジメントは [居宅 (在宅)] の場合と [施設入所] に大別される。
- 更新認定の有効期限は [36] カ月であり、一定期間、安定している場合は、認定審査会のプロセスの簡素化が可能である。

一問一答

❶ 特別養護老人ホームの入居基準は要介護1〜5が原則である。
❷ 地域包括支援センターでは入所介護を行う。 第1回追試 問113改
❸ 配食サービスは、介護保険が適用されるサービスである。 第3回 問20

解説
❶ ✕ 特別養護老人ホーム (特養) は原則で要介護3〜5が対象であり、介護老人保健施設は要介護1〜5が対象である。
❷ ✕ 支援業務等が中心であり、実際の入所介護を行うわけではない。
❸ ✕ 配食サービスは介護保険の適用には含まれない。

虐待 (児童・高齢者・障害者・配偶者)

児童虐待 (児童虐待防止法)

- **児童虐待**は、[身体的虐待]、[心理的虐待]、[ネグレクト]、[性的虐待] の4つが挙げられる。
- 児童虐待を受けたと思われる児童を発見した場合は速やかな [通告] を行う。
- 厚生労働省「児童相談所における児童虐待相談の対応件数」によると、児童相談所への児童虐待の相談件数は年々 [増加] しており、平成28年度調査以降、12万件を超えており、令和元年の調査 (速報値) では19万件 (前年約15万件) を超えている。
- 主たる虐待者は、[実母] (48.1%) が最も多く、ついで [実父] (39.4%) である (令和元年度も同様)。虐待の種類は [心理的虐待] (49.1%) が最も多く、ついで [身体的虐待] (30.3%) である (令和元年度調査)。
- 児童の目前で配偶者間の暴力を見せることも [面前DV] という心理的虐待。
- 被虐待児童を一時保護する場合には、保護者の同意は [不要] であり、その間は保護者等の面会を制限することができる。

高齢者虐待 (高齢者虐待防止法)

- **高齢者虐待**は、[養介護施設従事者等] による、または家庭の [養護者] による高齢者に対する虐待である。
- 市町村は、虐待により高齢者の生命や身体に重大な危険が生じている恐れがある時は、地域包括支援センターの職員等に [立ち入り調査] をさせることが可能。
- [都道府県知事] は、養介護施設従事者等による虐待の状況や、その際の措置等について、毎年度の公表を義務づけられている。
- 市町村は、加害者となる可能性がある養護者の負担軽減のための措置を取ることが求められている。

障害者虐待 (障害者虐待防止法)

- **障害者虐待**は、養護者や障害者福祉施設従事者等、使用者による障害者に対する虐待をいう。障害者への虐待を発見した場合は、自治体等へ [通報] しなけ

ればならない。

- 市町村は虐待の通報を受けた場合、速やかに障害者の［安全確認］や［事実確認］を行うことが求められる。
- 厚生労働省「平成 30 年度 障害者虐待防止法対応状況調査報告書」によると、養護者による障害者虐待は、［身体的虐待］が最も多く（45.1%）、ついで［心理的虐待］（31.0%）、［経済的虐待］（25.4%）となっている。

配偶者虐待（DV 防止法）

- 近親者に暴力的な扱いを行う行為や、暴力によって支配する行為全般を DV と呼ぶ。また、パートナーなど親密関係にある二人の間で起こる暴力を［IPV］（Intimate Partner Violence）と呼ぶ。
- 配偶者からの暴力を受けている者を発見した人は、その旨を配偶者暴力相談支援センターや警察官に通報するよう努めることが求められる。
- 配偶者から、［身体に対する暴力］や生命等に対する脅迫を受けた場合に、［6 カ月］の**接近禁止令**などの保護命令を出すことができる。
- 適用対象は、配偶者による暴力だけでなく、**同居する交際相手**による暴力に拡大したが、同居していない場合は対象外であり、［デート DV（恋愛カップル間暴力）］による被害者の保護が課題である。
- ［配偶者暴力支援センター］には、**相談支援や相談機関の紹介**、被疑者の**心身の健康**のための指導、被害者や同伴者の**緊急時における安全確保**等、**自立した生活の促進**のための情報などの機能がある。

一問 一答

❶ 児童虐待は、身体的虐待、心理的虐待、ネグレクト、性的虐待、経済的虐待がある。
❷ 女性から男性への暴力は DV 防止法の対象外である。 第 1 回追試 問 96
❸ DV 防止法の保護命令のうち、被害者への接近禁止命令の期間は 1 年間である。 第 1 回追試 問 96
❹ 児童虐待の加害者は実父が最も多い。 第 2 回 問 20

解説
❶ × 経済的虐待は高齢者・障害者虐待に含まれるが児童虐待には含まれない。
❷ × 対象内であり、男性が被害者である場合に相談をしにくい気持ちを抱く人も少なくはない。
❸ × 6 カ月である。
❹ × 最も多いのは実母であり、次に多いのが実父である。

61 認知症

認知症の症状

- **認知症**は、老化による「もの忘れ」とは異なり、後天的な脳の障害によって認知機能が低下し、日常生活に支障をきたしている特有の症状や状態のことをさす。
- 正常な状態と認知症の中間に当たる段階に [MCI：Mild Cognitive Impairment（軽度認知障害）] がある。日常生活に支障はなく、全体的な認知機能は正常だが、説明できない記憶障害の訴えが本人や家族から認められる。
- 認知症の症状は [中核症状]（記憶障害、失語・失認・失行など理解・判断力の障害、実行機能障害、見当識障害）や [行動・心理症状]（抑うつ、不眠、徘徊、妄想、幻覚、暴力、せん妄、人格変化、不潔行為など）が挙げられる。
- 認知症に関しては、老老介護や介護離職、介護疲れなど家族に対しての心理支援も重要である。
- 認知症には、表で挙げたもののほかに、前頭側頭型認知症や、似た症状を有する正常圧水頭症、ハンチントン病などがある。

● 主な認知症の種類

アルツハイマー（Alzheimer）型認知症	・最も多い認知症の原因疾患（約 6 割以上）で進行性 ・[女性] に多い ・初期は、最近のことを忘れるなどの記憶障害や、時間・場所・人の判断がつかない見当識障害などが出やすい ・中期には、言語能力の低下から自身の気持ちをうまく伝えられず、**抑うつ症状**が表出したり、暴言などの二次的な症状につながりやすくなったりする。**自尊心の低下**などにつながることもある
血管性認知症	・脳卒中など脳血管疾患を原因として起こる疾患。[男性] に多い ・症状にムラがあり（まだら認知症）、初期には些細なことで感情をコントロールできなくなる（感情失禁）ことがみられやすい
レビー（Lewy）小体型認知症	・脳の広範囲にレビー小体という蛋白がたまり、脳の神経細胞が徐々に減っていく進行性の認知症 ・幻視や錯視があり、手が震える、すくみ足などのパーキンソン症状がみられる ・記憶障害は比較的出にくい

認知症の評価

- **認知症の評価**は、専門医の問診、脳の画像診断、血液検査や家族からのヒアリングなどから総合的に行う。
- 心理検査には、[HDS-R]、[MMSE]、CDT（時計描画検査）、ADAS（Alzheimer's Disease Assessment Scale）、CDR（Clinical Dementia Rating）、FAB（Frontal Assessment Battery）などが挙げられる。

● 認知症検査

HDS-R (Hasegawa's Dementia Scale-Revised：改訂長谷川式簡易知能評価スケール)
・年齢、時間の見当織、場所の見当織、単語の即時記憶、遅延再生、計算、数字の逆唱、物品呼称、言語流暢性の9項目からなる30点満点の認知機能検査 ・20点以下が認知症の疑い ・所要時間：6〜10分

MMSE (Mini-Mental State Examination：ミニメンタルステート検査)
・時間の見当識、場所の見当識、単語の即時再生、遅延再生、計算、物品呼称、文章復唱、3段階の口頭命令、書字命令、文章書字、図形模写の計11項目から構成される30点満点の認知機能検査 ・23点以下が認知症疑いで、27点以下は軽度認知障害（MCI）が疑われる ・所要時間：6〜10分

- 認知症のケアには、以下などがある。
  [回想法]：高齢者自身が自分の人生を語り、支援者が受容的に傾聴。
  [動作法]：脳性麻痺による四肢の不自由の改善を目指して使用。
  [バリデーション]：認知症患者の不適応行動の意味を汲み取り、共感的にコミュニケーションを図る。
  [リアリティ・オリエンテーション]：見当識障害の改善を目指す技法。

一問一答

❶ HDS-R では、言葉の遅延再生問題で自発的な解答がなければヒントを与える。 第1回 問51
❷ MMSE は図形模写など動作性検査を含むテストである。 第1回 問51 改
❸ MMSE のシリアル7課題（100から7を順に引く）は、4回まで行う。 第3回 問97

解説
❶ ○ 検査においてヒントを出すかどうかなども手順に含まれるため要確認。
❷ ○ 2つの重なった5角形の模写が含まれる。
❸ × 5回まで行う。

62 福祉領域における支援

福祉現場における予防的アプローチと危機介入

- 福祉の現場において、支援には［対症療法的アプローチ］が主となることが多いが、Caplan, G. の予防的アプローチも重要である。
- Caplan と Lindemann, E. が［危機理論］を構築した。
- 危機状態にある個人や組織が、可能な限り早く危機から脱出することができるよう迅速的に行われる短期的支援を［危機介入アプローチ］という。
- 危険性、有害性、頻度、緊急性などからリスクを見積り、リスク除去や低減の措置を検討し、実施する一連の手法を［リスクアセスメント］という。
- 児童虐待防止の取り組みとして、一次予防としての［オレンジリボン運動］、二次予防としての［乳幼児健診］などが行われている。
- 高齢者への認知症予防アプローチとして、過去の思い出を語る［回想法］や［脳トレーニング］、［介護予防運動］などが挙げられ、認知症理解推進運動として［オレンジバンド運動］等がある。

● Caplan による予防的アプローチ

一次予防	・発生予防（［ストレスチェック］など） ・啓発活動や地域住民の憩いの場などのコミュニティの開拓など
二次予防	・早期発見・早期対応・重篤化予防（定期検診など） ・問題がそれ以上深刻化する前に［介入］し、問題を最小限に抑える
三次予防	・再発予防や慢性化の防止（リハビリテーションや環境の改善など）

＜予防的アプローチの具体例＞（看護師国家試験 第 101 回 問題 37 より）

労働者のがん検診は、［二］次予防（早期発見、早期治療）

精神障害者の作業療法は、［三］次予防（症状の進行を防ぐ）

性感染症予防のためのコンドームの使用は、［一］次予防（病気発生を防ぐ）

地域における支援

- ［社会福祉法］では、市町村や都道府県において［地域福祉計画］を策定し、必要な措置を講じるよう努めることが定められている。

- 医療保険計画制度は医療法で規定され、[都道府県] によって策定されており、1985（昭和60）年以来、[5] 年ごとに見直しが行われている。
- 2013（平成25）年の医療計画制度では、[5疾病5事業] や在宅医療の体制づくり、医療従事者の充実、二次医療圏・三次医療圏の設定、基準病床数の設定、災害時の医療体制づくりなどが挙げられている。

| 5疾病 | がん、脳卒中、急性心筋梗塞、糖尿病、精神疾患 |
| 5事業 | 救急医療、災害時医療、へき地医療、周産期医療、小児医療 |

- [精神保健福祉センター] は、精神保健福祉法によって、各都道府県に設置することが定められており、広報普及活動や指導と援助、研修等を行う。
- 重い精神障害等があっても、地域社会の中で [自分らしい生活] を実現・維持できるよう [ACT（Assertive Community Treatment）：包括型地域生活支援プログラム] モデルをもとに、[アウトリーチ]（多職種による訪問支援）などを行っていくことが望ましい。
- 児童に関しては児童相談所や子ども家庭支援センター、高齢者に関しては地域包括支援センターなどを活用するとよい。

包括的アセスメント・統合的心理療法

- 対象者の状態や意向、家族等との関係等について、一つの側面からではなく、多角的かつ全体をみる [包括的アセスメント] を行う。そのためにも多職種連携による専門的な視点が重要である。
- 特定の学派や技法に依らず、クライエントの適性に応じて技法を変更することや、効果的な療法を統合（統合的心理療法）し、[多職種連携] のうえ、[包括的支援] を行うことが肝要である。

一問一答

❶ 回想法では家族等から事前の聞き取りはしない。
❷ 福祉においては、公平性のために画一化したサービスの提供が基本である。
❸ 保健医療計画は市町村ごとに作成される。 第1回追試 問104

解説
❶ ✕ 対象者のより深い理解のために、事前に聴き取ることも重要。
❷ ✕ 対象者の生活上の困り事などを聴き取って個別の支援を検討する。
❸ ✕ 都道府県ごとである。

章末問題・17章

Q 問題

❶ 産後うつ病は産後 1 週間以内に起こりやすい。

❷ 9 歳の男児が「昨日おじさんに家で殴られた。怖いから家に帰りたくない」と顔を赤く腫れ上がらせている。事実の確認が必要と考え、司法面接の技術を用いて、公認心理師自ら詳細な聞き取りを行う。 第1回 問144改

❸ 反応性アタッチメント障害は乳幼児期のマルトリートメントと関係が深い。 第1回 問110

❹ 被虐待児の支援は保護者と一緒に暮らすことで終結する。

❺ 市町村は、高齢者を虐待した養護者に対する相談、指導及び助言を行う。 第3回 問42

❻ 要介護 2 の母親は 1 カ月前から泥棒が入ると言って家を出ず、夜間の徘徊やオムツを外して室内を汚すことが増えており、その見守りのために 50 歳女性 A は不眠を理由に心療内科を受診した。病院の公認心理師は、介護支援専門員と共に母親のケアプランを再検討するよう助言した。 第1回 問140改

❼ 75 歳女性が二人暮らしの息子から怒鳴られていると近所から市の相談センターに相談が入ったので民生委員へ情報提供と支援の依頼を行った。 第1回 問74改

❽ 子どもは保護を求めていないがすでに重大な結果がある状況では、緊急一時保護を検討すべきである。 第1回 問2

❾ 社会的養護には、里親制度を使った家庭的養護と、ファミリーホームや施設で養育する施設養護がある。

❿ トラウマや PTSD の治療開始の基本は、クライエントの生活の安全が保障されていることである。 第3回 問54

⓫ 精神保健福祉センターは精神保健福祉法によって、各市区町村に設置が定められている。

⓬ 高齢者への回想法は個人面接では実施しない。 第2回 問89

⓭ 医療計画制度における 5 疾病は、がん、脳卒中、急性心筋梗塞、糖尿病、肺炎である。

Ⓐ 解説

❶ ✕ 産後1年未満に死亡した妊産婦の最多の死因は自殺である。その背景に産後うつがある場合も少なくはないと考えられており、産後2〜4週間以内に発症しやすいといわれている。

❷ ✕ 市の虐待対応部署に通告する。

❸ ◯ マルトリートメント（不適切な養育）との関係が深いとされる。

❹ ✕ 保護者のもとに戻った後も、家庭支援が必要である。

❺ ◯ 高齢者虐待防止法の第6条に定められている。

❻ ◯ 母親の現在の状態にあったケアの検討が重要である。

❼ ◯ 民生委員は民生委員法に基づいて厚生労働大臣から委託された非常勤公務員でボランティアとして、相談や支援を提供している。

❽ ◯ 子どもの安全確保は優先事項である。

❾ ✕ ファミリーホームとは、5〜6人を養育者の家庭で養育する家庭的養護のこと。

❿ ◯ 慢性的な安全の感覚や信用、自尊心などの喪失がされている場合も少なくないため、まずは安全が保障されていることが肝要。

⓫ ✕ 精神保健福祉センターは精神保健福祉法によって、市区町村ではなく、各都道府県に設置が定められている。

⓬ ✕ 集団で行うことも多いが、個人でも実施する。

⓭ ✕ 肺炎ではなくて、精神疾患である。

63 教育現場における問題

いじめ

- **いじめ**とは、いじめ防止対策推進法第2条に「児童等に対して、当該児童等が在籍する学校に在籍している等当該児童等と一定の人的関係にある他の児童等が行う心理的又は物理的な影響を与える行為（**インターネットを通じて行われるものを含む**）であって、当該行為の対象となった児童等が心身の苦痛を感じているもの」と定義されている。
- いじめの重大事態に［生命・心身・財産］の被害と［不登校］がある。
- 文部科学省「令和元年度児童生徒の問題行動・不登校等生徒指導上の諸課題に関する調査」によると、いじめの件数は年々［増加］している（約61万件）。小学校1〜4年で増加が顕著で、最も多い学年は［2］年である。
- 背景には、学校空間において子どもらの間で自然発生する身分制度になぞらえた序列である［スクールカースト］なども見受けられる。
- いじめの内容は、［冷やかし］や［からかい］、［悪口や脅し文句］などが多い。発見は［アンケート調査］が最も多く（54.2%）、ついで「**本人からの訴え**」（17.6%）、「**学級担任が発見**」（10.4%）、「**当該児童生徒（本人）の保護者からの訴え**」（10.2%）と続く。
- ネットでの誹謗中傷も学年が上がるにつれて増加傾向にある。

不登校

- 文部科学省の調査では、**不登校児童生徒**とは「何らかの心理的、情緒的、身体的あるいは社会的要因・背景により、登校しないあるいはしたくともできない状況にあるために年間［30］日以上欠席した者のうち、**病気や経済的な理由による者を除いた**もの」と定義されている。
- 小中学校における不登校数は16万人に達し、過去最多を更新（平成30年度児童生徒の問題行動・不登校等生徒指導上の諸課題に関する調査）。小学6年から件数が増加し、［中学3］年が最も多い。
- 学校にかかわる状況では「友人関係」が、本人にかかわる要因では「不安」が多く挙げられる。
- 学業不振や貧困問題、ネグレクトなどが背景にある場合も少なくはない。

- 市町村や都道府県に設置された [適応指導教室（教育支援センター）] などでも生徒児童の支援を行うが、相談や指導を受けていない児童生徒は約 27.5％いる。
- 2017（平成 29）年に、不登校児童生徒への教育機会の確保のために [教育機会確保法] が施行された。

自殺

- 2019（令和元）年度に小学校から高校までの児童・生徒の自殺者数は 317 人となり、1986 年以降で**最多**であり、**高校**が最も多かった（令和元年度児童生徒の問題行動・不登校等生徒指導上の諸課題に関する調査）。
- 子どもたちが亡くなる前に明らかにしていた心配事としては、「家庭内不和」が 41 人、「父母等の叱責」が 30 人、「進路問題」が 28 人、「いじめの問題」が 9 人。遺書などの書き置きを残さなかったため自殺理由が「不明」の児童・生徒が 194 人いた。
- 児童生徒の自殺予防については自殺対策基本法に基づいて取り組みを行う。
- 近年では人目につかない SNS を利用し、自殺願望を投稿する人も少なくなく、都道府県教育委員会等では [ネットパトロール] を強化している。
- 危機を未然に防ぐための [リスクマネジメント] や危機発生後には、教育委員会等による短期的な介入を含む [クライシスマネジメント] が重要。

一問一答

❶ いじめの防止等を図るための学内組織を設置しなくてはならない。
❷ 不登校の数は学年が上がるにつれて減少する。
❸ 適応指導教室は児童相談所によって設置されている。
❹ 学級崩壊を起こす子どもは様々な問題を抱えている可能性がある。
❺ 不登校の目的は登校させることである。 第 1 回追試 問 21

解説

❶ ○ いじめ防止対策推進法第 22 条による。
❷ × 小学 6 年から年々増加傾向にあり中学 3 年が最も多い。
❸ × 自治体の教育委員会・首長部局が設置する。
❹ ○ 家族問題、発達障害、学業不振などの課題を抱えている可能性もある。
❺ × 単に、登校を促して登校ができても、子どもを追い込む可能性もある。

64 教育現場における問題の背景

内発的動機づけと外発的動機づけ

- 動機づけには、以下の 2 種類がある。

内発的動機づけ	「面白いから勉強する」など自分自身の内的な要因 (好奇心や趣味、関心) や条件によって誘発されるもの
外発的動機づけ	「褒められるから勉強する」など本人以外の外的な要因 (報酬や賞賛など) や条件によって誘発されるもの。学習などによって高めることが可能とされる

- 教育現場においてどちらも重要であり、課題遂行の効率と関連があるため、両者のバランスを考えることが重要。

自己効力感 (セルフエフィカシー)

- [Bandura, A.] は、「ある課題や行動を遂行できる」と自分の可能性を認識できることを提唱し、これを**自己効力感**と呼んだ。
- 学習における [動機づけ] や効果的な学習方法の採択との関連がみられる。
- [達成感] を得られるようなかかわりを持つことが重要である。

学習性無力感

- [Seligman, M.] は、失敗などの嫌な経験から「何をしても結果を変えられない」とやる気を喪失し、あきらめて無気力になる状態を**学習性無力感**と呼んだ。
- 虐待やいじめなど強いストレス状態が長期間続き、どんなに頑張っても無駄であると諦めることによっても生じることがあり、その結果、不登校等につながる場合もある。

帰属理論

- 帰属理論は [Heider, F.] が提唱し、出来事や結果の原因が、どこにどの程度あるのかを推測する過程を**原因帰属**という。
- [Rotter, J.B.] は、行動の原因を自身の内的要因に求めるか、環境など外的要因に求めるのかという概念を [統制の所在] と呼び、自分の意思や能力によるとみなすことを [内的統制]、状況や運などの要因とみなすことを [外的統制] と呼んだ。

- [Weiner, B.] らは原因帰属を、[統制の所在]、[安定性]、[統制可能性] の三次元で分類する。
- Edward, E.J. によると、[セルフ・ハンディキャッピング] は、失敗を自分以外の外的な要因、成功の原因を自分の内的な要因に求める選択や行動の概念。
  獲得的セルフ・ハンディキャッピング：試験前にあえて掃除をするなど、自ら妨害要因を行うこと
  主張的セルフ・ハンディキャッピング：「全然勉強してない」と予め自らのハンディキャップを言い訳しておくこと
- その他、[Kelley, H.H.] の**共変動モデル**や [Bem, D.J.] の**自己知覚理論** (吊り橋効果) 等がある。

セルフモニタリング

- **セルフモニタリング**とは、自分の行動や考え、感情を自分で観察したり、記録したりすることをさす。問題や課題への対応として、自分自身の行動を維持したり、変更したりする**セルフマネジメントスキル**にもつながる。
- 客観的な自己分析や言語化等を要するので、必要に応じた支援が望ましい。

教育評価

- Cronbach, L.J. は、学習者の適性 (学力、知識、性格、興味、感心など) と処遇 (指導法、課題、カリキュラム、学習環境など) が相互に影響を与え、[学習成績] を規定するという関係性を表す概念を、[適性処遇交互作用] と提唱した。
- [教師－生徒関係] では、教師が抱く期待によって、生徒の能力や反応に変化が生じる [ピグマリオン効果] などがみられる。教育場面におけるパフォーマンス評価には、学習到達状況を評価する [ルーブリック] などがある。

一問一答

❶ 外発的動機づけは学習によって高めることが可能である。
❷ 他者から非難される体験が続くと学習性無力感が生じる。 第1回 問23
❸ 今後の学習成果を高めるために効果的な解釈として、試験の点数が悪かったのは努力が足りなかったからと考えることだ。 第1回 問118

解説

❶ ○ 内発的動機づけは先天的で学習で高めることが難しいとされる。
❷ × 非難される経験が続いた結果として、努力が成果に結びつかない体験が続くことで生じる。
❸ × 学習方法に問題があったからだと解釈することが効果的である。

65 現代における学校

学習指導要領

- **学習指導要領**は、全国のどの地域で教育を受けても、**一定の水準**の教育を受けられるようにするため、小学校、中学校、高等学校、特別支援学校などの各学校が各教科で教える内容を、学校教育法施行規則の規定を根拠に定めたものである。
- 近年では、**主体的・対話的な深い学びの実現**のため [アクティブ・ラーニング] や [発見学習] などの子どもが主体的に探求することで知識体系を構築すること、能力差や個人差に応じた過程を踏む [プログラム学習]、英語教育の強化、[道徳] の教科化、[ICT（Information Communication Technology）] の活用、プログラミング教育、キャリア教育、特別支援教育の推進などが重視されている。

学習到達度

- **学習到達度調査** (PISA：Programme for International Student Assessment) とは、経済協力開発機構（OECD）による国際的な生徒の学習到達度調査であり、2000 年から 3 年ごとに実施されており、日本では高校 1 年生を対象とする。
- [読解力]、[数学的リテラシー]、[科学的リテラシー] の 3 分野からなる。
- 2018 年の日本の順位は、読解力が 15 位（前回 8 位）、数学的リテラシーが 6 位（前回 5 位）、科学的リテラシーが 5 位（前回 2 位）であり、学習指導要領の改訂の参考にもされる。

学習方略 (learning strategy)

- 学習の効果を高めることを目指して、意図的に行う心的操作、あるいは活動を [学習方略] という。具体的な方法として、リハーサル、精緻化、体制化、理解監視、情緒的の 5 つのカテゴリーに分けられる。

チーム学校

- 新しい時代に求められる資質・能力を育む教育課程を実現するための体制や子どもと向き合う時間確保等の体制整備の必要性が高まっている。
- 学校の抱える課題は、いじめや不登校、特別支援教育、貧困など [複雑化・多様化] している。

- 2015（平成27）年の「チームとしての学校の在り方と今後の改善方策について（答申）」で、校長、教員は、スクールカウンセラーやスクールソーシャルワーカーなど多様な専門性を持つ職員や、家族、地域社会、医療などの外部機関とともに、[連携・協働] することが求められた。
- 専門性に基づく [チーム] 体制、[マネジメント] 機能の強化、教職員一人ひとりが [力を発揮できる] 環境の整備の3つの視点が必要である。

学校心理学における4種類のヘルパー

- 学校心理学においては、教育現場において子どもたちの援助には以下4種類のヘルパーがいるとされる。

ボランティア的ヘルパー	友人や地域住民などによる援助者。職業上や家庭としての役割は関係ない
役割的ヘルパー	保護者や家庭など役割として援助を行う者
複合的ヘルパー	教師など職業上の役割に関連させながら総合的な援助を行う者
専門的ヘルパー	生徒指導、養護教諭、スクールカウンセラーなど専門職として援助を行う者

一問一答

❶ 学習指導要領は都道府県によって異なる。

❷ 保護者はチーム学校には含まれない。

❸ 学校における心理教育的アセスメントは、複数の教師、保護者、スクールカウンセラーなどによるチームで行われることが望ましい。 第1回 問122

❹ 養護教諭は複合的ヘルパーであり、子どもの総合的な援助が期待される。

❺ 「今のクラスにいるのが辛い」「誰にも言わないでほしい」と相談があったため、学級内で起きていることでもあるため、担任教師に伝え対応を一任する。 第1回 問147

解説

❶ ✕ 地域によらず一定水準の教育が受けられるよう文部科学省が定めている。

❷ ✕ 家族や地域社会なども含まれる。

❸ ○ チーム学校の体制が重要。

❹ ✕ 養護教諭は専門的ヘルパーである。

❺ ✕ 担任のみで対応をするのではなく、チーム学校として対応を行う。

66 学校が抱える課題

学業不振

- **学業不振**とは、学習面での困難や不安、遅れを抱え、学習上の成果が目標に達しないことをいう。[知的障害]（学業遅滞）や [学習障害 (LD)]、学習環境など個々の要因の把握が肝要である。
- 不登校や非行などの問題につながることもあり、学校のみの支援には限界もあるため [チーム学校] による包括的支援が必要。

学級崩壊・非行・暴力

- **学級崩壊**とは、子どもたちが教室内で勝手な行動をして教師の指導に従わず、授業が成立しないなど、集団教育という学校機能が成立しない学級の状態が一定期間継続し、学級担任による通常の方法では問題解決ができない状態に立ち至っている状況をいう。
- **非行**とは、広い意味では [社会的規範] を逸脱するような行為をさす。
- 文部科学省「令和元年度**児童生徒の問題行動・不登校等生徒指導上の諸課題に関する調査**」によると、小・中・高等学校における暴力行為の発生件数は 7 万 8,787 件と増加しており、児童生徒 1,000 人当たりの発生件数は 6.1 件 (前年度 5.5 件) と増加している。

特別支援教育

- 障害のある幼児児童生徒の [自立] や社会参加に向けた主体的な取り組みを支援するという視点で、一人ひとりの教育的ニーズを把握し、その持てる力を高め、生活や学習上の困難を改善または克服するため、適切な指導、必要な支援を行う。
- 発達障害者の特別支援をするための教育機関や医療機関への連携などの役割を担う教員を [特別支援教育コーディネーター] という。
- 障害のある児童生徒のニーズを正確に把握し、長期的な視点で乳幼児期から学校卒業後までを通じて一貫して的確な教育的支援を行うことを目的として、必要に応じて保護者と検討し、個別の [教育支援計画] を作成する。
- 一人ひとりのニーズに応じて、発達段階を考慮しつつ合意形成を図った上で [合理的配慮] が提供されることが望ましい。

教員のメンタルヘルス

- 近年教育現場における様々な課題に対する対応を求められ、精神疾患による教員の病気休職者数は、文部科学省「平成 30 年度公立学校教職員の人事行政状況調査」によると、5,212 人（約 0.57%）と依然高水準であり、[10] 年間高止まりしている。
- 背景には、[残業時間] の増加や、[職場環境]、[人間関係] などが挙げられており、組織的な対応が必要である。
- [バーンアウト（燃え尽き）] や [感情労働] などによるストレスを抱える教員も少なくはないため、同僚からのサポートが得やすいようチーム学校としての体制の構築が肝要である。

関係（外部）機関との連携

- いじめや不登校などの問題支援には、[サポートチーム] の編成など、学校と関係（外部）機関との連携が重要である。
- 関係機関は、家庭、地域社会、PTA、警察、医療機関、児童相談所、法務局、福祉サービス、問題に応じた各種相談窓口や民間団体などが挙げられる。
- 学校と地域住民等が力を合わせて学校の運営に取り組む「地域とともにある学校づくり」への転換を図るための仕組みとして、[コミュニティ・スクール（学校運営協議会制度）] が挙げられる。
- 2017（平成 29）年、教育委員会に対して [学校運営協議会] の設置が**努力義務**化された。協議会は、学校運営について教育委員会や校長に意見を述べたり、教職員の任用に関して教育委員会に意見を述べたりできる。

一問一答

❶ 学級集団のアセスメントツールには、Q-U などがある。第3回 問119
❷ 不登校の児童の家族と連絡がとれないため、安全確認のために警察に協力を要請した。
❸ コミュニティ・スクールの協議会は設置が義務づけられている。第1回追試 問30

解説

❶ ○ Q-U は、子どもたちの学校生活における満足度と意欲、さらに学級集団の状態を調べることができる質問紙である。
❷ ○ 安全確認がとれない場合は、警察等外部の機関との連携を検討する。
❸ × 努力義務である。

67 学校現場における心理支援

心理教育的援助サービス

- 教育現場は、以下の3種類のサービスがあるとされる。

一次援助サービス	・[すべての] 児童生徒を対象に行う予防的なサービス ・学校不適応を予測して課題に取り組む上で必要なスキル (ストレスマネジメント、SST、自殺予防など) の提供を行う ・障害のある子どもを含むすべての子どもに対して, 個別の教育的ニーズにあった教育的支援を行う [インクルーシブ教育] が望ましい
二次援助サービス	・登校のしぶり、意欲の低下、クラスでの孤立など、困難を抱え始めている [一部の] 児童生徒へのサービス ・多くの援助者の目から生徒児童の様子に早く気づき、タイムリーな援助を行う
三次援助サービス	・いじめ、不登校、非行、虐待など問題状況にある [特別な] 児童生徒へのサービス ・生徒児童の問題状況をアセスメントし、ニーズに応じた援助を行う

共生社会とインクルーシブ教育

- これまで必ずしも十分に社会参加できるような環境になかった障害者等が、積極的に参加・貢献していくことができる社会を [共生社会] という。
- 一人ひとりに応じた指導や支援に加え、障害のある者と障害のない者が可能な限り共に学ぶ仕組み「インクルーシブ教育システム」を構築することが、教育分野の重要な課題として挙げられる。

スクールカウンセラー(スクールカウンセリング)

- **スクールカウンセラー**は、教育現場において、生徒児童、保護者、教員等への個別面接、一対多、多対多の面接などを通して、心理支援や助言・指導を行う。
- スクールカウンセラー等活用事業実施要領によると、実施主体は [都道府県・指定都市] である。
- [コンサルテーション] では、ケースに対してアセスメントを行い、カウンセリングに比べると助言・指導など指示的な意味合いが強くなる。

- 面接以外に、[ケースカンファレンス] や [研修、講話]、[ストレス状況の調査]、全員面接、危機対応などが求められる。
- 相談内容は厳しく守秘されなければならないが、学校や生徒児童を危機に導く危険性のある内容については報告しなければならない (集団守秘義務)。

スクールソーシャルワーク

- **スクールソーシャルワーク**は問題を、[人と環境との関係] において捉え、生徒児童とその置かれた環境への働きかけを行う。
- 生徒児童が置かれた [環境] への働きかけ、関係機関等との [ネットワーク] 構築や連携、[チーム支援体制] 構築支援、[研修活動] などを行う。

保護者との連携・支援

- 生徒児童の支援にあたっては、家庭と学校がそれぞれの役割を果たし、相互連携を行うことが大切である。
- 生徒児童の問題の背景には [保護者] の要因が絡んでいる場合もあるが、保護者自身の気持ちを [共感的] に受け止め、信頼関係を築くことが重要。

キャリア教育と進路指導

- [進路指導] とは、学習指導要領において、中学校及び高等学校に限定された教育活動を指すが、近年では就学前段階から初等中等教育・高等教育を通して行われるキャリア教育の重要性が高まっており、職業選択を含めた人生設計を明確にするための [キャリアガイダンス] の実施が求められる。

一問一答

❶ 教育現場における一次援助サービスは一部の困難を抱えている児童・生徒への早期対応として行われる。

❷ 生徒から自殺を訴える相談があったが、生徒から内緒にしてほしいといわれたので管理職への報告を行わなかった。

❸ 児童の抱える困難の背景に保護者との関係が見受けられたので、スクールカウンセラーは保護者との面談においては指導に徹することが望ましい。

解説

❶ ✕　すべての生徒児童を対象とする予防的なサービスである。

❷ ✕　命の危険を伴うため報告が必要だが、同意を得るように努める。

❸ ✕　保護者自身が困難を抱えていることも少なくないため、まずは受容と共感を意識することが重要である。

◎ 問題

❶ ポートフォリオは、教育場面のパフォーマンス評価に求められる。 第3回 問100

❷ 教育現場における開発的カウンセリングで用いられる技法として、アサーショントレーニングや SST が挙げられる。 第1回 問52

❸ 問題行動を起こした児童生徒への学校における指導として、児童生徒のプライバシーを守るために担任教師が一人で指導をした。 第1回 問36

❹ 同僚教諭から「授業がうまくできない。生徒とコミュニケーションが取れない。保護者からクレームがある。食欲もなくよく眠れていない。疲れが取れずやる気が出ない」とスクールカウンセラーに相談があったので、まず管理職と相談をして、A の業務を調整した。 第1回 問69改

❺ 学校における心理教育的アセスメントとして、一定のバッテリーからなる心理検査の実施が必須である。 第1回 問122

❻ 学校における教職員へのコンサルテーションとして、困難な問題に直面している教職員に代わる保護者などと面談を実施した。 第1回 問123

❼ 「中学生が親を殴った」というのは、文部科学省が実施する「児童生徒の問題行動・不登校等生徒指導上の諸課題に関する調査」の「暴力行為」に該当する。 第2回 問24

❽ 「死にたい」と涙を流す生徒が来室したため、命の大切さなど心理教育を行ったところ「大丈夫です」と答えたのでそれ以上は聴かなかった。

❾ 学級崩壊を起こす子どもは、家族問題を抱えている。

❿ バーンアウトした人は他者に対して無関心になりやすい。 第1回追試 問17

⓫ 不登校について、学業不振が要因の 1 つであることから、学習指導方法を工夫改善し、個に応じた指導の充実を図る。 第1回追試 問21

⓬ 市町村の教育委員会は、その保護者に対して、児童生徒の出席停止を命じることができると、学校教育法に規定されている。 第1回追試 問29

⓭ スクールカウンセラー等活用事業について、配置方式としては、現在は全国で通常配置（単独校方式）で統一されている。 第1回追試 問45

A 解説

❶ ✕ ポートフォリオは、児童・生徒がこれまでの学習活動で作成した作文やレポート、作品、テスト、活動の様子がわかる写真や映像などを保存する方法である。

❷ ○ 開発的カウンセリングでは自立して豊かな社会生活を送れるように、心身の発達を促進し、必要なライフスキルを育てるなどの人間教育活動を行う。

❸ ✕ チーム学校として行うことが望ましい。

❹ ✕ まずは教諭の授業の様子や身体症状について詳しく聴く。

❺ ✕ 心理検査の実施は必須ではない。

❻ ✕ 教職員に代わるのではなく、教職員とともに連携を行う。

❼ ✕ 家族に対する暴力行為は調査対象外である。

❽ ✕ 一次予防としては有効であるが、すでに問題を抱えている生徒に対しては不適切であり、希死念慮については具体的にリスクアセスメントを行う。

❾ ✕ 家族問題のほかに、発達障害、学業不振などの課題を抱えている可能性もあるため、多角的な視点からのアセスメントが肝要である。

❿ ○ バーンアウトの際に見られやすい症状として、情緒的な消耗感、達成感の低下、脱人格化（無関心や思いやりに欠けた言動など）が挙げられる。

⓫ ○ 個々の学習面での困難や不安、遅れに応じて改善を検討する。

⓬ ○ 児童生徒にとって、学校において生命及び心身の安全を確保することは、学校や教育委員会に課せられた基本的な責務である。（学校教育法第26条、第40条）

⓭ ✕ 配置校方式、拠点校方式、巡回方式などがある。

68 少年の非行と処遇

非行少年の種別

- **非行少年**の支援の根拠となるのは［少年法］で、刑罰でなく［保護主義］が基本。特に**14歳**が分かれ目で、虞犯少年は「虞れ」という由来で命名された。

● 非行少年の種別

種別	定義
犯罪少年	14歳以上20歳未満で罪を犯した少年
触法少年	14歳未満で罪を犯した少年
虞犯少年	20歳未満で将来罪を犯すおそれのある少年

非行少年の司法手続き

- 虞犯少年と触法少年は［児童相談所］または［家庭裁判所］に送られる。
- 犯罪少年は［検察庁］を経るか直接、家庭裁判所に送られる。
- すべての犯罪少年が家庭裁判所に送られる［全件送致］主義をとっている。
- **14歳未満**は刑事責任を問わない。
- 犯罪少年のうち、刑事処分相当と認められる場合は検察官への［逆送］となる。
- 故意に被害者を死亡させた事件で**16歳以上**の少年は原則検察官に送致される。

● 少年事件の司法手続きの流れ

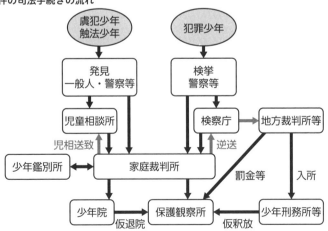

出典：検察庁ホームページ

警察の少年サポートセンターの活動

- **少年サポートセンター**は、各都道府県警察に設置され、主に［少年補導員］が非行対策を行っている。活動内容は、少年相談、街頭補導、継続補導・立ち直り支援、広報啓発活動、関係機関・団体との連携確保などである。

非行少年を処遇する施設

- ［少年鑑別所］には、3 つの役割——①家庭裁判所の求めに応じ、非行少年の資質の鑑別を行うこと、②［観護措置］がとられて少年鑑別所に収容される非行少年に健全な育成のための支援を含む観護処遇を行うこと、③地域社会における非行および犯罪の防止に関する援助を行うこと、があり、**法務技官**と**法務教官**が指導・援助を行う。［鑑別］は鑑別面接や心理検査を実施することをいう。
- ［少年院］は、家庭裁判所から**保護処分**として送致された少年に対して、［矯正教育］、［社会復帰支援］などを行う法務省所管の施設である。
- 少年院の種別は、**第 1 種少年院から第 4 種少年院まで**があり、対象年齢、保護処分の執行を受けるかどうか、心身に著しい障害があるかどうか、犯罪傾向が進んでいるかどうか、という観点から区別して収容される。第 4 種少年院は、刑の執行前の少年が収容される施設である。加えて、少年院等の矯正施設は［施設内処遇］となる。
- ［保護観察所］では、**保護観察官**と**保護司**が犯罪を犯した人や非行少年に対し、社会の中で指導や支援を行う。［施設内処遇］に対して［社会内処遇］ともいう。

● **少年院の種別**　　　　　　　　　　　　　　※ 2015 年（平成 27 年）改正少年院法にもとづく

種別	対象年齢	保護処分	著しい障害	犯罪傾向
第 1 種	12〜23 歳	○	×	低
第 2 種	16〜23 歳	○	×	高
第 3 種	12〜26 歳	○	○	低
第 4 種	少年院で刑の執行を受ける者			

一問一答

❶ 虞犯少年とは、14 歳未満で罪を犯した少年のことをいう。 第 2 回 問 55 改
❷ 16 歳以上で故意に人を死亡させた事件の場合は、原則的に検察官送致となる。
第 1 回 問 99

解説
❶ ✕ これは触法少年の説明である。虞犯少年は 20 歳未満で将来罪を犯す虞れのある少年のこと。
❷ ○ また 14 歳未満は刑事責任を問わない。

非行・犯罪の理論とアセスメント

犯罪の遺伝的要因

- 犯罪の古典的研究に、犯罪者は生まれながらにそうなる運命だと考える Lombroso, C. の [生来性犯罪者説] がある。しかしこの説は多くの批判も浴びた。

犯罪の社会的要因

- 社会学者の Durkheim, E. は、社会規範の混乱や弱体化が犯罪の原因であるとする [アノミー理論] を提唱した。
- Merton, R.K. や Agnew, R. による [緊張理論] では、不平等な社会的緊張から個々人の心理的葛藤が高まり、非行や犯罪を促進する一因となると考える。
- Sutherland, E.H. による [分化的接触理論] では、個人が犯罪文化を持つ集団に接触する度合いや頻度を重視し、法を破ることに対する望ましくない意味づけが、望ましい意味づけを超えるとき、人は非行に走ると考える。
- Cohen, K. による [非行下位文化 (サブカルチャー) 理論] では、人は所属集団を求める基本的欲求により、集団に対して物質的資源や社会的受容を求め、集団の中で一定の役割や存在感を得ようとすることが非行や犯罪に向かうと考える。

犯罪を抑制する社会的絆

- 従来の犯罪理論が犯罪に至る原因を考えてきたのに対し、[Hirschi, T.] は、「なぜ多くの人は非行を行わないのか」という逆の観点から [一般的統制 (社会的絆) 理論] を提唱し、以下の表の 4 つの社会的絆要因を通じた日常生活での結びつきが**向社会的行動**につながると考えた。

● 4 つの社会的絆

愛着	家族、恋人、友人、教師など身近な人たちに対する心情的な結びつき
コミットメント	合法的生活を維持するために人々が多くの時間とエネルギーを費やしていること (投資)
没入	学業、仕事、育児などで多忙な生活をしている人に、罪を犯す時間も余裕もないこと
規範信念	善悪の判断、違反をよくないとする認識、違反しないように自己規制すべきという規範意識の強さ

アセスメントの方法とプロセス

- [非行・犯罪のアセスメント] は、犯罪者や非行少年の再犯・再非行防止や立ち直りを視野に入れ、犯罪や非行に至った原因や再犯防止について科学的エビデンスに基づいて評価し、適切な介入方法を提示し、事後的に検証する。
- [少年鑑別所] による収容審判鑑別のプロセスには面接、心理検査・各種評価ツール、行動観察、健康診断・精神科診察等、外部情報の収集、アセスメントレポートの作成等のポイントがある (第 23 章「鑑別の流れ」の図参照)。

心理検査・各種評価ツール

- [CAPAS 能力検査] は、IQ 相当値把握等のため刑事施設で用いられている心理測定検査である。それまで用いられていた**田中 B 式検査**が成人を対象としていなかったことなどから、受刑者を母集団として受刑者のために作成され、1988 (昭和 63) 年から使用されている。
- [法務省式ケースアセスメントツール (MJCA:Ministry of Justice Case Assessment tool)] は、**静的領域** (生育環境、学校適応、問題行動歴、非行・保護歴、本件態様) と**動的領域** (保護者との関係性、社会適応力、自己統制力、逸脱親和性) の 2 領域 **52 項目**で構成されている。
- **MJCA** は [RNR 原則 (Risk-Need-Responsivity)] によって作成されている。これは、再犯・再非行防止に向けて効果的な処遇を行う上で重視される、[リスク原則]、[ニーズ原則]、[レスポンシビティ原則] という 3 つの考え方のこと。

一問一答

❶ Matza, D. の漂流理論は、非行少年が非合法的文化と合法的文化の間を漂流していると考える。 第3回 問 141 改
❷ Hirschi, T. の社会的絆理論では、個人に対する社会的絆が弱くなったときに非行が発生すると考える。 第2回 問 98
❸ 本件態様は、法務省式ケースアセスメントツールにおいて、意欲、態度、今後の教育等によって改善しうる要素である。 第1回追試 問 114

解説

❶ ◯ 非行少年が常に非合法的文化に没入しているのではなく、善悪の判断もついている特徴がある。
❷ ✕ Hirschi, T. の一般的統制 (社会的絆) 理論では、社会に対する個人の社会的絆が弱くなったときに非行が発生すると考える。
❸ ✕ 本件態様は動的領域ではなく、静的領域に含まれる。

70 司法制度の概要

成人の刑事事件の手続き

- 成人の刑事事件の場合、検挙した警察から [検察庁] に送られる。
- 検察官は事件の調査にもとづいて [起訴] か [不起訴処分] を下す。
- 起訴の場合は裁判所で裁判が行われ、**懲役**等の場合は [刑務所] に入所する。
- 裁判所での判断で、**保護観察付執行猶予**の場合は [保護観察所]、**補導処分**の場合は [婦人補導院] に入院となる。

● 成人の刑事事件の司法手続

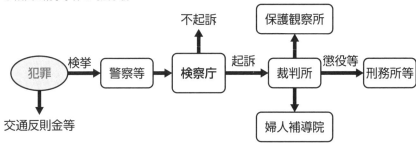

出典：検察庁ホームページ (一部改変)

裁判員裁判

- 2004 (平成 16) 年**「裁判員の参加する刑事裁判に関する法律」**が成立し、[裁判員裁判] が 2009 (平成 21) 年より開始された。
- 裁判官 [3] 名＋裁判員 [6] 名の人数構成である。
- 殺人や強盗致死傷などの [刑事事件] で実施される。
- 裁判員候補者名簿をもとに事件ごとに、[くじ] で候補者が選ばれる。
- 裁判員に選ばれたら、刑事事件の法廷に立ち会い、判決まで関わる。
- 9 名で評議を尽くしても、意見の全員一致が得られなかったとき、評決は、[多数決] により行われる。

犯罪被害者等基本法

- 2005（平成17）年に**犯罪被害者等基本法**が施行され、[国・地方公共団体] に**総合的施策が義務づけ**られた。
- 犯罪被害者支援の基本理念は、[個人の尊厳] が重んじられ、それにふさわしい処遇を受けられること、必要な支援が受けられることである。

犯罪被害者支援の活動

- 各都道府県**警察**に [被害相談窓口] を設置し、一定の重大事件を対象に被害者連絡制度を設け、心理学的専門性を持つ職員が精神的被害の回復支援を実施する。
- 公益社団法人の [全国被害者支援ネットワーク] のもとに民間の [被害者支援センター] が全国にあり、ここで犯罪被害者や家族・遺族に、電話・面接相談、生活支援、関係機関との連絡・調整、カウンセリング、直接的支援、法律相談等の活動を行っている。

裁判所における被害者保護施策

- [少年事件] では、家庭裁判所に対し、記録の閲覧・コピー、心情や意見の陳述、審判の傍聴、審判状況の説明、審判結果等の通知を申し出ることができる。
- **成人の刑事事件**では、証人の負担を軽くする措置、被害者等による意見の陳述、検察審査会への審査申し立て、裁判手続きの傍聴のための配慮、訴訟記録の閲覧・謄写、民事上の争いについての刑事訴訟手続における [和解] などが扱われる。

✏ 一問 一答

❶ 成人の刑事事件では、裁判所が下す判断によって、被告は刑務所か保護観察所に送られる。

❷ 裁判員裁判は、原則として裁判官3人と国民から選ばれた裁判員6人の計9人で行われる。 第1回 問53

❸ 職業裁判官と裁判員が評議をつくしても全員の意見が一致しない場合、多数決の方式を採用して評決する。 第1回 問53

解説

❶ ✕ 上記に加えて婦人補導院に送られることもある。

❷ ◯ 国民から選ばれる裁判員はくじ引きで決まる。

❸ ◯ 職業裁判官3名と一般から選ばれた裁判員6名が多数決で評決することになる。

71 家事事件と司法制度

家事事件

- 家庭裁判所の［家事手続案内］とは、家族で生じている問題が家庭裁判所の手続きを利用できるものかどうか相談できる窓口である。
- ［審判］とは、家庭に関する紛争のうち、家庭裁判所の裁判官が調査結果の資料に基づいて判断を決定する手続きのこと。
- ［調停］とは、**裁判官 1 名と調停委員 2 名による調停委員会**が、当事者双方から事情や意見を尋ね、双方が納得の上で問題解決できるよう、助言やあっせんを図る手続きのこと。
- ［家事事件］の種類は、夫婦の離婚、子どもの養育費や親権、養子縁組、扶養及び親族、相続、遺産分割、遺言、戸籍、氏名、成年後見、医療観察法に基づく手続きにおける保護者選任、行方不明者等の問題と非常に多岐にわたる。

家庭裁判所調査官の役割

- **家庭裁判所調査官**は、家庭裁判所で取り扱う家事事件や少年事件などについて調査を行うのが主な仕事である。
- ［家事事件］では、紛争当事者や紛争のさなかにいる子どもに面接をし、問題の原因や背景を調査し、必要に応じ社会福祉や医療などの関係機関との連携・調整を行い、当事者や子どもに最もよい解決法を検討して裁判官に報告する。
- 家事事件で悩み事を抱える当事者にはカウンセリングを行うこともある。
- ［少年事件］では、非行少年や保護者に事情を聴き、動機、原因、生育歴、性格、生活環境等を調査し、必要に応じ心理テストを実施し、少年鑑別所等の関係機関と連携しつつ、少年の更生への施策を検討して裁判官に報告する。
- 家庭裁判所調査官になるには、試験合格後、**2 年間の研修**が必要。

司法面接

- ［司法面接］とは、子どもに与える負担をできる限り少なくしながら、［虐待］を受けた子どもなどからの聞き取りを行う面接法である。
- 子どもからの聞き取りが、面接者の誘導によるものにならないよう細心の注意を払う。

- 子どもの関わった事件が虚偽の話ではなく、実際にあった出来事であるかどうか確認できる情報を得る。
- [事実確認] が目的なので、心理的ケアを行うことはない。
- まずは対象となる子どもとの [信頼関係] 構築を重視する。
- [開かれた質問]（「何かお話しして」、5W1H など）をうまく用いて話を聴く。
- 面接は 60 分程度で原則 [1] 回とし、[ビデオ録画] することで、子どもが何度も面接を受けなくてもすむようにする。

面会交流

- **面会交流**は、離婚後に子どもを養育・監護していない親によって行われる子どもとの面会および交流のこと。
- 子どもとの面会交流は、子どもの健全な成長を助けるものと考える。
- [監護権] とは、親権に含まれ、子どもとともに生活をして日常の世話や教育を行う権利のことをいう。
- 父母による話し合いで面会交流の方法が決まらない場合は、家庭裁判所に [調停手続] を申し立て、あくまでも子どもに負担をかけないことを最優先に、父母等の注意点について助言等が与えられる。
- 調停が不成立になった場合は、[審判手続] が開始され、裁判官が一切の事情を考慮して、面会交流の方法について審判をすることになる。

一問 一答

❶ 家事事件では家庭裁判所の裁判官が必ず審判を下すことになる。
❷ 幼児又は児童への司法面接では、本題に入る前に、練習として本題と関係のない話題についてのエピソードを話させる。 第1回追試 問98
❸ 司法面接では、面接は 60 分程度で原則 1 回とする。
❹ 面会交流は、親と面会することを子どもの権利と考えて尊重する立場に立っている。

(解説)
❶ ✕ 家事事件では家庭裁判所の裁判官による審判の他に、調停委員会による調停も行われる。
❷ ○ 「今日ここに来るまでにあったことを話してください」などエピソード記憶の練習を行う。
❸ ○ 加えて、ビデオ録画することで、子どもが何度も面接を受けなくてもすむようにする。
❹ ○ これはハーグ条約に基づく子どもの権利を尊重する理念に基づく。

72 刑事事件の制度と支援

医療観察制度

- **医療観察制度**は 2003（平成 15）年に成立した［心神喪失者等医療観察法］に基づく。
- **心神喪失者等医療観察法**は、心神喪失または心神耗弱の状態で、重大な他害行為を行った人に、適切な医療を提供し、社会復帰を促進する目的である。
- ［**心神喪失**］とは、精神障害などのため、**善悪を判断して行動することが全くできない状態**を指し、［刑法第 39 条］では**心神喪失者の不法行為は「罰しない」**とされている。
- ［**心神耗弱**］とは、**善悪の判断**が著しく低下している状態を指し、［刑法第 39 条］では心神耗弱者の行為は「**刑を軽くする**」と規定される。
- **重大な他害行為**とは、**殺人、放火、強盗、強制性交等、強制わいせつ、傷害**の 6 つをいう。

● 医療観察制度の仕組み

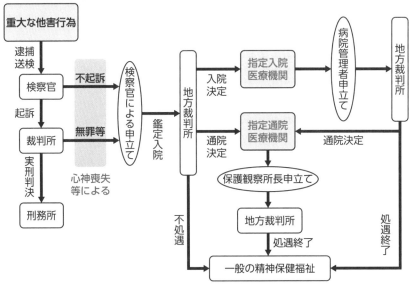

出典:厚生労働省ホームページより著者一部改変

社会内処遇の制度

- [施設内処遇] とは、少年院や刑務所内の矯正的処遇のことである。[施設外処遇] とは、社会の中で処遇を行うもので、以下の**保護観察制度**をはじめとして、地域社会の協力を得ながら出所者の社会的自立を促すための処遇をいう。
- [保護観察制度] とは、犯罪をした人または非行のある少年が、社会の中で**更生**するように、[保護観察官]（実施計画の策定や保護司への助言等、専門的処遇プログラムの実施）及び [保護司]（対象者やその家族との日常的な関わり、地域活動や就労先に関する情報提供や同行等）による指導と支援を行うものをいう。
- 1 年に保護観察を受けるのは 85,000 人。

● 社会内処遇の様々な施設

更生保護施設	主に保護観察所から委託を受け、住居がないとか、頼るべき人がいないなどの理由で、直ちに自立することが難しい保護観察または更生緊急保護の対象者を宿泊させ、食事の供与、就職援助、生活指導等を行う
地域生活定着支援センター	2009（平成 21）年度より整備され、高齢または障害により支援を必要とする矯正施設退所者に対して、矯正施設や保護観察所と協働し、退所後直ちに福祉サービス等につなげるための施設である
自立援助ホーム	**児童福祉法**第 6 条 3、第 33 条 6 が法的根拠となっており、なんらかの理由で家庭にいられなくなって働かざるを得なくなった、原則として [15] 歳から [20] 歳までの青少年たちに暮らしの場を与える施設である
自立更生促進センター	「親族や民間の**更生保護施設**では円滑な社会復帰のために必要な環境を整えることができない刑務所出所者等を対象として、国が設置した一時的な宿泊場所（保護観察所に併設）を提供するとともに、**保護観察官**が直接、濃密な指導監督と手厚い就労支援」を行う施設（法務省ホームページ）

一問一答

❶ 被告人が心神耗弱であると裁判所が判断した場合、罪を軽減しなければならない。 第1回 問119

❷ 重大な他害行為とは、殺人、放火、強盗、強制性交等、強制わいせつ、傷害の 6 つをいう。

❸ 保護観察制度について、刑事施設からの仮釈放の許可は保護観察所長の決定による。 第1回 問56

解説

❶ ○ また、心神喪失者の不法行為は罰しない。

❷ ○ この 6 つの重大な他害行為はしっかりおさえておくこと。

❸ × 仮釈放の許可を行うのは地方更生保護委員会である（更生保護法第 40 条）。

73 司法領域の心理的支援

動機づけ面接

- **動機づけ面接**は矯正施設などで［義務］として参加させる支援プログラムである。
- 動機づけ面接法は、クライエントが「**変化を語り**」始め、実際に変わっていく対話を出発点とする。
- ［チェンジトーク］とは、クライエントが「**変わること**」について話すこと。
- 支援者は、開かれた質問、是認・確認、聞き返し、要約などを行う。

● 動機づけ面接法の定義のポイント

① ［クライエント中心主義］的で、その人の関心やものの見方に焦点を当てる
②意識的に変わる方向を支持する点では、Rogers, C.R. の技法と異なる
③技法というより、［コミュニケーションの方法］である
④心の中にある変化への動機を引き出すことに焦点を当てる
⑤変化を引き出す鍵として、その人個人のアンビバレンスを探索し、解決することに焦点を絞る

● チェンジトークの 4 分類

①現状維持の［不利益］	現在の状態や行動の、望ましくない点に対する認識
②変化の［利益］	変化が有利であると理解していることであり、変化を通じて手に入るものを強調する
③変化への［楽観的態度］	変わる能力に対する自信と希望、楽観的な気持ちを表す
④変化への［決意］	アンビバレンスの平衡状態が、変化の方向へ傾いたとき、人は変わることへの決意・希望・自発性・確実な決意を表現する

被害者の視点を取り入れた教育

- **被害者の視点を取り入れた教育**とは、[刑事施設]における特別改善指導のことをいう。指導の目標は、加害者が自らの犯罪と向き合い、罪の大きさや被害者・遺族等の心情を認識して誠意をもって対応し、再び罪を犯さない決意につなげることである。

● 被害者の視点を取り入れた教育の概要

対象者	被害者の命を奪い、またはその身体に重大な被害をもたらす犯罪を行い、被害者やその遺族等に対する謝罪や賠償等について特に考えさせる必要がある者
指導者	刑事施設の職員（法務教官、法務技官、刑務官）、民間協力者（被害者やその遺族等、被害者支援団体、被害者問題の研究者、警察や法曹関係者等）
指導方法	ゲストスピーカーによる講話、グループワーク、課題図書、役割交換書簡法など
実施頻度等	1 単元 50 分で 12 単元。標準実施期間は 3〜6 カ月

● カリキュラム

項目	方法
オリエンテーション	講義
命の尊さの認識	講話、視覚教材視聴、講義、課題読書指導
罪の重さの認識	課題作文、グループワーク
謝罪及び弁償についての責任の自覚	グループワーク、役割交換書簡法、講話
具体的な謝罪方法	グループワーク、課題作文
加害を繰り返さない決意	グループワーク、視聴覚教材の視聴、講義

一問一答

❶ 動機づけ面接法は、クライエントが「変化を語り」始め、実際に変わっていく対話を出発点とする。

❷ 動機づけ面接法のチェンジトークとは、クライエントが変わるよう論理的に説得していく。

❸ 被害者の視点を取り入れた教育では、グループワークや役割交換書簡法などの技法を用いたカリキュラムとなっている。

解説

❶ ○ 動機づけ面接はクライエント中心主義が根底にある。

❷ × チェンジトークはクライエント自身が変化していくことへの決意につながるよう心理的支援を行う。

❸ ○ これらの各種技法を用いて再犯防止の教育を行っている。

74 司法領域の精神障害

反抗挑戦性障害

- **反抗挑戦性障害**は、怒りっぽく、権威ある人物や大人と口論になり、挑発的な行動を持続させ、執拗に仕返しを繰り返す特徴がある。
- 通常は［就学前の子ども］にみられる。
- 米国精神医学会による『**DSM-5** 精神疾患の診断・統計マニュアル第 5 版』には以下のような診断基準がある。

● **DSM-5 における反抗挑発症（反抗挑戦性障害）の診断基準**

A. 以下のうち 4 つ以上が 6 カ月間、同胞以外の 1 人以上とのやりとりでみられる
＜怒りっぽく／易怒的気分＞ ①しばしばかんしゃく　②しばしば神経過敏、イライラ ③しばしば怒り、腹を立てる
＜口論好き／挑発的行動＞ ④しばしば権威ある人、大人 (子ども、青年) と口論 ⑤しばしば権威ある人の要求、または規則に従うことに積極的に反抗または拒否する ⑥しばしば故意に人をいらだたせる ⑦しばしば自分の失敗、または不作法を他人のせいにする
＜執念深さ＞ ⑧過去 6 カ月間に少なくとも 2 回、意地悪で執念深かったことがある
B. 苦痛と生活に否定的影響 C. 他の精神疾患で説明できない

素行障害

- **素行障害**は、反抗挑戦性障害の一部が移行し、いじめや脅迫行為、強姦、武器を使用した重大な身体的攻撃、動物に対する残虐行為、故意による建物などの放火や破壊、窃盗、虚偽などを引き起こす特徴がある。
- 小児期中期から青年期中期の［13］**歳未満**にみられる。
- DSM-5 では［素行症］、**ICD-10** では［行為障害］とされる。ICD-10 は WHO の精神および行動の障害の臨床記述と診断ガイドラインのこと。

● **DSM-5 における素行症（素行障害）の診断基準**

A. 主要な社会的規範または規則の侵害 　3つ以上が過去12カ月、1つ以上が過去6カ月
＜人および動物への攻撃性＞ ①しばしば他人をいじめる、脅迫、威嚇　②しばしば取っ組み合いの喧嘩 ③凶器使用　④人に対して残酷　⑤動物に対して残酷 ⑥被害者の目前で盗み　⑦性行為の強要
＜所有物の破壊＞ ⑧故意に放火　⑨故意に他人の所有物を破壊
＜虚偽性や窃盗＞ ⑩他人の住居、建造物、車に侵入 ⑪物や好意を得るため、義務逃れのため嘘をつく ⑫被害者の面前でなく、物を盗む
＜重大な規則違反＞ ⑬親が禁止しても夜間外出（13歳未満～） ⑭一晩中家を空ける（2回）、長期家出（1回） ⑮学校を怠けること（13歳未満～）
B. 苦痛と生活に否定的影響 C. 他の精神疾患で説明できない

反社会性パーソナリティ障害

・**反社会性パーソナリティ障害**は、以下のAの①～⑦に3つ以上あてはまり、B、C、Dを満たすと診断される

● **DSM-5 における反社会的パーソナリティ障害の診断基準**

A. 他人の権利の無視・侵害
①法を破り何度も逮捕される　②嘘をつく　③計画性のなさ　④喧嘩や暴力 ⑤安全を考えない無謀さ　⑥一貫した無責任　⑦良心の呵責の欠如
B. 18歳以上である　　C. 15歳以前に素行症がある
D. 他の疾患ではないこと

一問一答

❶ 反抗挑戦性障害は、就学前の子どもが権威ある人物に反抗する。
❷ 素行障害は、反社会性パーソナリティ障害と同時に診断が下されることがある。

解説
❶ ○ 反抗挑戦性障害は、素行症のように他者の権利を侵すほどの行動はとらないことに注意する。
❷ × 素行症は18歳以上では反社会性パーソナリティ障害の基準を満たさないことが診断基準である。

Q 問題

❶ 14歳未満の者でも少年院に送致されることがある。 第1回 問106

❷ 少年鑑別所が法務少年センターという名称を用いて行っている地域援助では、未成年やその保護者及び関係者のみが相談対象である。 第3回 問55改

❸ 分化的接触理論では、人は集団に対して物質的資源や社会的受容を求め、集団の中で一定の役割や存在感を得ようとするので犯罪を行うと説明する。

❹ 成人の刑事事件において、検察官は事件の調査に基づいて起訴か不起訴処分を下す。

❺ 犯罪被害者支援センターは、法務省が各都道府県に設置している。 第3回 問53改

❻ 家事事件における調停では、裁判官2名と調停委員3名による調停委員会が助言やあっせんを図る手続きがとられる。

❼ 面会交流における調停が不成立になった場合、審判手続きとなり、裁判官が面会交流の方法について審判をすることになる。

❽ 医療観察制度は2003 (平成15) 年に成立した心神喪失者等医療観察法に基づく。

❾ 少年の保護観察の対象者は保護観察少年と少年院仮退院者があり、後者の人数の方が多い。

❿ 自立援助ホームは、なんらかの理由で家庭にいられなくなり働かざるを得なくなった、原則として13歳から18歳までの青少年たちに暮らしの場を与える施設である。

⓫ 動機づけ面接では、開かれた質問、是認・確認、聞き返し、要約などを行う。

⓬ 被害者の視点を取り入れた教育の指導目標は、自らの犯罪と向き合い、内省を深めることであり、それが再犯防止に役立つ。

⓭ DSM-5における診断基準で反抗挑戦性障害は、8つの基準のうち4つ以上が過去1年間みられるとされる。

⓮ 反社会性パーソナリティ障害では、良心の呵責の欠如がしばしば重大犯罪につながる重要な特徴である。

A 解説

❶ ○ 2007（平成19）年の少年法改正で、14歳未満でも、おおむね12歳以上なら少年院に送ることができるようになった。

❷ × 法務少年センターでは、未成年だけでなく成人の相談も受け付けている。

❸ × これは非行下位文化（サブカルチャー）理論の説明である。

❹ ○ 起訴の場合は裁判所で裁判が行われ、懲役等の場合は刑務所に入所となる。

❺ × 犯罪被害者支援センターは、公益社団法人全国犯罪被害者支援ネットワークのもとに民間で設置された施設である。

❻ × 調停委員会は裁判官1名と調停委員2名によって構成される。

❼ ○ 裁判官は、一切の事情を考慮して、どのような面会交流の形が望ましいかを判断することになる。

❽ ○ この法律は、心神喪失または、心神耗弱の状態で、重大な他害行為を行った人に、適切な医療を提供し、社会復帰を促進することを目的とする。

❾ × 保護観察少年は約41,000人、少年院仮退院等は約8,000人と、保護観察少年の方がかなり多くなっている。

❿ × 自立援助ホームは、原則として15歳から20歳までの青少年を受け入れている。

⓫ ○ 基本的なカウンセリングの技法が用いられることになる。

⓬ × それに加え、再犯防止につなげるには、罪の大きさや被害者・遺族等の心情を認識して誠意をもって対応することが必要である。

⓭ × 過去1年間ではなく6カ月間とされている。

⓮ ○ 反社会性パーソナリティ障害の診断には、18歳以上である要件があるが、15歳以前に素行症があることも要件となっており、この年齢のギャップに留意すること。

75 過労死、ハラスメント

過労死 (karo-shi)

- 2002（平成 14）年の「過重労働による健康障害防止のための総合対策」では、長時間にわたる過重な労働は、疲労の蓄積をもたらす最も重要な要因と考えられ、さらには、脳や心臓疾患の発症との関連性が強いという医学的知見が得られた。
- 2005（平成 17）年の労働安全衛生法の改正により、長時間労働者への医師による面接指導が義務化された。また、2019（令和元）年の改正では、面接指導の要件が以下のように定められ、労働時間をタイムカードなどで [客観的] に把握し、[3] 年間保存することが義務づけられた。

● 労働者の面接指導要件

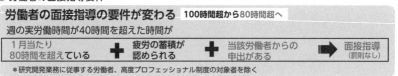

出典：東京労働局「改正労働安全衛生法のポイント」（一部改変）

- 2014（平成 26）年の [過労死等防止対策推進法] によって、過労死等とは「業務における過重な負荷による脳血管疾患若しくは心臓疾患を原因とする死亡若しくは業務における強い心理的負荷による精神障害を原因とする自殺による死亡又はこれらの脳血管疾患若しくは心臓疾患若しくは精神障害をいう」と定義された。過労死は、1980 年代後半から社会的注目を集め、海外でも「karo-shi」として認知されている。

労災認定

- 過重労働とメンタルヘルス不調には因果関係が認められている（精神障害の労災認定の基準に関する専門委員会、2011・平成 23 年 11 月）。
- 近年、精神障害等に関連した労災請求件数が増加している。
- 2011（平成 23）年に [心理的負荷による精神障害の認定基準] が発表された。例：「発病直前の 1 カ月に約 160 時間を超える、あるいは同程度の時間外労働」や「退職の強要」「(ひどい) いやがらせ、いじめ、暴行」などは、心理的負荷 [強] とされ、精神障害との関連が強い。

- 脳・心臓疾患に関する**労災補償**の業種別（大分類）請求件数は「運輸業、郵便業」197件、「卸売業、小売業」150件、「建設業」130件の順で多く、支給決定件数は「運輸業、郵便業」68件、「卸売業、小売業」32件、「製造業」22件の順に多い（厚生労働省「令和元年度過労死等の労災保証状況」）。
- **精神障害に関する労災補償**の業種別（大分類）では、請求件数は「医療、福祉」426件、「製造業」352件、「卸売業、小売業」279件の順に多く、支給決定件数は「製造業」90件、「医療、福祉」78件、「卸売業、小売業」74件の順に多い（厚生労働省令和元年度同調査）

ハラスメント（パワハラ・セクハラ・マタハラ）

- 各ハラスメントは、労災申請等の際に、その内容や頻度、対応の有無などにより業務上外の判断が行われる。

パワーハラスメント	・職務上の地位や人間関係等の職場内の優位性を背景に、業務の適正な範囲を超えて、精神的・身体的苦痛を与える、または職場環境を悪化させる行為（職場のいじめ・嫌がらせ問題に関する円卓会議、2012・平成24年） ・2019（令和元）年5月に労働施策総合推進法により、職場でのパワハラ防止対策が[義務化]された
セクシュアルハラスメント	・労働者の意に反する性的な言動が行われ、それを拒否したことで解雇、降格、減給などの不利益を受けること（対価型セクシュアルハラスメント）や、性的な言動が行われることで職場の環境が不快なものとなったため、労働者の能力の発揮に大きな悪影響が生じること（環境型セクシュアルハラスメント）をさす ・[男女雇用機会均等法]（2007・平成19年）によって防止措置が義務化された
マタニティハラスメント	女性労働者の婚姻、妊娠、出産を理由に不利益な取り扱いをすることとされ[男女雇用機会均等法]（2016・平成28年改）にて、防止措置が義務化された

一問一答

❶ 過労死等とは過度な労働負担が誘因となり、高血圧や動脈硬化などの基礎疾患が悪化し、脳血管疾患や急性心不全などを発症し死に至った状態をさす。

❷ 平成26年度以降、過労死等の労災補償状況のうち、脳・心臓疾患に関する事案で支給決定数の最も多かった業種は宿泊業・飲食サービス業である。
第1回追試 問23

解説
❶ × 死亡に至らない脳血管疾患や心臓疾患、精神障害もさす。
❷ × 運輸業・郵便業である。

キャリアとワーク・ライフ・バランス

キャリア

- **キャリア**（career）という言葉は、①職業上の地位の上昇（公務員のキャリア組など）、②人が経験した仕事の系列（職務経歴など）、③職業に限らない生涯を通じた役割や生き方（ライフ・キャリア）など様々に用いられる。
- 40代は「中年の危機」と呼ばれ、壁にぶつかりやすく乗り越えるのは容易でない。そのため、今後の職階上の昇進可能性が非常に低いキャリア上の地位（キャリアプラトー）に陥る人も少なくはない。
- Super, D,E. は、ライフキャリア・レインボーの理論において、キャリア＝職業ではなく、キャリアを人生のある年齢や場面の様々な [役割の組み合わせ] と定義した。

キャリア・カウンセリング

- **キャリア・カウンセリング**は、どのように働くかという [職業選択] や [キャリアの形成] など具体的な目標達成を目指す側面が強い。特性因子理論や認知行動的アプローチ、アサーション、ソーシャルスキルトレーニングなど様々なアプローチを用いて、「現状把握」や「目標設定」「課題抽出」などの具体的な実践プロセスで、相談者の自己実現を図る。
- キャリアに関する理論等の代表的なものとして、Parsons, F. の [職業選択] や Holland, J.L. の六角形理論 [RIASEC] や [VPI 職業興味検査]、Super, D.E. の [キャリア発達段階]、Gelatt, H.B. の [意思決定論]、Schein, E.H. の [個人と組織の相互作用]、Savickas, M.L.[キャリア構築理論] などが挙げられる。

Schein のキャリア理論

- Schein, E.H. は、個人のキャリア形成は、組織と個人の相互作用の中で行われており、[外的] キャリア（経歴や実績など）と [内的] キャリア（個人の感じ方や興味など）の2つの軸からキャリアを捉えるとした。
- 人の生きる領域は、生物・社会学的サイクル、家族におけるサイクル、仕事・キャリアにおけるサイクルがあり、相互に影響を与えていると考えた。
- 組織や環境の影響によらない仕事への自己イメージを [キャリア・アンカー] と呼び、これを①専門的コンピテンス、②全般管理コンピテンス、③自律・独

立、④保障・安定、⑤起業家的創造性、⑥奉仕・社会献身、⑦純粋な挑戦、⑧生活様式の 8 つに分類した。

ワーク・ライフ・バランス

- [仕事と生活の調和（ワーク・ライフ・バランス）憲章] や [仕事と生活の調和推進のための行動指針] などに基づいた取り組みがなされている。
- 憲章が示す「仕事と生活の調和が実現した社会の姿」の具体的な 3 つの社会——①就労による**経済的自立**が可能な社会、②健康で豊かな生活のための**時間が確保**できる社会、③**多様な働き方・生き方**が選択できる社会——の実現に向けて、2020 年の [数値目標] が設定されている。
- 「育児・介護休業法」「男女雇用機会均等法」などにおいて、多様な働き方の実現を目指した法改正などが行われている。

働き方改革関連法（2018・平成 30 年 6 月成立）

- **働き方改革関連法**は、雇用対策法、労働基準法、労働時間等設定改善法、労働安全衛生法、じん肺法、パートタイム労働法（パート法）、労働契約法、労働者派遣法の労働法の改正を行う法律として、2018（平成 30）年に成立した。
- **時間外労働**の上限は月 [45] 時間・年 [360] 時間を原則とし、特別な事情の場合、年 [720] 時間・単月 [100] 時間未満（休日労働含む）、複数月の平均 [80] 時間（休日労働含む）を限度とし、1 年に [5] 日間の年次有給休暇の取得を企業に義務づけた。
- [フレックスタイム制] の見直し（清算期間を 1 カ月から [3] カ月に延長）や [インターバル制度] の促進、[高度プロフェッショナル制度] や雇用形態に関わらない公正な待遇の確保として、正規雇用者と非正規雇用者の間の給与などでの不合理な待遇差禁止や待遇に関する説明義務の強化などを企業に課した。

一問一答

❶ キャリア・カウンセリングでは職業的課題のみを扱う。
❷ 仕事と生活の調和推進のための行動指針では数値目標を設定し、政策への反映を図ることとしている。 第1回 問37

解説
❶ × ライフ・キャリアなど職業選択を含めた個人の生き方も支援する。
❷ ○ 18 指標について 2020 年の目標数値を設定している。

ストレスチェックと職場復帰支援

ストレスチェックの実施（労働安全衛生法）

- 事業者による労働者の**ストレスの程度の把握**、労働者自身の**ストレスへの気づき**、働きやすい**職場づくり**など、労働者のメンタルヘルス不調の未然防止（一次予防）を目的に 2015 年 12 月より［ストレスチェック］が義務化された。
- 常時［50］人以上の労働者を使用する事業場で年［1］回の実施が義務（50 人未満の場合は［努力義務］）。ただし、労働者の**受検義務はない**。
- ［職業性ストレス簡易調査票］（57 項目）の使用が推奨されている。本調査では①ストレス要因、②ストレス反応、③周囲のサポートが評価される。

ストレスチェックの実施体制

- ストレスチェックの実施に関する実施計画や評価方法、高ストレス者の基準などは［衛生委員会］で審議される。
- 実施者は、［医師］、［保健師］、一定の研修を受けた［歯科医師］、［看護師］、［精神保健福祉士］、［公認心理師］に限り、実施者は調査票の選定や結果の送付、高ストレス者や面接指導の必要性の判断などを行う。
- ［実施事務従事者］は、調査票の回収や面接指導の推奨などを行う。資格の要件はないが、労働者の解雇や昇進などの権限を持つ立場の者はなれない。
- 実施者や実施事務従事者は、未受検者に受検勧奨が可能。
- 個人結果は、**受検者の同意なく**事業者には通知することはできない。
- ストレス程度、高ストレス該当の有無、面接指導の必要性が結果として通知される。
- 労働者の面接指導の申出を理由に**不利益な取り扱いをすることは禁止**。
- ストレスチェックの結果報告書は、**所轄労働基準監督署長**に提出する。
- 医師による面接指導の記録は、［5］年間の保存義務がある。
- 事業者は、面接指導の結果を踏まえて、必要な場合には、作業の転換や労働時間の調整、その他適切な就業上の措置を講じなければならない。

職場復帰

- 「心の健康問題により休業した労働者の職場復帰支援の手引き」（厚生労働省）を参考に、5 つのステップにおいて組織や労働者の状況に応じた連携をとりな

がら職場復帰支援を行うことが望ましい。

- うつ病で休職した労働者のうち、40〜60％が再発・再休職を経験しており、休職期間は回を重ねるごとに長期化しがちであるため、単に症状の緩和ではなく、**就労に耐えうる状態を整えるサポート**をすることが重要である。

● 職場復帰支援の5つのステップ

第1ステップ 病気休業開始および休業中のケア	労働者が安心して療養に専念できるように休業中の連絡方法や手続き、休業可能期間や傷病手当等の制度など、各組織における復帰支援の体制を確認
第2ステップ 主治医による職場復帰可能の判断	症状が改善し、職場復帰を希望する際には、まず主治医からの復職診断書の提出が必要
第3ステップ 職場復帰の可否の判断および職場復帰支援プランの作成	復帰希望を受け、病状や業務遂行能力、職場への適応状況等を労働者、管理監督者、人事や産業医等で情報交換・連携し、リワーク利用等を含めた復帰支援プラン作成
第4ステップ 最終的な職場復帰の決定	最終的な復帰の判断は事業者が行う主治医と就業上の配慮についての連携をしていくことが望ましい

職場復帰

第5ステップ 職場復帰後のフォローアップ	復帰後に焦り等から無理をし再休職に至るケースは少なくない。管理監督者を中心に情報交換を行い、様子を見ながらフォローアップする

一問一答

❶ ストレスチェックを実施する際には、職業性ストレス簡易調査票を用いることが義務づけられている。

❷ 休業の開始時には、傷病手当金など経済的補償について説明する。 第1回 問130

❸ 職場復帰の可否については産業医の判断があれば、主治医の判断は不要である。 第1回 問130

解説

❶ × 義務ではなく推奨。設問の追加や、他の質問票を用いることも可能だが、同じ調査票を用いることで、他組織や他職種を参考に比較検討が可能。

❷ ○ 金銭的不安を抱える労働者も少なくない。開始時の説明が望ましい。

❸ × まずは主治医による復職可能の判断が必要である。

78 就労支援、リワーク

障害者への就労支援

- 就労支援は、[障害者総合支援法] に基づいて行われる。
- 仕事の能力を身につけるトレーニングの提供や就職のサポート等を [就労支援] と呼び（就職先の検索のサポートや面接練習、就職後のフォローなどを含む）、就労支援には [就労移行支援] と [就労継続支援] がある。

● 就労支援の種類

	就労移行支援	就労継続支援 A 型	就労継続支援 B 型
目的	・生産活動、職場体験等の機会の提供 ・知識や能力向上のための訓練や支援 ・適性に応じた職場の開拓 ・定着のための相談等	・就労の機会の提供 ・生産活動の機会の提供 ・知識や能力向上のための訓練や支援	
対象者	通常の事業所に雇用が [可能] と見込まれる者で、就労を希望する者	・通常の事業所での雇用が困難であり、[雇用契約] に基づく就労が [可能] である者 ・移行支援利用や特別支援学校を卒業し、雇用に結びつかなかった者 ・就労経験があり、雇用関係にない	・通常の事業所での雇用が困難であり、[雇用契約] に基づく就労が [困難] である者 ・就労経験があり、年齢や体力面で雇用が困難 ・上記に該当しない者で、[50] 歳に達している、または障害基礎年金 1 級受給者など
年齢制限	65 歳未満 （平成 30 年 4 月から、65 歳以上も条件により可能）		なし
利用期間	標準 2 年 （最大 1 年更新可能）	制限なし	制限なし
雇用契約	なし	あり	なし
賃金	原則なし	給料あり	工賃あり
平均月収		70,720 円 （平成 28 年度）	15,295 円 （平成 28 年度）

リワーク (return-to-work)

- **リワーク**は、うつ病などの精神疾患で休職している労働者がある程度まで回復した際に行われる**職場復帰**に向けた**リハビリテーション**プログラム。
- 就業を想定し決まった時間に機関へ通うことで通勤を想定した訓練を行う。
- 仕事を想定したオフィスワークや軽作業、グループワーク、軽い運動、マインドフルネスや自律訓練法や筋弛緩法などが行われる。また、復職後にうつ病を再発しないための心理教育、認知行動療法、SST やアサーションといった心理療法など、機関によって様々なプログラムが提供される。
- プログラムによって長い期間のものもあるが、3 カ月～半年程度の期間が平均的であり、中には復職後のフォローを行う機関もある。
- リワークを運営する団体によって、事前説明会の予約を要するなど、特色も異なるため、利用者に適した機関選びが重要である。

● リワークの種類

医療系リワーク	・[病院] やクリニックが運営。専門医がいる ・施設の利用は有料 (保険適応) ・[主治医] の変更が必要な場合もある
行政系リワーク	・[障害者職業センター] など行政が運営 ・施設の利用は [無料] ・失業中、国や地方公共団体等に勤務している場合に対象外となることがある
民間系リワーク	・民間企業や NPO 法人などが運営 ・費用、利用対象者などは運営団体によって異なる
職場系リワーク	・企業や EAP などが運営 ・費用は企業が負担する場合が多い ・所属従業員が利用可能 ・職場内での連携が取りやすいことも特徴である

一問一答

❶ 就労移行支援に利用期間の制限はない。
❷ 就労移行支援は無給である。
❸ 職場復帰に際して、リワークの利用は必須条件である。

解説

❶ ✕ 就労移行支援の利用期間は 2 年 (最大 1 年の更新可能)。
❷ ✕ 移行支援は原則無給であるが、実習などで工賃が支払われる場合がある。
❸ ✕ 選択肢の一つとして有効であるが、必須ではない。

79 ダイバーシティ

ダイバーシティ

- **ダイバーシティ**は [多様性] と訳され、属性として性別、年齢、国籍、人種や民族、出身地、性的指向や性自認などセクシュアリティ、介護、病気、子育て、障害、職歴、雇用形態、収入、親の職業、婚姻状況、趣味、価値観、パーソナリティ、宗教、外見、身体的能力など、様々挙げられる。
- [ダイバーシティ2.0 行動ガイドライン] や [性同一性障害特例法]、[育児・介護休業法]、職業安定法、雇用対策法等、関連した法や制度に基づいて対応が求められる。
- 多様性を促進・活用し、パフォーマンスを向上させる環境を創る組織的プロセスである [ダイバーシティ・マネジメント] に取り組む企業が増加。

● **ダイバーシティの取り組み例**

> 外国人労働者へ年1回の里帰り補助、女性管理職候補へのキャリアサポート、ITを活用したリモートワークの推進、手話講習などコミュニケーションフォローなど

性的マイノリティ(LGBT など)

- 性的マイノリティを代表する言葉として LGBT という言葉が用いられる。L は [レズビアン]、G は [ゲイ]、B は [バイセクシュアル]、T は [トランスジェンダー] の頭文字から成り立つ。
- LGB は恋愛や性愛などの方向性である [性的指向] が同性や両性の人をいい、T は生まれた際に割り当てられた性別と、自分自身の性別の認識である [性自認] や生活したい性別等の間に違和感を抱くなどの人のことをいう。
- L/G/B/T に含まれないパンセクシュアルやアセクシュアル、X ジェンダーなどもある。
- 日本では「性同一性障害」という疾患概念が知られているが、必ずしもトランスジェンダーとイコールではない。また、近年は性同一性障害ではなく、DSM-5 では Gender Dysphoria (性別違和)、ICD-11 では Gender Incongruence (性別不合)と名称が用いられ始めている。

- 2004（平成16）年に、[性同一性障害特例法] が施行。性同一性障害の人が「20歳以上、結婚していない、未成年の子どもがいない、生殖腺がないか生殖機能を欠く、変更したい性別の性器に近い外観を備えている」等の要件を満たせば、家庭裁判所の審判を経て戸籍上の性別を変更できることが定められた。

育児・介護休業法

- 育児や介護を行う労働者が、仕事と両立できるように配慮し、働き続けられるよう支援する制度として、1995（平成7）年に育児休業法が [育児・介護休業法] に改定された。
- 要介護状態にある家族を介護するための休業は、対象家族1人につき通算93日までが認められている。2017（平成29）年より、年間で [3] 回まで分割取得が認められるようになった。
- 同改正により、介護休業時の給付金の引き上げ（40％から67％）や、1日単位で年5日まで取得可能だった休暇が、半日単位で取得が可能になるなど、介護離職を防ぐ制度が整えられている。
- 育児休業については、有期社員の取得条件が「過去1年以上の勤務」「子供が1歳6カ月になるまでに雇用契約が切れないこと」へと緩和され、また、子供が1歳6カ月時点でも預け先が確保できない場合には、育児休業延長の追加申請により、子供が2歳になるまでの延長が認められるようになった。その他、男性の育児参加の促進などが目指されている。

一問一答

❶ 日本で戸籍上の性別が変更できる要件は年齢が18歳以上であることである。
第1回追試 問35
❷ 介護休暇の取得は1日単位である。
❸ 育児休業期間は最長2年である。
❹ LGBTはレズビアン、ゲイ、バイセクシュアル、トランスジェンダーの頭文字であり、性的指向に関する概念である。

解説
❶ ✕ 20歳以上である。
❷ ✕ 半日単位での取得が可能となった。
❸ ○ これまで1歳6カ月に達するまでであったが、2017（平成29）年より最長2歳まで延長可能となった。
❹ ✕ LGBは性的指向に関する概念だが、Tは出生時に割り当てられた性と性自認等に関する概念である。

80 安全文化・組織文化

安全文化

- 組織の構成員が安全の重要性を認識し、事故等の防止を含めた様々な対策を積極的に実行する姿勢や仕組みなどのあり方を [安全文化] という。
- Reason, J.T. は、①報告する文化、②正義の文化、③学習する文化、④柔軟な文化が重要であると指摘した。
- 組織における事故の多くは [ヒューマンエラー (人的ミス)] である。また、エラーには、実行すべき事項を怠った結果起こるミスの [オミッション・エラー] と、実行したが正しく遂行されず起きたミスの [コミッション・エラー] などがある。
- 事故 (インシデント) の予防には、事故等の危険性や有害性の特定、リスクの見積もり、優先度の検討や除去、低減する [リスクマネジメント] が重要。注意を払うべき対象に一連の動作を行うことでミス等の発生を下げる [指差呼称] や、事故には至らなくても場合によっては事故に直結したかもしれないエピソードの [ヒヤリハット] の確認など、KY (危険予知) 活動が求められる。
- 事故の発生分析には以下の考え方などが用いられる。

● 事故発生分析の考え方

ハインリッヒの法則	一つの重大事故の背景には 29 の軽微な事故があり、さらにその背景には 300 のインシデントが存在するという法則
スノーボールモデル	軽微なミスや勘違いが思わぬ方向に波及し、雪玉のように段々と危険が大きく膨れ上がってしまうという考え方
スイスチーズモデル	事故は単独で発生するのではなく複数の事象が連鎖して発生するという考え方
4M-5E マトリックスモデル	人的 (Man)、機械的 (Machine)、環境 (Media)、管理 (Management) の 4 つの視点 (4M) で要因を分析し、教育 (Education)、技術 (Engineering)、強化 (Enforcement)、模範 (Example)、環境 (Environment) の 5 つの視点 (5E) で対策を実施する考え方

VTA (Variation Tree Analysis)	ある事故につながる行為や判断を時系列で追い、事故の発生過程や事故要因を明らかにする手法
SHEL モデル	ヒューマンエラーは、中心のL (Liveware：当事者) と、周囲のS (Software：手順など)、H (Hardware：設備など)、E (Environment：環境)、L (Liveware：同僚など) が影響し合い発生するという考え方

組織風土・組織文化

- ［組織風土］は、労働者間で共通の認識とされるような他の組織とは区別される［独自の規則］や［価値観］などのことをさす。具体的には、顧客至上主義、成果を上げた分だけ社員に還元する、などのこと。
- 組織風土は、労働者の動機づけや考えなどに影響を及ぼすもので、影響を与える要素は、経営理念、人事制度、就業規則などが挙げられる。
- ［組織文化］とは、従業員間で共有されている信念や前提条件、ルールのことをさし、組織の構成員の仕事の仕方に直接的な影響を与える。具体的には、個人主義／チームワーク主義、成長志向／安定志向、年功序列、成果主義、トップダウン／ボトムアップ、褒めて育てる／厳しく叱るなど。
- 組織風土や組織文化は言葉の定義が異なるため、誤解を招かない注意が必要。
- ［組織風土］は、労働者の動機づけに関わるもので、外からの影響を受けにくく変化しにくい。一方、［組織文化］は、仕事のやり方に関わるもので、外からの影響を受けながら少しずつ形成され、変化していくものである。
- 組織に関する課題を解決する際には、解決したい課題が、組織風土に基づくのか、組織文化に基づくのかを検討する必要がある。

一問一答

❶ 組織における事故の多くはヒューマンエラーである。
❷ Aのスイッチを押すルールがあったが、周知されていなかったため押さなかったのはヒューマンエラーである。 第1回 問49
❸ B社においては、トップダウンの方針をとる「組織風土」がある。

解説
❶ ○ ヒューマンエラーを予防するための取り組みが重要となる。
❷ × 周知されていないことによるエラーである。
❸ × これは「組織文化」である。

81 産業・組織における心理

産業心理学

- 産業心理学は産業場面における労働環境や作業効率、組織内における人間関係などを幅広く扱う。
- Taylor, F.W. の［科学的管理法］や Mayo, E. の［ホーソン研究］が有名である。
- Mayo の研究では、照明条件や作業時間などの環境要因より［労働者間の人間関係］が作業士気を高め、生産性に影響を与えることが明らかになった。

動機・動機づけ

- ［動機］は行動の理由や目的をさす言葉として用いられ、［動機づけ］（モチベーション）は、目標や報酬によって、動機が刺激され、行動が引き起こされる過程をさす言葉として用いられる。
- 動機づけに関する理論は、内発的・外発的動機づけや、欲求説、過程説などがある。
- ［欲求説］は、人は何によって働くことが動機づけられるかという考え方である。Maslow, A. は、生理的欲求、安全欲求、所属と愛の欲求、承認欲求、自己実現欲求の順に5段階で構成される［欲求階層理論］を唱え、Alderfer, C. は、E（生存欲求）R（関係欲求）G（成長欲求）の三次元の欲求があるという［ERG 理論］を提唱した。
- Maslow の欲求階層理論は、高次の欲求が活性化されるには、低次の欲求が充足されていることが必要である一方で、Aldefer の ERG 理論では、高次の欲求と低次の欲求が同時に活性化される可能性を肯定している。
- ［過程説］は、人はどのように働くことが動機づけられるかという考え方である。Goodman, P. らの公平説、Luthans, F. の強化説などがある。
- Herzberg, F. は、人間の仕事における満足度は、「満足」に関わる要因（動機づけ要因）と「不満足」に関わる要因（衛生要因）は別のものであるとする、［二要因理論］を提唱した。

ポジティブ心理学

- **ポジティブ心理学**は、Seligman, M. が提唱した。ウェルビーイング（well-being）などの概念を含んでおり、治療的なことよりも人生をより充実したものにするために、個人や社会の長所や強みを研究する心理学の一分野である。
- Csikszentmihalyi, M. は、内発的に動機づけられ、完全に集中して対象に入り込んでいる精神的な状態を［**フロー**］と呼ぶ。フロー状態のときには高い集中力を発揮するといわれている。

レジリエンス

- **レジリエンス**（Resilience）は「**回復力**」、「**復元力**」あるいは「**弾力性**」「**しなやかな強さ**」などと訳される。
- 初期の研究では紛争地域やスラムに暮らす子どもを対象としたものが多く、近年は災害や人を苦境に陥れる困難な状況から「立ち直る力」として注目を集めている。レジリエンスの要素としては、自尊感情、感情のコントロール、楽観性、人間関係、自己効力感などが挙げられる。

ワーク・エンゲイジメント

- ［**ワーク・エンゲイジメント**］とは、仕事にやりがいを感じ、仕事に熱心に取り組むことができており、仕事から活力を得て生き生きしている状態をさす。
- 新職業性ストレス簡易調査票（80 項目）では、ワーク・エンゲイジメントや職場のハラスメントなどを測定することが可能である。

一問一答

❶ ホーソン研究では労働環境が生産性に影響を与えていることがわかった。
❷ Maslow, A の欲求階層理論は、4 段階で構成される。
❸ 動機づけ要因は満たされていれば満足につながる。　第1回追試 問56
❹ レジリエンスは「回復力」などと呼ばれ、困難な状況から立ち直る力として注目を集めている。

解説

❶ ✕　労働環境よりも、インフォーマルな人間関係が影響を与える。
❷ ✕　5 段階である。
❸ ✕　満たされると満足度が上がり、不足すると下がるわけではない。
❹ 〇　困難やストレスフルな状況においても、立ち直り、前に進もうとする力をレジリエンスという。

特性論

- 有能なリーダーが生まれながらにして、どのような特性を有しているかという考え方を**特性論**という。
- Stogdill, R.M. は優れたリーダーの特性として、「知能」、「素養」、「責任感」、「参加性」、「地位」、を見いだしている。
- Judge, T.A. と Bono, J.E. の研究では、リーダーシップとパーソナリティの Big Five (Goldberg, L.R.) の間には関連があるといわれている。
- House, R.J. の研究によると、カリスマ的リーダーは「支配欲」「自信」「影響力の要求」「自己価値への信念」があるとされる。

行動論

- リーダーシップは天性のものではなく、行動によって発揮されるものとする、観察可能な行動に焦点を当てた考え方を**行動論**という。
- 代表的な理論に、三隅二不二の [PM 理論] がある。PM 理論では、リーダーの行動パターンとして課題達成機能（P 機能）と集団維持機能（M 機能）の 2 つの機能を考えた。これらの機能の高低を大文字と小文字で表現した。
- PM（ラージ・ピー・エム）が最も課題達成を強調し、人間関係や雰囲気にも配慮をする効果的なスタイルとし、長期的に生産性を高めたい場合は pM が効果的であり、Pm は短期的な生産性の向上に効果的であるといわれる。
- Blake, R.R. らの [マネジリアル・グリッド理論] は、「業績に関する関心」と「人間に対する関心」の二次元で捉えている。
- PM 理論はメンバーがリーダーの行動を評価するのに対し、マネジリアル・グリッド理論ではリーダーが自らのスタイルを評価する。また、PM 理論は高低 2 水準で 4 つに類型化するのに対し、マネジリアル・グリッド理論では 4 つの類型に加えて、中間型が設定されている。
- Lewin, K. や LIppitt, R. らは、リーダーシップのスタイルを [専制型]・[民主型]・[放任型] の 3 つに分類した。

状況即応理論（コンティンジェンシー論）

- 絶対的なリーダーシップというものはなく、様々な状況要因によって［変化］するという考え方を、**状況即応理論（コンティンジェンシー理論）**という。
- フィードラー理論（Fiedler, F.）では、今まで一緒に働いた中で最も苦手な人を評価する［LPC（Least Preferred Co-worker）］評価の得点の高低で「対人関係型」や「課題志向型」に分類した。
- House, R. の［パス・ゴール］理論では、メンバーの欲求を理解し組織の目標と関連づけ、指示や指導を行うことでパス（道筋）を明らかにすることを目的とした。その他、ライフ・サイクル理論（Hersey, P. ら）などが挙げられる。

認知論

- リーダーのメンバーの認知や［評価］を重視したのが**認知論**である。
- リーダーは集団の目標実現に効果的な行動を選択する「目標設定理論」や、リーダーシップのおかげで業績が良好であると先入観を持ちやすい「暗黙のリーダーシップ」などが挙げられる。

コンセプト理論

- 条件適合理論をもとに、具体的な場面を想定して、環境や状況によって［適材適所］のリーダーシップを研究したのが**コンセプト理論**である。
- 組織を変革的に発展させるリーダー行動に焦点を当てた［変革型リーダーシップ］、ワンマンではなく部下に奉仕し、支援する役割を担う［サーバント・リーダーシップ］、高い倫理観や道徳観がリーダーには必要とされるという［オーセンティック・リーダーシップ］、飴と鞭で部下を管理・統括する［トランザクショナル・リーダーシップ］、ICT の知識や経験を持つ［E リーダーシップ］などが、注目を集めている。

一問一答

❶ LPC 評価では、これまでに最も働きやすかった人を評価する。
❷ オーセンティック・リーダーシップとは、自分の信条や価値を知り、その信条や価値のままに行動するリーダーのスタイルである。 第1回 問111

解説
❶ × 最も苦手な人を評価する。
❷ ○ オーセンティックとは「本物の」という意味で、道徳的な判断や公平な人間関係などが求められる。

83 組織における支援体制

安全配慮義務・自己保健義務・守秘義務

- 2008（平成 20）年 3 月施行の労働契約法で「事業者は労働契約に伴い、労働者がその**生命、身体等の安全を確保**しつつ労働することができるよう、**必要な配慮をする**ものとする」として [安全配慮義務] が明文化された。
- 労働者が安全と健康に対して主体的に取り組み、様々な義務を果たすことを [自己保健義務] という。
- 関係者には [守秘義務] を履行することが求められており、情報を共有する際には、原則的に（命の危険など例外あり）[労働者の同意を得る] ことが求められる。

THP（トータル・ヘルス・プロモーション）

- **THP（トータル・ヘルス・プロモーション）**は、厚生労働省が策定した「事業場における労働者の健康保持増進のための指針」に沿って実施される、すべての働く人を対象とした、総合的な「心とからだの健康づくり運動」のことをいう。

4 つのケア

- 事業者に求められるメンタルヘルスケアが適切に実施されるための指針を [労働者の心の健康の保持増進のための指針] という。
- **4 つのメンタルヘルスケア**が継続的かつ効果的に行われることが必要。

セルフケア	・労働者自身がストレスやメンタルヘルスへの理解を深め、ストレスへの対処を行うこと　・自発的相談
ラインケア	・管理監督者による部下への相談対応 ・職場環境の把握、改善 ・職場復帰支援
事業場内産業保健スタッフによるケア	・産業医、保健師、心理支援職（公認心理師、精神保健福祉士、臨床心理士など）など社内の専門家による相談対応や助言・指導など ・セルフケア、ラインケアが効果的に実施されるための支援や実施計画の立案など
事業場外資源によるケア	・外部の医療機関や外部 EAP などの専門家の活用 ・事業場外資源とのネットワークづくり ・各種サービスの提供

衛生委員会

- 労働災害の防止等は［労働安全衛生法］に基づき［衛生委員会］で審議する。
- 衛生委員会は常時［50］人以上の労働者の事業所に設置が義務づけられ、統括管理者1名（議長）、衛生管理者（資格者）1名以上、産業医1名以上、衛生経験者1名以上、労働組合の構成員などで構成される。

産業医・保健師・看護師・衛生管理者・衛生推進者

- 労働者数［50］人以上〜3,000人以下の事業場は**産業医**を1名選任、3,001人以上の事業場は産業医を2名以上選任しなくてはならない。常時［1,000］人以上の労働者を使用する事業場は［専任産業医］の選任が必要である。
- **保健師**や**看護師**は労働者数にかかわらず選任義務はない。
- **衛生管理者**は労働者が［50］人以上いる場合は選任しなければならない。**衛生推進者**は常時［10］人以上［50］人未満の労働者を使用する場合に選任が必要。

EAP（従業員支援プログラム）

- **EAP**（Employee Assistance Program）は1940年代の米国で［アルコール依存者］のケアから始まった。現代では人間関係、ストレス対処、家族問題、行動問題、経済的問題など労働者の多岐にわたる問題に対応する。
- 組織の生産性や労働者のパフォーマンスの向上に寄与する支援を提供する。
- 事業場内にある［内部EAP］と事業場外の［外部EAP］がある。
- EAPの機能には、①組織に対する職業性ストレスの評価・短期的カウンセリング、②労働者の心の健康問題の評価や適切な医療機関等へのリファー、③管理監督者や人事労務管理スタッフへのコンサルテーションなどがある。

一問一答

❶ 休職中の労働者との面接中に復帰の希望が話されたので、事業場内の公認心理師は労働者の同意を得た上で、公認心理師が産業医にこれまでの経緯を話し、必要な対応を協議した。 第1回 問77改
❷ 労働者は自己保健義務を負っている。 第3回 問27
❸ 安全配慮義務は労働契約法に明記されている。

解説
❶ ○ 労働者の相談内容を共有する場合には同意が必要。
❷ ○ 労働安全衛生法第26条に定められている。
❸ ○ 元々は実定法ではなく、裁判例の積み重ねによって認められていた。

第20章 産業・組織に関する心理学

Q 問題

❶ 年次有給休暇は、雇い入れの日から3か月間継続勤務した労働者に対して付与される。 第3回問108

❷ 労働者の心の健康の保持増進のための指針の職場における心の健康づくりについて、「セルフケア」「ラインによるケア」「事業場外資源によるケア」の3つが継続的かつ計画的に行われる。 第1回問29

❸ 産業分野では、うつに悩むクライエントから許可を得れば、クライエントの上司に対して業務量の調整を提案してよい。 第1回問47

❹ Mayo, E. のホーソン研究はワーク・モチベーション研究において人間関係論の基礎となった。 第1回問100

❺ リーダーシップはリーダーの中に存在するのではなく、リーダーとフォロワーの間で形成される過程である。 第1回問111

❻ 労働者の心の健康の保持増進のための指針において、労働者への教育研修及び情報提供の内容に、メンタルヘルスケアに関する事業場の方針は含まれている。 第1回問112改

❼ 労働者はストレスチェックの受検義務がある。 第1回問135

❽ ハインリッヒの法則とは、大きな事故の背後には、予兆となる小さな危険が多数存在していたことを示すモデルである。 第2回問29改

❾ 仕事と生活の調和憲章では、能力や成果に応じて報酬が配分されることによって、就労による経済的自立が可能な社会を目指す。 第1回問37

❿ 職場復帰後は、あらかじめ決めた職場復帰支援プランに沿うようにフォローアップする。 第1回問130

⓫ 男女雇用機会均等法によれば、セクシュアルハラスメントは、異性に対して行われるものであって、同性に対するものは含まない。 第3回問57

⓬ PM理論のM機能とは、部下への配慮やメンバー間の人間関係に関心が高いリーダーのスタイルである。 第1回問111

⓭ 事業者はストレスチェック実施者を兼ねることができる。 第2回問33

Ⓐ 解説

❶ ✕ 労働基準法では、雇入の日から6か月間継続勤務と全労働日の8割以上の出勤が必要である。

❷ ✕ 3つに加えて「事業場内産業保健スタッフによるケア」の4つである。

❸ ◯ クライエントの同意を得ることが重要である。

❹ ◯ 組織管理のあり方に、人間性を重視する視点を取り入れた研究である。

❺ ◯ リーダーとフォロワーの間での相互作用の中で形成される。

❻ ◯ それぞれの事業場ごとの方針を立てることが求められる。

❼ ✕ 事業者は実施義務があるが、労働者の受検義務はない。

❽ ◯ ある人物の起こした1件の大きな事故の背後には、同一人物による軽度、重度の同様の事故が29件発生しており、さらにその背後には、事故にならなかったが危なかった状況が300件あることを示した事故発生モデルのことをさす。

❾ ✕ 安定した仕事と生活の調和により経済的自立可能な社会を目指す。

❿ ✕ 復帰後の労働者の様子を見ながら適当なフォローアップが望ましい。

⓫ ✕ セクシュアルハラスメントは、同性に対するものも含まれる。

⓬ ◯ Pは課題達成機能、Mは人間関係の維持機能を示す。

⓭ ✕ 事業者や人事権を持つ者は、ストレスチェックの実施者になることができない。

84 解剖学・生理学、主要な症候

神経系：神経細胞の構造と機能

- 神経系は図のように神経細胞 (**ニューロン**) のネットワークと、中枢神経系 (脳・脊髄) では [神経膠細胞 (グリア)]、末梢神経系 (運動・感覚・自律神経) では**シュワン細胞**からなっている。前の神経細胞から送られた信号は**樹状突起**から細胞体に伝わり、[軸索] を通って次の神経細胞に伝わる。細胞中は電気的信号 (**活動電位**) で「**全か無かの法則**」(それまでは信号が出ず、ある閾値を超えると刺激の量にかかわらず一定の信号が出る) に従うが、神経終末まで来ると [シナプス] で化学的信号に変換される。
- シナプスにはシナプス間隙というわずかな空間があり、神経終末から化学物質 (神経伝達物質) が放出され、次の神経細胞体や樹状突起に到達すると、**受容体 (レセプター)** を介して信号が伝わる。
- 神経膠細胞は、**星状膠細胞 (アストロサイト)** と**希突起膠細胞 (オリゴデンドログリア)** と小膠細胞 (**ミクログリア**) からなる。星状膠細胞は [血液脳関門] (BBB) の主要な役割を果たしており、小膠細胞は免疫細胞である。
- 軸索の周囲は [髄鞘] (**ミエリン**) という脂質の絶縁体が形成されている (**有髄線維**)。中枢神経系では**希突起膠細胞**が、末梢神経系では**シュワン細胞**が髄鞘を作る。痛覚神経など髄鞘のない神経線維 (**無髄線維**) もあり、電導速度は有髄線維より遅い。

循環器系

- 心臓は、[左室]、[右室]、[左房]、[右房] に分かれる。心臓は [体循環] と [肺循環] を行っている**ポンプ**である。
  ①**体循環**：左心室 ⇒ [大動脈 (動脈血)] ⇒ 全身 ⇒ 大静脈 (静脈血) ⇒ 右心房
  ②**肺循環**：右心室 ⇒ [肺動脈 (静脈血)] ⇒ 肺 ⇒ [肺静脈 (動脈血)] ⇒ 左心房
- 動脈血は、肺で酸素を取り込んだ後の酸素濃度の高い血液であり、静脈血は、体で酸素を与えた後の酸素濃度の低い血液である。

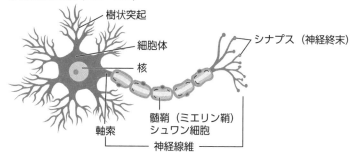

● 末梢神経細胞（ニューロン）

樹状突起

細胞体

核

シナプス（神経終末）

髄鞘（ミエリン鞘）
シュワン細胞

軸索

神経線維

内分泌代謝系

- ［視床下部－下垂体－副腎軸（HPA axis）］とは、**ストレス応答**として視床下部から副腎皮質刺激ホルモン放出ホルモン（CRH）が出て、下垂体からの副腎皮質刺激ホルモン（ACTH）を介し、副腎から［コルチゾール］を分泌させてストレスに対して反応するシステムのこと。
- 視床下部は、下垂体前葉には**下垂体門脈系**を介してホルモンで、下垂体後葉には**神経**を介して指令を出す。

☑ ここが重要

各臓器の構造（解剖学）と機能（生理学）を結びつけて理解しよう

人体は覚えなければいけない項目が多いように感じるかもしれないが、覚えると確実に得点できる。秋田大学のホームページ「人体のふしぎ」（http://www.akita-u.ac.jp/rikasuki/text/）などを参考にしよう。

● 内分泌代謝系

下垂体**前葉**	視床下部の指令を受けて、**成長ホルモン（GH）、甲状腺刺激ホルモン（TSH）、副腎皮質刺激ホルモン（ACTH）**を分泌し、ホルモン臓器の司令塔として働く
下垂体**後葉**	［オキシトシン］（子宮収縮、**良好な対人関係と関連**があるとされ、自閉症に対する点鼻薬の治験中）とバソプレシン（抗利尿作用）を分泌する
甲状腺	甲状腺ホルモンを産生し全身に分布。**細胞の代謝を促進**する
副腎	腎の上部に存在。髄質でアドレナリン、皮質でコルチゾール（グルココルチコイド）やアルドステロン（ミネラルコルチコイド）を分泌。アドレナリンは**交感神経**において重要な役割を担う。コルチゾールは**代謝や抗炎症に作用**し、アルドステロンは血圧の維持に関与する

呼吸器系

- 気道（鼻腔、咽頭、喉頭、気管、気管支）と肺で構成される。
- 肺の中で酸素を組織に取り込んで二酸化炭素を排出する**ガス交換**を行う構造は[肺胞]である。
- 肺で行う呼吸を**外呼吸**、細胞や組織で行う呼吸を**内呼吸**という。

筋骨格系

- 全身の骨格は、体幹と上肢、下肢からなり、可動性のない不動結合と、可動性のある**関節結合**で構成される。
- [骨格筋]とは、関節結合を動かす筋、[心筋]は心臓の壁を作る筋、[平滑筋]は内臓や血管の壁を作る筋であり、それぞれ区別される。
- 関節結合を取り囲む構造で、[腱]は**筋と骨**との間をつなぐもの、[靭帯]は**骨同士**をつなぐものである。

消化器系

- 消化器は**口腔**、**食道**、**胃**、**小腸**、**大腸**、**肛門**よりなる。肝臓と胆嚢は**胆管**で膵臓からの**膵管と合流**し、十二指腸乳頭で十二指腸と結合する。
- 口から食物を取り入れ、胃で溜め、十二指腸以下小腸で分解吸収する。膵液は**アミラーゼ**を出し**糖の消化吸収に**、胆汁は肝臓で作られて胆嚢で濃縮され**脂肪の吸収**に関わる。
- 大腸は、**水分の吸収**と[腸内細菌叢（腸内フローラ）]により、ビタミンなどの吸収、免疫システムに関与する。

血液・リンパ系

- 血液は、体重の12分の1で、血球（**赤血球**、**白血球**、**血小板**）と液体成分の血漿よりなる。[血清]は、血液凝固し遠心分離した後の上澄みであり、[血漿]は、抗凝固剤を入れて遠心分離した後の上澄みのことである。
- リンパ系は、リンパ管が胸管やリンパ本管を経由して静脈に注ぎ、その間にリンパ節が介在する。血液やリンパ液に浮遊する[リンパ球]が、**免疫システムの主たる司令塔**となっている。
- 骨髄で分化した**B**リンパ球は、[抗体]を産生する。縦隔にある**胸腺**で分化した**T**リンパ球は、細胞性免疫に関与する。

泌尿生殖器系

- 泌尿器系とは、腎臓、尿管、膀胱、尿道のこと。腎臓は、**糸球体**で血液を濾

過して尿を作るが（原尿）、その大部分は**尿細管**で再吸収される。最終的に
[1.5〜2] リットル程度の尿として尿管を通して膀胱に溜まる。

- 生殖器系は、男性は**精巣**、**精巣上体**、**輸精管**、**陰茎**があり、女性は**卵巣**、**卵管**、**子宮**、**膣**、**陰唇**がある。

主要な症候

- 症候には [症状]（自覚的に訴えるもの）と [徴候]（他覚的に他人が見てわかるもの）がある。

  めまい：メニエール病、起立性低血圧、脳梗塞、脳出血、脳腫瘍などで起こる。**パニック発作との鑑別**が必要となる。

  倦怠感：糖尿病、肝炎、慢性腎臓病、甲状腺機能低下症、貧血症、膠原病などで起こる。**うつ病との鑑別**が必要となる。

  呼吸困難：喘息、慢性気管支炎、肺炎、肺がん、左心不全などで起こる。パニック発作との鑑別が必要になる。

  動悸：虚血性心疾患、甲状腺機能亢進症、高血圧、不整脈などで起こる。パニック発作との鑑別が必要になる。

  嘔気・嘔吐：胃腸障害、脳腫瘍、メニエール病などで起こる。

  発熱：感染症、膠原病、熱中症、**抗精神病薬の副作用**などで起こる。

  腹痛：胃・十二指腸潰瘍、虫垂炎、腸閉塞、消化管感染症などで起こる。

  便秘：過敏性腸症候群、大腸がん、**向精神薬の副作用**などで起こる。

  下痢：消化管感染症、過敏性腸症候群などで起こる。

  下血：胃・十二指腸潰瘍、大腸憩室炎、大腸がん、痔瘻などで起こる。

  頭痛：偏頭痛、筋緊張性頭痛、脳腫瘍、くも膜下出血などで起こる。うつ病との鑑別が必要になる。

一問一答

❶ 肺静脈には酸素濃度が高くない血液が流れている。
❷ オキシトシンの錠剤は自閉スペクトラム症の治療に有効との説があり治験も行われている。
❸ リンパ球は胸腺を通過すると T リンパ球に分化する。
❹ HPA axis では副腎からアルドステロンが分泌される。

（解説）
❶ ✕　肺静脈は動脈血が流れているので酸素濃度は高い。
❷ ✕　錠剤でなく点鼻薬。
❸ ○　T リンパ球の T は胸腺 (thymus) のこと。
❹ ✕　アルドステロンではなくコルチゾールである。

85 心理的支援が必要な主な疾病

①がん、難病、遺伝性疾患

・がん、難病、遺伝性疾患として、下記のものが代表的である。

がん	複数の遺伝子異常が積み重なって細胞が**自律的に無限に増殖**する能力を獲得したもの。周辺の組織に**浸潤**し、遠くの臓器に**転移**する。タイプC行動パターンと関連するとされる	
遺伝性疾患	遺伝病は常染色体異常と性染色体異常とに分かれ、常染色体異常には**優性と劣性**がある	
	ハンチントン舞踏病 (常染色体優性)	中高年になってから発症。**舞踏様運動**、**認知症**を発症する
	フェニルケトン尿症 (常染色体劣性)	生後しばらくして発症。フェニルアラニンが代謝できず蓄積し精神発達遅滞に。乳児期より低フェニルアラニン食を摂取させる
	ダウン症	[常染色体21番] が**3本**になってしまう (トリソミー)。つり上がった目、特有の顔貌、知的障害、母親の高齢出産に伴い頻度が増加
難病	原因不明、経過が慢性で、治療法未確立であり後遺症を残す疾患である。多発性硬化症、潰瘍性大腸炎、クローン病、特発性心筋症、ベーチェット病などがある	
	後天性免疫不全症候群 (AIDS)	ヒト免疫不全ウイルス (HIV) が免疫細胞に感染しておこる免疫機能の障害。ロックバンド「クイーン」のフレディ・マーキュリーが発症した疾患として注目される

②脳血管疾患

- 脳血管疾患として、下記のものが代表的である。

脳梗塞	脳を栄養する動脈の硬化により血栓を生じたり、身体の他の部位の血栓（心房細動によるものが多い）が脳に飛んだりして（**塞栓**）、その先の脳組織が死ぬ（**壊死**）ことによって起こる病気
脳出血	脳を栄養する動脈が様々な原因（**動脈瘤**、高血圧、血管壁の異常など）により破れ、そこから出血し、血液が脳組織を圧迫・破壊することによって種々の症状をきたす病気
クモ膜下出血	脳表面のクモ膜下腔に出血して起こる病気で、殴られたような強い頭痛を主訴とする。通常は動脈瘤の破裂による
硬膜下血腫	外傷などで脳表面を包む硬膜の下に出血し、血の塊が脳を圧迫して起こる病気
脳卒中後遺症	脳梗塞、脳出血、クモ膜下出血を総称して**脳卒中**といい、その後遺症は脳の損傷した部位により症状が異なる
後遺症の例	（障害と反対側の）上肢・下肢・顔面の麻痺、**失語（通常左の脳動脈領域の障害）**、**同名半盲**（両眼の同じ側が見えなくなる）、感覚麻痺、閉じ込め症候群などがある

③循環器系疾患

- 循環器系疾患として、下記のものが代表的である。

虚血性心疾患	**タイプA行動パターン**の人は心臓疾患にかかりやすいとされる。タイプBの人は少ない	
	狭心症	一過性に心筋が虚血することによって胸部痛、不快感、肩の痛みなどを感じる疾患
	心筋梗塞	冠動脈が閉塞することにより、心筋細胞が壊死して心臓が正常に働かなくなって起きる疾患で、強烈な胸部の痛みを特徴とする
高血圧	血圧が[140/90]mmHg以上の場合とする。高血圧には、**本態性（原因不明）**と二次性（他の疾患が原因）がある	
心不全	なんらかの原因によって心臓の**ポンプ機能**がうまく働かない状態になっていること。急性と慢性がある	

④内分泌・代謝系疾患

- 内分泌・代謝系疾患として、下記のものが代表的である。

● 糖尿病の分類と合併症

1 型糖尿病	膵臓の**ランゲルハンス島**の［β細胞］の働きが障害されることにより、インスリンが分泌されなくなる。［若年］発症で［痩せ型］、遺伝因子と環境因子による自己免疫が原因とされる。治療に**インスリン注射が必要**
2 型糖尿病	［中高年］に発症。［肥満］でインスリンが体で効きにくい状態になり、血糖値が上がる。**食事療法、運動療法、経口糖尿病薬**を使用する。体質の遺伝要素が強い
糖尿病の三大合併症	［腎症］、［網膜症］、［神経障害］

- 糖尿病は血管性の合併症を全身に起こし、認知症のリスクも上げる。［HbA1c］の値が 6.5％以上では糖尿病を強く疑う。

● 甲状腺機能異常

甲状腺機能亢進症 （バセドウ病）	**若い女性**に多く発症。甲状腺ホルモンの分泌が過剰になることにより動悸、頻脈、体重減少、発汗、下痢、［眼球突出］、不安症状などを呈する。［パニック障害］との鑑別が必要
甲状腺機能低下症 （橋本病）	中高年女性に多く発症。甲状腺ホルモンの分泌が低下することにより浮腫、体重増加、［傾眠傾向］、うつ状態を呈する。**うつ病**との鑑別が必要

⑤その他の疾患

- その他にも、以下の疾患がある。

● 呼吸器系疾患

喘息	気管支の閉塞から起きるもので、I 型アレルギー反応であり心身症としての要素も強い
慢性閉塞性 肺疾患（COPD）	気道の慢性炎症で炭酸ガスが排出しにくくなる。慢性気管支炎、肺気腫など。**喫煙**と深い関連がある
肺炎	肺胞の炎症により酸素が取り入れられない状態。細菌、ウイルス、真菌が感染源。**肺炎球菌ワクチン**が 65 歳以上で推奨される

● 神経系疾患

筋萎縮性側索硬化症 (ALS)	脊髄前角の運動神経が選択的に変性消失することにより、手足の筋肉萎縮、呼吸筋麻痺で最終的に死に至る神経変性疾患。物理学者のスティーブン・ホーキング博士が発症した疾患として有名
ALS の4大陰性徴候	以下は基本**生じない**とされる。 ①感覚障害、②膀胱・直腸障害、③眼球運動障害、④褥瘡
パーキンソン病	**黒質**の神経細胞の脱落により手の震え（**振戦**）、動きのなさ（**無動**）、筋の動かしにくさ（**固縮**）を認める病気。ドーパミン神経の**変性脱落**がある

● 消化器系疾患

過敏性腸症候群 (IBS)	器質的異常がないのに下痢や便秘を繰り返す。機能性消化管異常のこと。ストレスとの関連が深い。有病率6〜14％。[下痢型]は男性、[便秘型]は女性に多い

● 筋骨格系疾患

進行性筋ジストロフィー	ジストロフィンタンパクの異常により、筋肉が変性し、壊れることにより筋萎縮と筋力低下が進行して歩行障害、呼吸不全、心不全となる。重症型として**デュシェンヌ型**が有名であり、性染色体劣性遺伝形式をとる
多発神経炎 (ギラン・バレー症候群)	左右対称に手袋型、靴下型のしびれが現れる。進行すると呼吸筋麻痺に至る。ビタミン B_{12} で治療する

一問一答

❶ 筋萎縮性側索硬化症（ALS）の患者の支援にあたって念頭におくべき症状として認知症がある。 第1回 問65改
❷ フェニルケトン尿症では低フェニルアラニン食が治療に使用される。
❸ 後天性免疫不全症候群（AIDS）は同性愛者にしか発症しない。
❹ 右利きの者が右中大脳動脈領域の脳梗塞を起こした場合に、通常は起こりえないものは失語症である。 第2回 問41改

解説
❶ ✕ 認知は末期まで侵されず呼吸筋障害が念頭におくべき問題である。
❷ ○ フェニルケトン尿症では、乳児期より低フェニルアラニン食を摂取させる。
❸ ✕ ウイルス感染なので同性愛者以外でも発症する。
❹ ○ 右利きの言語の優位半球は左で、右半球の障害では失語は起こらない。

86 加齢、移植医療、再生医療

加齢による精神機能の変化

- 知能は大きく2つに分けられ、加齢とともに変化がみられる。
- [結晶性] 知能：**言語性 IQ** などこれまでの過去の経験がもとになってできる知能。専門知識、生活習慣。**加齢とともに** [高まる]。
- [流動性] 知能：**動作性 IQ** など新しい場面への適応能力。計算、推論、暗記、抽象思考。**加齢とともにピークを迎えた後**、[衰える]。

● 物忘れと認知症の違い

生理的物忘れ	認知症
一部の体験を忘れる	体験全体を忘れる
自覚が**ある (再認できる)**	[自覚がない]
進行しない	進行性で悪化する
見当識は**正常**	[見当識に障害]
行動上の問題はない	[行動・心理症状 (BPSD)]
生活に支障はない	生活に支障はある

加齢による身体の変化

- **老化**とは、加齢により身体の恒常性が変化し、崩壊する一連の過程である。生理的老化と病的老化がある。

＜生理的老化＞

- **身体機能**が緩やかに低下していく。個人差がある。
- 大脳では、神経細胞、樹状突起、シナプスなどの数や脳重量が減少する。脳血管の老化による**ラクナ梗塞** (動脈硬化による小動脈の梗塞) から神経機能障害が起きる。睡眠では**早朝覚醒**、**途中覚醒**が目立つようになり、サーカディアンリズムが前進する。
- ほかにも、筋力低下、**睡眠障害**、心機能低下、骨髄の脂肪化、皮膚の弾性の低下が生じる。女性には [閉経] が多く、男性は [前立腺肥大] が多くなる。

＜病的老化＞

- 遺伝子異常による早老症に、**プロジェリア**、**ウェルナー症候群**などがある。

加齢による心理の変化

• 心理の変化として、以下の3つの要因がある。

①［身体的］要因	活動空間が狭まる
②［社会的］要因	**社会的役割喪失、孤立、自尊感情の低下**
③［感覚機能的］要因	難聴、視力低下、コミュニケーションや**価値観のズレ**

移植医療

• **移植医療**とは、病気や事故によって失われた臓器を他の人から移植して、その機能を回復するための医療のこと。**臓器**（腎臓、肝臓、心臓など）と**組織**（角膜、皮膚、内耳）の移植がある。

• 心理職として求められることは、［レシピエント］（提供される方）や［ドナー］（提供する方）、その家族に対する心理的支援（移植に至るまでの意思決定の支援や、手術の不安、術後生活の心配に対するケアなど）である。

• ［改正臓器移植法］（2010・平成22年施行）により、本人の意思でなく**家族の同意**によっても移植可能となった。

再生医療

• 先天的あるいは後天的に欠損損傷した組織や臓器を、**体外で培養**した細胞や組織を用いて修復、機能を再生させることを**再生医療**という。

• ［幹細胞］は、どのような細胞・組織にも分化できる能力を保持している細胞であり、**ES細胞**（胚細胞由来）と**iPS細胞**（体細胞由来）がある。

• 医療機関に対する規制を目的とした厳密な［再生医療等安全性確保法］（2014〈平成26〉年施行）が制定された。ヒトでは特に慎重な対応が必要。

• **遺伝子編集**技術である［CRISPR-CAS9］によって、簡単に目的遺伝子の改変操作が可能になった。**倫理的問題**はさらに広がり、臓器など体細胞への利用はできても、様々な臓器になれる未分化な幹細胞には利用不可である。

一問一答

❶ 生理的物忘れでも見当識に障害が出る。

❷ 結晶性知能と流動性知能はウェクスラー知能検査である程度測定できる。

解説

❶ ✕ 見当識に障害があれば認知症を疑う。

❷ ○ ウェクスラー検査では言語性IQと動作性IQを分けて測定できる。

245

87 緩和・終末期ケア、精神腫瘍学、脳波検査

緩和ケア

- **緩和ケア**とは、生命に危険のある疾患からくる問題に直面している患者とその家族に対し、早期より痛み、身体的・**心理社会的**問題、**スピリチュアル**な問題に関してきちんと評価し、予防、対処して、[生活の質（QOL）]**を改善**すること。
- スピリチュアルな問題は、[スピリチュアルペイン]ともいう。人生の意味や目的が喪失すると感じることへの苦悩、孤独感など。自己の存在と意義の消滅からくる痛みの感覚である。

終末期ケア（ターミナルケア）

- **終末期ケア（ターミナルケア）**は、人生の最終段階における医療のこと。死に至る病で余命を宣告された人が、人生の残り時間をいかにして過ごし、死を受容するかという問題に対し、医学的・心理学的援助を行う。病気の治療よりも痛みや不快感の緩和、精神的な安定や QOL を優先する。
- 医療従事者からの適切な情報提供と説明を受けて、患者が医療者と話し合いを行い、意思決定することを「Shared Decision Making（SDM）」という。
- グリーフ（悲嘆）は、死別に伴う家族の心理的反応のこと。喪失感と現実に対応しようとする思いとの間で揺れ動く、不安定な感覚・感情のこと。
  ① 予期悲嘆：人生の最終段階から家族は悲嘆を感じ続ける
  ② **正常の悲嘆**：6 カ月以内に心理的に安定
  ③ 複雑性悲嘆：強度が持続し、**6 カ月以上**長引く悲嘆
- **グリーフワーク**（モーニングワーク：喪の仕事）とは、対象の喪失に対して一定の手順を経る手続きで再生の道をたどる心理的過程のことである。
- グリーフケアは、グリーフワークに対する心理的援助のことをいう。

精神腫瘍学（サイコオンコロジー）

- **サイコオンコロジー**とは、[心理学]と[腫瘍学]を組み合わせた学問。悪性腫瘍が生じた個人に対して、身体的アプローチだけでなく心理社会的アプローチも考えていく学問分野である。**がん医療**に対して「こころ」を専門とする活動のこと。

- 疾病や治療に関する適切な情報提供、孤立を防ぐ情緒的支援、治療継続の支障となる**不眠**、**抑うつ**など精神症状に対して**精神医療を含む**医学的支援および心理的支援の実践。
- 2017（平成29）年では**97万7千人**が新たにがんと診断され、年間**37万6千人**（2019年）ががんで亡くなる。

脳波検査

- 脳波は周波数と波形により以下のように分類される。
  - ①α波：安静時閉眼で後頭葉優位に出現。[8～13Hz]。
  - ②β波：[緊張状態]の時出現。14Hz以上の速波。
  - ③δ波_{デルタ}：深い眠りや乳幼児で出現する徐波。[1～4Hz]。
  - ④θ波_{シータ}：4～8Hzでδ波と共に出現。
  - ⑤棘波_{きょくは}、鋭波、棘徐波複合：[てんかん]のときに出現。

ここが重要

がんと肉腫の違い

　広義には悪性腫瘍全体を「がん」と呼んでいるが、より専門的には上皮組織（石垣状に細胞が並んだ組織で皮膚とか粘膜など）から発生した悪性腫瘍を［癌（がん）］と呼び、それ以外の組織（筋肉とか軟部組織など）から発生したものは［肉腫］と呼ぶ。よって骨肉腫というが骨癌とはいわないことに注意。

一問一答

❶ 複雑性悲嘆でも6カ月以内に正常化する。
❷ スピリチュアルペインでは鎮痛剤を使用する。
❸ 成人の脳波ではα波は前頭部に優位である。 第1回 問10改

解説

❶ ✕ 6カ月以内に正常化するのは正常の悲嘆。
❷ ✕ 痛みとは違う心理社会的なものなので鎮痛剤は使用しない。
❸ ✕ 成人の脳波ではα波は閉眼時後頭部に優位になる。β波は緊張時やレム睡眠時に増加、δ波やθ波は睡眠時や認知症で増加する。

Q 問題

① 視床下部－下垂体－副腎軸ではストレスに対する応答として血糖値が上昇する。

② 筋肉は骨格筋と平滑筋の2種類に分類される。

③ バセドウ病では徐脈となる。 第3回 問30改

④ 過敏性腸症候群では内臓痛覚閾値の低下が認められる。 第3回 問19改

⑤ 橋本病では傾眠傾向となる。 第3回 問30改

⑥ 流動性知能は加齢とともに高まる。

⑦ 糖尿病は、1型から2型に移行することが多い。 第3回 問29改

⑧ ウィスコンシン・カード・ソーティング・テストでは視空間認知を測定する。

⑨ ES細胞やiPS細胞から胎児をつくることは倫理的に問題がある。

⑩ 2型糖尿病では肥満や運動不足によってインスリンの効果が低くなる。 第1回 問133

⑪ ストレス反応では甲状腺ホルモンは代謝を促進する。 第1回追試 問100改

⑫ パーキンソン病は脳の黒質・線条体のノルアドレナリン合成の低下によって起こる。

⑬ Creutzfeldt-Jakob病で沈着する異常タンパク質をプリン体という。

⑭ 筋萎縮性側索硬化症（ALS）では知覚ニューロンが障害される。

⑮ グルタミン酸は抑制性神経における神経伝達物質である。 第2回 問12改

A 解説

❶ ○ 副腎から分泌されたコルチゾールは肝臓の糖新生を促して血糖値を上げる。

生体がストレスを受けると…

❷ × 筋肉は骨格筋、心筋、平滑筋の 3 種類に分類される。

❸ × バセドウ病では頻脈となる。

❹ ○ 過敏性腸症候群は機能性消化管運動異常で器質的原因は発見されない。ストレスと関連が深い。消化管に対する内臓知覚が過敏になっている。

❺ ○ 橋本病では代謝低下により傾眠傾向となる。

❻ × 流動性知能は計算、推論、暗記、抽象思考などの動作性 IQ のことで加齢とともにピークを迎えたあと衰える。

❼ × 1 型糖尿病と 2 型糖尿病は別の疾患であり、原則移行はない。ただし、まれに 2 型から 1 型に移行することはある。

❽ × ウィスコンシン・カード・ソーティング・テストでは前頭葉の実行機能を測定する。視空間認知は時計描画テストなどで測る。

❾ ○ 許容されるのは細胞、組織や臓器レベルでの改変。

❿ ○ 2 型糖尿病では肥満や運動不足によってインスリンの体での効きが悪い状態になっており、糖尿病を発症する。

⓫ ○ 甲状腺ホルモンは代謝を促進する働きがあり、過剰になると動悸、発汗、体重減少を起こす。

⓬ × ノルアドレナリンではなくてドーパミンである。

⓭ × プリン体ではなくプリオンである。

⓮ × 知覚ニューロンでなく運動ニューロンである。

⓯ × グルタミン酸は興奮性神経、GABA は抑制性神経における神経伝達物資である。

88 DSM-5、ICD-10 と主な症状

DSM-5

- **DSM-5（5 はアラビア数字）** は、米国精神医学会による『DSM-5 精神疾患の診断・統計マニュアル 第 5 版』。1994 年から使われていた **DSM-IV**（IV はローマ数字）が 2000 年に改訂版 DSM-IV-TR となった後、2013 年に発表され、日本語版は 2014 年に刊行された。

● DSM-IV から 5 への大きな変更点

> - ［スペクトラム分類］の採用
>   （自閉性障害、アスペルガー障害を［自閉スペクトラム症］としてまとめた）
> - ［多軸診断］を廃止
> - **ディメンション診断**の採用（今までのカテゴリー診断に加え患者が経験している症状と重症度をもとに総合的に評価）
> - 気分障害から、うつ病性障害と双極性障害とを分けた
> - 自閉性障害、アスペルガー障害、ADHD などを「神経発達症群」としてまとめた
> - 外傷後ストレス障害を反応性愛着障害や適応障害も含めた広い概念にまとめた

● DSM-IV での多軸診断

Axis I	主診断
Axis II	パーソナリティ障害
Axis III	身体疾患
Axis IV	心理社会的ストレス
Axis V	機能の全体的評価（GAF）

● DSM-5 でのディメンション診断の例

統合失調症	妄想、幻覚、まとまりのない発語、異常な精神運動行動、陰性症状について重症度を 5 段階で評価
うつ病性障害	抑うつ障害群の「**特定用語**」の使用。不安性の苦痛、混合性の特徴、メランコリアの特徴、非定型の特徴など

ICD-10

- **ICD-10** は、WHO による「**国際疾病分類第 10 版**」。11 版（**ICD-11**）は 2018 年 6 月に WHO から発行された。日本語版は作成中であるが、第 6 章「精神、行動又は神経発達の障害」については訳が公表されている。2022 年には ICD-11 が発効され、各国で順次移行する予定。
- 第 5 章「精神および行動の障害」は［F0］から［F9］まで。
- 自立支援医療や年金診断書、精神障害者保健福祉手帳の申請診断書には、診断名のところに、**F0（器質性精神障害）**、**F1（薬剤性精神障害）**、**F2（統合失調**

症)、F3（気分障害）か G40（てんかん）と記載することが条件。それ以外の診断名では「重度かつ継続的な医療を要する理由」の但し書きが必要。

● 主な症状と状態像

抑うつ	気分が落ち込んで活動性が減少する状態
不安	何かよくないことが起きるのではないかという感覚
恐怖	特定の対象に対して抱く恐れの気持ち
幻覚	対象のない知覚：幻聴、幻視、幻臭、幻味など
妄想	根拠のない誤った信念や確信で訂正不能なもの
妄想知覚	知覚刺激に対する非合理的で妄想的な解釈
快楽消失 （アンヘドニア）	生きていく上での興味と喜びの喪失
気分高揚	多幸的、躁状態
連合弛緩	会話の論理的つながりが曖昧で理解し難いものになっている状態
迫害妄想	自分が迫害されていると確信する
妄想気分	周囲のすべてがなんとなく不気味で、何か不穏な状態に感じられる
世界没落体験	世界が滅亡していくと感じられる体験。統合失調症でみられる
カプグラ症候群	身近な人がそっくりの"替え玉"であると思う妄想を呈すること。統合失調症や Lewy 小体型認知症にみられることが多い

ここが重要

DSM-5 と ICD-10

DSM-5 と IV、ICD-10 では別のカテゴリーに入れられている精神疾患も多い。医療機関では ICD-10 と DSM-IV が現在も使用されている。精神疾患は、現状では精神症状の組み合わせで診断するしかない（これを操作的診断基準という）ことを理解しよう。

一問一答

❶ DSM-5 ではディメンション診断と多軸診断を採用している。
❷ DSM-5 では自閉スペクトラム症と ADHD が同じ神経発達症群のカテゴリーに分類された。
❸ 幻覚には幻聴、幻視はあるが幻臭はない。

解説
❶ ✕ ディメンション診断は採用されたが多軸診断は廃止された。
❷ ○ DSM-5 では、スペクトラム分類が採用された。
❸ ✕ 幻臭もある。

認知症、薬物依存など (F0、F1)

※ F コードは ICD-10 による。以下同じ。

認知症

- 認知症の分類には以下のものがある。

● 認知症の分類

アルツハイマー (Alzheimer) 型認知症 (およそ 30％。血管性認知症との混合でおよそ半分を占める)	脳の病的萎縮が特徴の病気で、原因不明。[海馬] の形態学的な萎縮が早期より起こる。後期には前頭葉、側頭葉全体が萎縮。血流低下 (頭頂側頭連合部、楔前部、後部帯状回) がみられる。病理組織学:[老人斑 (βアミロイド)]、[神経原線維変化 (リン酸化タウタンパク)] が脳に沈着。失見当識、遅延再生が早期から障害される
血管性認知症 (およそ 20％)	脳の血管障害 (脳卒中や脳梗塞) が原因で起こる認知症で、比較的急激に発症。まだら状に症状が現れ、階段状に進行していく (まだら認知症)。多発梗塞性認知症、戦略的重要部位脳梗塞、皮質下血管性認知症 (ラクナ梗塞による) などがある。歩行障害や尿失禁が出現しやすい
レビー(Lewy) 小体型認知症 (およそ 20％)	[レビー小体 (αシニュークレイン)] が大脳表面に出現して起こる病気で、はっきりとした [幻視] が出現し、[パーキンソン症状] を合併して、1 日のうちで症状が変動する。随伴症状として、① [レム睡眠行動障害]、② [抗精神病薬に過敏]、バイオマーカーとして③ PET で基底核でのドーパミントランスポータの減少、④ MIBG 心筋シンチグラフィの取り込み低下がある。さらに転倒と失神、自律神経障害、意識障害、うつ、妄想などを認める
前頭側頭型認知症 (およそ 5％)	ピック (Pick) 病が代表。脳の前頭葉と側頭葉が限局して萎縮するタイプの認知症。物忘れよりも、人格変化、抑制の欠如が主体。常同行動が多くそれを邪魔されると興奮。うつ、不安、自殺念慮、執着観念、進行性の発語の減少、常同言語などが出現する。空間認知と習慣は保たれる

プリオン病 (5%未満)	脳内に感染性の異常タンパク質（プリオン）が蓄積し脳がスポンジ状に変性。**クロイツフェルト・ヤコブ（Creutzfeldt-Jakob）病**、クールー、狂牛病などがある
特発性正常圧水頭症 (5%程度？)	**歩行障害、認知障害、排尿障害（尿失禁など）**の3つが主症状。原因不明で脳室の拡大著明だが脳脊髄液圧は正常。治療で完全に[回復可能]な唯一の認知症でシャント手術を行う

 ここが重要

認知症の BPSD をおさえておきたい

　認知症の行動・心理症状（BPSD）には、行動症状として、**徘徊、攻撃性、不穏、焦燥、不適切な行動、多動、性的逸脱**が、心理症状として、**妄想、幻覚、抑うつ、不眠、不安、誤認、無気力、情緒不安定**などがある。

せん妄

- **せん妄**は認知症に似ているが、原因があって急激に発症する意識障害の一種であり、症状が**日内変動**し、基本的に回復可能な状態である。
- せん妄の原因は、アルコール、薬物（薬物中毒）、[感染症]、特に[肺炎]と[尿路感染症]。他に脱水状態および代謝異常、感覚遮断、環境の急激な変化、心理社会的ストレスなどである。
- せん妄のリスク因子は、**疼痛（とうつう）、感染症、睡眠障害、低酸素症**。

● せん妄（意識障害）と認知症の違い

	せん妄	認知症
発症	急激	ゆるやか
日内変動	夜間や夕刻に悪化	乏しい
初発症状	錯覚、幻覚、妄想、興奮	記憶力低下
持続	数時間〜1週間	[永続的]
知的能力	動揺性	変化あり
身体疾患、環境の関与	基本的にあり	時にあり

脳損傷による精神障害

- 事故や病気などの脳損傷後に、**記憶・注意・遂行機能**などの脳機能が障害されるものを、[高次脳機能障害]と呼ぶ。
- 医学的には脳外傷、脳梗塞、脳出血、低酸素脳症、脳炎などで起こる。認知症や精神病と違って**進行性ではない**。

物質使用障害

- ICD-10 では、精神作用物質使用に伴う精神および行動の障害（F10～F19）の分類において、物質使用は [有害な使用] と [依存症候群] に分けられている。
- DSM-5 では 10 種類の精神作用物質（アルコール、カフェイン、大麻、幻覚薬、吸入剤、オピオイド、鎮痛薬、睡眠薬および抗不安薬、精神刺激薬〈コカインを含む〉、たばこ）が分類されている。

依存症候群

- その物質を摂取しないでいると、その物質を摂取したいという強い願望（**渇望**）が生じることを、[精神依存] という。
- その物質を摂取しないでいると、身体的症状（振戦、興奮、抑うつ、不安など）が生じる状態のことを [身体依存] という。その症状を**離脱症候群**（アルコールでは**振戦せん妄**）という。
- 物質を繰り返し使っていると効果が減弱し、用量を増やさないと効果が得られなくなる現象を [耐性] という。

● 主な薬物の依存と耐性形式 　（＋－は有無および相対的強さを表す）

	精神依存	身体依存	耐性
アルコール	＋＋＋	＋＋	＋
アヘン	＋＋＋	＋＋＋	＋＋＋
抗不安薬・睡眠薬	＋＋	＋＋＋	＋＋
コカイン	＋＋＋	－	－
大麻	＋＋	－	－
覚醒剤	＋＋＋	－	＋＋
幻覚薬	＋	－	＋＋

出典：大熊輝雄、『現代臨床精神医学 第 12 版』、P.253、2013 年、金原出版をもとに著者作成

アルコール依存症の離脱症状

- アルコール依存症の離脱症状は飲酒中断後 24～36 時間をピークに発症する [小離脱] と、72～96 時間をピークとする [大離脱（振戦せん妄）] があるとされてきた。
- しかし、DSM-5 ではこの区別を廃して、長期のアルコール中止後数時間～数日以内に、発汗・頻脈などの [自律神経過活動]、[手指振戦]、[不眠]、[嘔気嘔吐]、[幻視幻触]、[精神運動興奮]、[不安]、[全般性強直間代発作] などの症状が出るものをアルコール離脱とし、それにせん妄が加わったものを**アルコール離脱せん妄**としている。

薬剤性精神障害

- 薬剤性精神障害には、主に以下のものがある。

覚醒剤精神病	幻聴、幻視、妄想など統合失調症類似症状が起きる、フラッシュバックを特徴とする精神病 [フラッシュバック] とは中止後に少量の薬物使用や飲酒、喫煙、睡眠不足、ストレスなどで精神病症状が簡単に再燃することをいう
インターフェロンによる精神障害	うつ状態が必発に近いとされる
アルコール精神病	ビタミン B_1 欠乏による [ウェルニッケ・コルサコフ症候群] (記憶障害、作話、見当識障害) が有名である。ビタミン B_1 を補給する治療を行う
胃粘膜修復剤による精神障害	ヒスタミン H_2 ブロッカー (シメチジン、ファモチジン) で時に精神病症状が起こる
ステロイドによる精神障害	精神病状態、うつ状態が有名である

ここが重要

身体依存や耐性を生じない物質

コカイン、大麻、覚醒剤、幻覚薬では、身体依存は生じないとされている。コカインと大麻は耐性も生じないとされている。

一問 一答

❶ 覚醒剤で身体依存が起こることは普通はないとされている。 第1回 問94改

❷ 喫煙や飲酒行動は個人の嗜好なので、ストレスによってフラッシュバックが引き起こされることはない。

❸ Lewy 小体型認知症では幻視を伴うことが特徴である。 第1回 問131

❹ 認知症の症状を呈する病態で、治療が可能で病前の正常な状態に回復する可能性があるものとしては進行麻痺がある。 第1回追試 問94

解説
❶ ○ 「ここが重要」の通り。
❷ × 睡眠不足やストレスなどでも起きる。
❸ ○ 幻視が出現し、パーキンソン症状を合併して、1日のうちで症状が変動する。
❹ × 正常な状態に戻る可能性のあるものは正常圧水頭症である。シャント手術を行う。進行麻痺は梅毒スピロヘータによる脳の感染症。

90 統合失調症と その類縁疾患 (F2)

統合失調症

- **統合失調症**は、妄想と幻覚を主症状とする一連の症候群。症状が [6] カ月以上持続する。いまだ原因不明だが、ドーパミン神経系の**大脳辺縁系**における機能亢進が原因と想定される。
- 小児期は手のかからない子であった者が、思春期になって発症する。Kraepelin, E. が**早発性痴呆**と呼んだものを Bleuler, E. が改称。[陽性] 症状と [陰性] 症状に分ける。

<陽性症状> [Schneider, K.] の一級症状
- **思考化声**：考えが声になって聞こえてくる（思考＝**考想**という記述もある。以下同様）
- **思考伝播**：考えが話していないのに他人に伝わる
- **対話と話しかけの幻聴**：第三者が自分に語りかけてくる声が聞こえ命令される。患者がそれに応答すると周囲には**独語として認められる**
- **思考吹入、思考奪取**：考えが外から入ってくる、考えが抜き取られる
- **身体的被影響体験**：自分の行動や感情が他者のコントロール下にある（**させられ体験**）という妄想的体験

<陰性症状、思考障害> [Bleuler, E.] の 4A として有名
- **連合弛緩**：話の内容がまとまりなく論理のつながりが緩んでいる
- **自閉**：自閉症は当初小児の統合失調症と考えられた
- **感情鈍麻**：感情のはたらきが鈍い
- **両価性**：同時に相反する考えや感情の発露

- DSM-5 では一級症状は重視されず以下のように定められた。
  ①妄想、幻覚、まとまりのない発語の存在
  ②ひどくまとまりのない、または緊張病性の行動、陰性症状の存在
  ③①のみまたは①＋②が 2 つ以上あり 1 カ月間ほとんどいつも存在する
  ④仕事、対人関係、自己管理などの著しい機能低下がある
  ⑤これらの徴候は少なくとも 6 カ月以上存在している
  ⑥他の精神疾患や薬物・医学的疾患は否定される
- 有病率は [0.8] ％程度。[10 代後半～30] 代に発症する。男女比は 1～

1.4:1。2014年の統計で日本の精神科入院患者31.3万人のうち16.6万人 (53.0%)、外来患者361.1万人のうち60.7万人 (16.8%) を占める。現在では70%は [寛解] (治癒ではなく、薬の服用により安定している状態) できる。
- 治療には [抗精神病薬] が使われ、ドーパミン神経の働きを抑制する薬剤により症状が改善することが知られている。
- 心理社会的治療としてフィンランドの [オープン・ダイアローグ] が注目される。

統合失調症スペクトラム障害

- DSM-5 では、統合失調症および下記の類縁疾患は、[統合失調症スペクトラム障害] にまとめられた。

● **統合失調症スペクトラム障害に含まれた疾患**

統合失調感情障害	統合失調症と**感情障害** (躁うつ病・うつ病) の両者の症状をほぼ同時に併せ持つもの。かつて [非定型精神病] と呼ばれていた
統合失調型障害	DSM-5 では**統合失調型パーソナリティ障害**として再分類された
妄想性障害	**持続的な妄想が1カ月以上**。人格水準は保たれている。幻覚は目立たない
急性一過性精神病 (短期反応精神病)	幻覚・妄想などの精神病症状が出現するが**1カ月以内に完全に消退**するもの。人格水準の低下を残さない。**ストレス因の明確なものが短期反応精神病**
緊張病 (カタトニア)	緊張病症候群の症候 (以下①〜⑫) のうち3つ以上が認められるもの。統合失調症、神経発達症などで認められる ①昏迷、②カタレプシー、③蝋屈症、④無言症、⑤拒絶症、⑥姿勢保持、⑦わざとらしさ、⑧常同症、⑨外的刺激の影響によらない興奮、⑩しかめ面、⑪反響動作、⑫反響言語

● **統合失調症スペクトラム障害から除外された疾患**

感応性精神病 (共有精神病性障害)	親しい間柄で片方が精神病を発症すると、もう片方も精神病症状を呈する。いわゆる**二人組精神病**

一問一答

❶ 統合失調症の特徴的な症状として、被影響妄想が最も適切である。 第1回 問103
❷ 統合失調症の特徴的な症状として、観念奔逸、誇大的認知が最も適切である。 第1回 問103
❸ 統合失調症の有病率は0.8%程度である。

(解説)
❶ ○ 被影響体験、させられ体験、作為体験ともいい一級症状に入る。
❷ × 観念奔逸、誇大的認知は躁病。
❸ ○ 10代後半〜30代に発症する。

91 気分（感情）障害（F3）

躁病エピソードと軽躁病エピソード

- **躁病エピソード**は、気分の**持続的**高揚、自尊心の肥大、睡眠欲求の減少、[観念奔逸]（イメージが次々にわき、話が飛ぶような状態）、快楽的活動の増加といった症状がある。
- **軽躁病エピソード**は、躁病エピソードと同様の症状であるが、**程度が軽く**社会的、職業的に著しい支障を起こしていない状態である。

双極性障害

- 双極性障害は、表のように大きく2つに分けられる。遺伝的素因や自殺リスクは大うつ病より[高い]。
- 治療として、躁病相には、**炭酸リチウム**などの**気分安定薬**が有効である。うつ病相では[躁転]（薬剤等によって急にうつから躁に変わってしまうこと）のリスクが高くなるので、**抗うつ薬による治療は原則行わない**。[気分安定薬]を主体とした治療を行う。

双極I型障害	うつ病相と**躁病相**を繰り返す。うつ病相だけでは大うつ病との区別は困難。躁状態になって初めて診断がつく。気分にはっきりとした波が観察できる
双極II型障害	うつ病相と軽躁病相を繰り返す。気分の波ははっきりしないので見過ごされやすい。軽躁状態を見逃されやすく、**大うつ病と誤診されやすい**

大うつ病性障害

- **大うつ病性障害（メジャー・デプレッション）**では、うつ病エピソードを満たす症状が出現する。生涯リスクは[15]％程度で、[女性]に多い。
- 原因は不明だが、**神経伝達物質**（セロトニン、ノルアドレナリン、ドーパミンなど）のバランスの乱れが想定されている。
- 大うつ病は重症化すると妄想も出現するが、統合失調症と異なり被害妄想は少なく、[罪業妄想]（重い罪を犯した）、[貧困妄想]（貧乏で破産する）、[心気妄想]（不治の病にかかっている）のテーマが多い。これを**うつ病の三大妄想**と呼ぶ。
- 大うつ病の治療は、**SSRI/SNRI**や**三環系抗うつ薬**（セロトニンなど神経伝達物質に作用）を使用する。心理社会的治療として[認知行動療法]を組み合わせる。

●うつ病エピソード

ほとんど毎日、1日中、[抑うつ気分] または [興味と喜びの喪失] の両者または
どちらかがあり、それも含めて、以下の7症状との合計5つ以上が [2週間]
以上持続する。

①体重減少または増加 　　　②不眠・過眠

③イライラ (焦燥)、考えが前に進まない (精神運動制止)

④疲労感、気力の減退 　　　⑤無価値感・罪責感

⑥思考力・集中力の減退

⑦死について何度も考える (希死念慮)

● その他のうつ障害・気分障害など

反復性うつ病性障害	うつ病エピソードを繰り返すもの
持続性抑うつ障害 (気分変調症)	**2年以上慢性的に**抑うつ気分が続く。うつ病エピソードは必ずしも満たさない
気分循環症	2年以上ごく軽い、躁とうつが多数反復する
月経前気分不快障害 (PMS)	月経周期に一致して月経開始前に気分の変動が起こり、月経の開始とともに急速に軽快。更年期障害と混同あり

✔ ここが重要

心理職にとって治療の対象として大きい気分障害

　うつ状態の中で**うつ病エピソードの要件を満たしたもの**を大うつ病と診断する。躁病エピソード、うつ病エピソードという症状の定義と、大うつ病、双極性障害など障害の定義を混同しないようにしよう。**観念奔逸** (躁病で起こる) では、話が飛んでも考えのまとまりはかろうじて追える。一方、**連合弛緩** (統合失調症で起こる) では、考えのまとまりが意味不明で追えなくなる。

一問一答

❶ うつ病の三大妄想とは、罪業妄想、貧困妄想、被害妄想の3つである。

❷ うつ病の治療では認知行動療法の方が望ましく薬物はなるべく使用しない。

❸ 双極性障害のうつ病相では抗うつ薬を使用して治療する。

❹ 双極性障害のうつ病相は躁病相より短い。 第3回 問105改

解説

❶ ✕ 被害妄想ではなく心気妄想。

❷ ✕ 適時症状に応じて薬物療法と精神療法は組み合わせる。

❸ ✕ 躁転のリスクが高くなるので、原則として抗うつ剤は使用しない。

❹ ✕ うつ病相の方が長い。

92 神経症性、ストレス関連障害など(F4)

不安障害

- 不安障害 (対象のない恐れ〈浮動性不安〉を主体とする障害) には、**発達段階**に沿って以下のような種類がある。

分離不安障害	幼児が保育園や幼稚園に行くときや母親と離れるときに不安になり泣いたりするのは正常反応。これが過剰になったもの
選択性緘黙 (かんもく)	言語能力はあるのに特定の状況 (学校など) では話せない
恐怖症	**特定の対象** (蛇、クモ、高所、車、尖ったものなど) に対する恐れ
社交不安症 (社会不安障害)	社交関係を持つことに対する強い不安、**同僚と食事に行けない**、プレゼンテーションができないなど
パニック障害	突然前ぶれなく動悸、発汗、震え、息苦しさ、めまい、吐き気などの症状で表される**パニック発作**が生じる
広場恐怖	乗り物、人混み、閉所など**逃げられない空間**が怖くて避ける。**パニック障害に伴うことがある**
全般不安症／全般性不安障害	仕事や学業など**一般的な出来事**に対する不安が強く、[6カ月]以上持続する。落ち着きのなさ、疲労しやすい、集中困難、**易怒性**、**筋緊張**、**睡眠障害**など

強迫性障害

- **強迫性障害**は、強迫観念および強迫行為を主症状とする症候群で、日常生活が著しく障害されているもの。
- 強迫性障害には、主に以下の症状の組み合わせがみられる。
  [強迫観念]：打ち消そうとしてもできない、反復的に強く迫ってくる考え、衝動、イメージのこと
  [強迫行為]：何度も繰り返して行わずにはいられない行動で、それをしないと気が済まない行為
- 強迫観念・行為の例として、**洗浄強迫や確認強迫**がある。発症にはセロトニンやノルアドレナリンが関与しているとされる。
- 強迫性障害の治療：抗うつ剤 (SSRI) 、抗精神病薬など。心理社会的治療としては行動療法、特に[曝露反応妨害法] (強迫観念の対象をわざと浴びて時間を徐々に延ばしていく治療法) などがある。

重度ストレス反応

- **重度ストレス反応**は、災害など命の危機にさらされるような、心の傷になる体験 (トラウマ) の後に起こる、一連の症候群である。以下の種類がある。

心的外傷後ストレス障害 (PTSD)	危うく死ぬ、実際にまたは危うく重傷を負う、性的暴力を受けるなどの後で、**過覚醒** (不眠など)、**回避行動** (トラウマに関連するものを避ける)、フラッシュバック (トラウマを追体験する)、**否定的信念** (自己、他者、世界に対する) といった症状が [1 カ月] 以上続くもの。[3 カ月] 以上続くと慢性 PTSD とする
急性ストレス障害 (ASD)	PTSD の症状だが期間が 1 カ月未満と短いもの
複雑性 PTSD (ICD-11 より収載)	[家庭内暴力]、[性的虐待]、[拷問] のような**長期にわたる慢性反復性**の外傷的出来事に起因する PTSD のことで、感情コントロールの障害、ストレス下での解離症状、情動の麻痺、無力感、恥辱感、挫折感、自己破壊的行動などより**広範な症状**を呈する。
二次的外傷性ストレス (STS)	支援活動を行う人が、PTSD の症状のケアをすることによって、自身も PTSD と同様の症状を呈するもの

- PTSD の治療において早期の外傷的記憶に踏み込むこと (デブリーフィング) は治療的ではない。トラウマに焦点を当てた**認知行動療法**や **EMDR (眼球運動による脱感作および再処理法)** を検討する。PTSD の**関連症状**としての不眠やうつには、**SSRI** や**抗不安薬**を使用する。

適応障害

- **適応障害**は、転職、移住、離婚など重大な人生上の転機に伴って起こる反応。抑うつを伴うもの、不安を伴うもの、不安と抑うつを伴うものなどがある。精神科の実際の臨床ではうつ状態で**大うつ病の診断基準に満たない**ものは適応障害と診断されることが多い。

解離性障害

- 心的葛藤が精神的症状として出ることを [解離] という。以下のように分類される。

解離性健忘	記憶障害
解離性同一性障害 (多重人格)	自己同一性 (アイデンティティ) の障害
離人症	現実感喪失

- DSM-IV での解離性遁走は、DSM-5 では解離性健忘に包括された。
- 解離性障害の治療でも早期の外傷的記憶に踏み込むこと (デブリーフィング) は治療的ではない。

身体表現性障害（身体症状症）

- 身体表現性障害では、身体症状はあるが、医学的検査をしても**身体的原因は全く発見されない**。身体症状は主に、消化器症状、循環器症状、泌尿器症状、皮膚と疼痛症状など。発症に心因が想定されるものとされないものがある。
- 特有の性格傾向として、［アレキシサイミア］（Sifneos, P.E. により提唱された概念で、身体症状は言語化できても心情を話せない性格のこと）がある。
- 更年期に一致して症状が現れるものは、［更年期障害］と同一視される。
- 内科の診断では、身体的検査をしても異常がない場合［自律神経失調症］とされるが、**身体表現性自律神経機能低下**としてこの診断カテゴリーに入れる。
- ［疼痛性障害・線維筋痛症］は、慢性の痛みを主とする障害である。**抗うつ薬**（特に SNRI）で効果が認められることがある。
- ［心気症］は、過度に病気であると心配すること。
- ［慢性疲労症候群（CFS）］は、日常生活が著しく損なわれるほどの強い全身倦怠感が、休息しても改善せず **6 か月以上**持続する状態で、診察や検査で異常を認めない。欧州やカナダでは**筋痛性脳脊髄炎**と呼ばれる。

転換性障害

- 心的葛藤が身体症状として変換されることを［転換］という。かつて［ヒステリー］と呼ばれていた。**失声失語**、**視覚障害**、**意識消失発作**などが代表的症状としてある。［てんかん］との鑑別診断が重要。

✔ **ここが重要**

DSM-5 での不安障害を覚えるポイント

・強迫性障害、外傷後ストレス障害を不安障害から別に分けた。
・分離不安障害と選択性緘黙を不安障害のカテゴリーに入れた。

一問一答

❶ 強迫性障害の心理療法に曝露反応妨害法がある。
❷ トラウマ体験のあと 3 週間で過覚醒やフラッシュバックなどの症状を呈したので PTSD と見立てをした。
❸ 全般不安症／全般性不安障害の症状には易怒性や睡眠障害がある。　第3回 問52 改

解説
❶ ○ 強迫性障害に対して行動療法が行われるが、その代表的なものが曝露反応妨害法。
❷ × これは急性ストレス障害。PTSD と診断するには 1 カ月以上必要。
❸ ○ DSM-5 における全般不安症／全般性不安障害の診断基準 C として、易怒性や睡眠障害が入っている。

摂食障害

- **摂食障害**は、食行動の正常範囲からの著しい逸脱として現れる精神の障害であり、以下のように分けられる。

  [神経性無食欲症（神経性やせ症）]：有意に低い体重（正常下限を下回る）を特徴とする。摂食制限型と過食・排出型に分かれる。**ボディイメージの障害**（痩せているのに肥っていると認識）があり、女性に多い。重症度は [BMI] で決める。**徐脈、無月経、抑うつ**を認める。

  [神経性大食症（神経性過食症）]：無茶食いと [不適切な代償行動] としての自己誘発性嘔吐、緩下剤・利尿剤の使用、絶食、過剰な運動などを特徴とする。重症度は**代償行動の頻度**で決める。女性に多い。

睡眠障害

- 睡眠障害は、睡眠の量的・質的な異常で、自覚的あるいは他覚的に何らかの支障がある状態。

- [入眠障害（寝つきが悪い）]、[途中覚醒（睡眠途中で目覚める）]、[熟眠障害（ぐっすり眠れない）] などがあり、精神疾患にこれらの睡眠障害は必発である。他に以下のような種類がある。

睡眠覚醒リズム障害	体内時計（**サーカディアンリズム**）の異常で入眠・覚醒時間が通常と著しくずれてしまったもの（遅すぎる or 早すぎる）。**睡眠覚醒相後退症候群**（極端な遅寝遅起き）、**非 24 時間睡眠覚醒相**（リズムが 25 時間）など
閉塞性睡眠時無呼吸症候群	上気道の閉塞によりいびき、日中の眠気を特徴とする。肥満に伴うことが多い。**持続陽圧呼吸（CPAP）**による治療が有名
レム睡眠行動障害	夢内容に一致して行動を実際に起こしてしまう障害。**Lewy 小体型認知症との関連が深い**
ナルコレプシー	中枢性の過眠障害で、①**過剰な眠気と睡眠発作**、②**情動脱力発作（カタプレキシー）**、③**睡眠麻痺**、④**入眠時幻覚**の 4 つを特徴とする症候群である。脳脊髄液中の**オレキシン濃度**が低下している。治療はモダフィニルなどの精神刺激薬を使う
むずむず脚症候群（レストレスレッグス症候群）	脚を動かしたい強い欲求にかられ、むずむずするような異常感覚を伴って睡眠が障害される症候群で、**夜間に悪化、足を休ませると悪化、足を動かすと軽快**を特徴とする。[鉄欠乏] や**妊婦**、腎障害に起こる二次性のものもある。

- 睡眠障害の治療は、安易に睡眠導入薬だけを使用せず、生活習慣を正すことにより睡眠の量や質の改善を目指す [睡眠衛生指導] や、不眠症の認知行動療法 (CBT-i) も併せて行う。

窃盗症 (クレプトマニア)

- 金銭的価値でなく、物を盗もうとする衝動に抵抗できない。
- 行為前に緊張の高まりが、行為後には満足・解放感がある。

パーソナリティ障害

- **パーソナリティ障害**は、その人の文化圏内で一般的な価値とはあまりにも異なる考え方や行動のために、社会生活や他人との交流に相当の困難を伴う状態。
- 境界性パーソナリティ障害の心理社会的治療として、Linehan, M. による [弁証法的行動療法 (DBT)] が知られている。

● パーソナリティ障害の分類
< A 群> 奇妙で風変わり (精神病水準)

妄想性	**パラノイア**のこと。他人の言動や行動に常に**猜疑心**を持って行動する
シゾイド (スキゾイド)	孤独な隠遁者。交流関係の乏しさ
統合失調型	関係念慮があり魔術的思考に囚われている。風変わりな格好。統合失調症の診断基準は満たさない

< B 群> 情緒不安定で演技的 (境界性水準)

反社会性	犯罪行為を繰り返す。良心の呵責がない。**15 歳以前**に**行為障害 (素行症)** がある
境界性 (BPD)	対人関係、自己像、感情の不安定と著しい**衝動性**を特徴とする。[見捨てられ不安]。**All or nothing** な対人関係 (白黒思考、過剰な 0 か 1 か思考)。[慢性的な空虚感]。[自傷行為] など。Kernberg, O. による境界性パーソナリティ構造から理論化された
自己愛性	自分が「**特別**」であるという感覚。限りない成功や権力、美を求める。Kohut, H. による研究が有名
演技性	過度の情動性と人の注意を引こうとする広範な様式

< C 群> 不安や恐怖が主体 (神経症水準)

強迫性	秩序、完璧主義、統制にとらわれている
回避性	社会的抑制、不全感、否定的評価に対する過敏
依存性	面倒をみてもらいたいという広範で過剰な欲求

✅ **ここが重要**

病的賭博（ギャンブル等依存症）

一般人口の1〜3％に認められ、臨床的に意味のある機能障害、苦痛を引き起こす問題賭博行動である。反社会性、境界性など**パーソナリティ障害**の合併が多く、**自助グループ**への参加が回復に有効である。

✅ **ここが重要**

摂食障害の重症度分類

神経性やせ症で**有意に低い体重**とは、成人では BMI＝18.5 未満のこと。
　　　　最重度：BMI＝[15 未満]。 ※ BMI ＝体重（kg）÷身長^2（m）
神経性過食症で最重度とは、不適切な代償行動が週に14回以上あること。

一問一答

❶ 神経性無食欲症は男性にはない。
❷ 睡眠障害は睡眠薬のみで治療するべきである。
❸ 境界性パーソナリティ障害は、Kernberg, O. の境界性パーソナリティ構造の概念を下敷きに作られた分類である。
❹ ナルコレプシーではカタレプシーを特徴とする。
❺ むずむず脚症候群は妊婦や鉄欠乏貧血患者によく起こる。 第3回 問131 改

解説

❶ ✕ 女性に多いが男性にもある。
❷ ✕ 睡眠に関する生活習慣を正す睡眠衛生指導も重要である。
❸ ○ 感情の不安定と著しい衝動性を特徴とする。
❹ ✕ カタプレキシー（情動脱力発作）を特徴とする。カタレプシーは緊張病症候群の症状で、同じ姿勢を保ったまま何時間も動かない状態のこと。
❺ ○ 妊娠や鉄欠乏性貧血によって起こる二次性のむずむず脚症候群がある。

第22章 精神疾患とその治療

精神遅滞、発達障害関連 (F7、F8、F9)、 てんかん (G40)

精神遅滞 (知的能力障害)

- **精神遅滞**は、精神の発達停止あるいは発達不全により全体的知的水準が低下したもの。認知、言語、運動および社会的能力の障害を認める。知能検査により測定された知能指数 (IQ) によって重症度を分類する。DSM-5 では廃止され、[概念的領域]、[社会的領域]、[実用的領域] に分けて評価する。
- 療育手帳の支給は、自治体にもよるが 18 歳未満での「IQ：75 以下」が基準。

● 重症度の分類

	ICD-10	DSM-IV-TR
軽度精神遅滞	IQ：50-69	およそ 50-70
中等度精神遅滞	IQ：35-49	およそ 35-55
重度精神遅滞	IQ：20-34	およそ 20-40
最重度精神遅滞	IQ：20 未満	25 以下

自閉スペクトラム症 (ASD)

- **自閉スペクトラム症 (ASD)** は、幼少期からの認知や行動面の特有な様式を有する発達障害の一形式で、当初 [Wing, L.] **の三つ組障害**を特徴とするとされた。
  ①**社交性の欠如**
  ②**コミュニケーション障害**
  ③**想像力およびそれに基づく行動の障害**
- DSM-5 では①と②が統合され、以下の 2 つが特徴として定義されている。
  1) [社会的コミュニケーション] および [対人的相互反応] における持続的欠陥
  2) 行動、興味、または活動の限定された [反復的様式]
- 自閉スペクトラム症の人は、[臨機応変な対人関係] **が苦手**で、**自分の関心**、やり方、**ペースを維持したい**という本能的志向が強い。**視覚的優位**な認知で、[感覚過敏] が認められ、特有のこだわりがあり、反復を好む (空気が読めない)。
- DSM-5 にて、DSM-IV までの広汎性発達障害から**自閉スペクトラム症 (ASD)** へと名称が変更された。

- Kanner, L. が [自閉症] を発見し、また Asperger, H. が知能は正常でも自閉症の特徴を持つ障害を報告した (アスペルガー障害)。両者を連続体 (スペクトラム) として捉えるのが自閉スペクトラム症である。
- 他人の心の動きを推し量ることができない障害が想定されている (心の理論)。この障害があると**サリーとアン課題**の失敗として現れる。
- **統語論**は、文法、音韻など含む言語がどのようにして成り立っているのかを扱う理論。自閉スペクトラム症は [統語論] 的な機能には問題がないのに [言語表出] の障害が認められることが特徴で、語用や語の意味の障害とされる。

限局性学習障害 (LD)

- **限局性学習障害**は、知能は正常でもある特定の分野で著しく学習が困難な状態で発達障害の一種とされる。以下の障害がある。
  > [読字障害 (ディスレクシア)]：文章を読むことが極端に苦手
  > [書字障害]：文字の綴りが極端に苦手
  > [算数障害]：計算することが極端に苦手

注意欠如多動症／注意欠如多動性障害 (ADHD)

- **注意欠如多動症 (ADHD)** は、幼少期からの生活上広範な領域における、不注意や多動・衝動性を特徴とする発達障害の一形式で、DSM-5 からは自閉スペクトラム症との併記も認められるようになった。
- ADHD の人は、幼い時から**忘れ物**が多く、**整理整頓**や**宿題・仕事**が苦手である (不注意症状)。また話を最後まで聞かず、衝動買いをし、**落ち着いて座っていることができない (多動・衝動性症状)** 傾向にある。
- 女児、成人に多い [不注意優勢型] と、男児に多い [多動性および衝動性優勢型] があるとされた。DSM-5 では、診断根拠となる症状の出現の条件が、7 歳以前から [12] 歳以前に引き上げられた。また型を廃止し、「過去 6 か月間不注意優勢に存在」と記載することになった。ADHD に対する治療薬は 6 歳以上に投与する。**前頭葉**の働きを促進して多動や不注意を抑制する。
- ADHD の併存障害には、うつ、不安、情緒不安定、不眠、記憶障害、解離性障害、パーソナリティ障害、反抗挑戦性障害、素行障害などがある。

行為障害 (素行症)

- 行為障害は、幼少期からの**小動物虐待**、**虚偽**、**窃盗**、**破壊**、**犯罪**を特徴とする。成人期に [反社会性パーソナリティ障害] に移行することが多い。

反応性愛着障害

- **反応性愛着障害（反応性アタッチメント障害）**は、身体的、心理的、性的虐待やネグレクトにより、他者への怖れと過度の警戒、交流の乏しさ、他者への攻撃、［自尊感情］の低さを特徴とする。発達の遅れ、特に**認知と言語の遅れ**と共に現れるが、発達障害とはされていない。

脱抑制型対人交流障害

- **脱抑制性対人交流障害**は、幼少期の著しく不遇な体験から、見慣れない大人に対して**過度に馴れ馴れしい**態度や行動をとるようになる障害で、認知や言語の遅れを伴って発症するが、発達障害とはされていない。

チックとジル・ドゥ・ラ・トゥーレット障害

- **ジル・ドゥ・ラ・トゥーレット障害**は、一つ以上の音声チックと複数の運動性チックからなる症候群のこと。

● 単純性と複雑性チック

	運動性チック	音声チック
単純性	瞬き、鼻鳴らし、手を叩く、	叫ぶ、咳払い
複雑性	歩き回る、飛び跳ねる	反響言語、汚言症

吃音

- 吃音は DSM-5 では小児期発症流暢障害とされた。幼児期に始まり［男児］が［女児］の 3 倍程度多い。**連発**（音を繰り返す）、**伸発**（音を引き延ばす）、**難発**（音がつまる）がある。

てんかん

- 大脳の神経細胞の急性一過性の過剰な放電から起こる発作で、それに伴う症状を特徴とする症候群である。以下のように分類される。

焦点発作（部分発作） 大脳皮質の一部に異常放電の病巣があり、そこから発作性放電が起こるもの	[単純部分発作] （意識障害を伴わない）	手足のしびれ、首のねじれ、光や色が見える、吐き気など
	[複雑部分発作] （意識障害を伴う）	上腹部不快感、悪心、散瞳など自律神経症状や精神症状、異常嗅覚、異常聴覚などの単純部分発作で始まり、ぼんやりと一点を凝視して動かない。その後、[自動症 (automatism)]（舌なめずり、かむ、飲み込むなど）を呈する。数十秒～数分持続
	二次性全般化	部分発作が脳全体に波及して全般発作（強直間代発作）になるもの
全般発作 脳幹部からの発作で、大脳皮質全体にほぼ同時に電気信号の過剰な刺激が到達するもの。**必ず意識障害を伴う**	強直間代発作 （大発作）	叫び声のあと強直発作、数秒で間代発作に移行。終末睡眠、健忘を残すことも。てんかんの40～50%
	欠神発作（小発作）	定型 (3Hz spike and wave)、非定型（不規則な棘徐波）がある。突然の動作停止のあと、数秒ボーッとする
	ミオクロニー発作	突然手足がビクッと痙攣（ミオクローヌス）する
	間代発作	四肢がガクンガクンと強く痙攣する
	強直発作	四肢を伸ばして数秒間伸展状態になる
	脱力発作	突然脱力して倒れる

章

精神疾患とその治療

一問一答

❶ ディスレクシアは音声言語の理解と産出の障害である。
❷ 自閉スペクトラム症では統語論的な能力につまずきを持つことが多い。
❸ 吃音は幼児期に始まる傾向にあり、女児よりも男児に多い。 第1回 問42
❹ 複雑部分発作では意識障害を伴わない。

解説

❶ ✕ ディスレクシアでは音声言語の理解と産出には問題がないのに、読むものを理解することの困難がある。
❷ ✕ 自閉スペクトラム症では知能が低くなければ統語論的な能力に問題はない。
❸ ◯ 幼児期に始まり男児に多い。
❹ ✕ 複雑部分発作は部分発作でも意識障害を伴うものをいい、自動症を呈する。

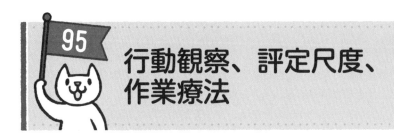

95 行動観察、評定尺度、作業療法

行動観察（精神医学的理学所見）

- 精神科の診察や心理面接の場面では、患者の話す主観的な内容だけを聞いても精神症状の把握としては不十分であり、下記のような患者の客観的所見を同時にとることが肝要で、これらは**精神医学的理学所見**とも呼ばれている。
  ①**外見・行動**：意識レベル、**身だしなみと衛生**、体格、姿勢、自傷行為のあと、相手に対する行動と態度、表現、アイコンタクトはあるか、**ラポール** (le rapport、相手との疎通のとりやすさ) はあるか。
  ②**話し方**：発語の量、速度、大きさ、トーン、**保続**や**迂遠**があるか。

評定尺度

- 精神症状の評価には本人が自覚症状に基づいて記入する［自己記入式質問表］と、トレーニングされた専門家が診察等に基づいて他覚的所見を評価する［評定尺度］がある。これらは診断の補助や症状の評価、新薬の臨床試験の判定などに使用される。評定尺度には次のようなものがある。

全般尺度	機能の全体的評価 (GAF) 、臨床全般印象度 (CGI)
うつ病	ハミルトンうつ病評価尺度 (HAM-D) 、Montgomery-Åsberg うつ病評価尺度 (MADRS)
うつ病の評価	HAM-D で 16-17 点以上を中等症とする
3 つの R	［反応］ (response) は HAM-D の評点が治療前の［50%］以下に下がること。［寛解］ (remission) は HAM-D が［7 点］以下であること。［回復］ (recovery) は寛解が［半年］以上続くこと
統合失調症	陽性・陰性症状評価尺度 (PANSS) 、簡易精神症状評価尺度 (BPRS)
神経発達症	自閉症スペクトラム指数 (AQ)
不安障害	ハミルトン不安評価尺度 (HAM-A) 、Liebowitz 社会不安尺度 (LSAS)

作業療法

- 従来医療において作業療法は作業療法士（OT）、理学療法は理学療法士（PT）の仕事とされてきたが、今後は臨床現場において精神科リハビリテーションとして作業療法も理学療法も行えるような体制づくりが望ましい。作業療法士が関わる保険診療としては精神科作業療法、精神科デイ・ケア、精神科ナイト・ケア、精神科ショート・ケア、入院生活技能訓練療法、精神科退院前訪問指導などがある。

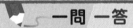

一問一答

❶ うつ病の評価で HAM-D の評点が 7 点以下を寛解と定義する。

❷ うつ病の評価で再発と再燃は異なる概念である。

❸ 小児特定疾患カウンセリング料では、医師によるものだけが保険算定可能で、公認心理師によるものは算定できない。

解説

❶ ○　うつ病の評価では HAM-D が 7 点以下を寛解と定義する。

❷ ○　うつ病の評価において再燃は、反応があったが寛解に至る前、あるいは寛解後だが回復前に悪化した場合を指す言葉である。再発は回復したあとに悪化したときに使う用語である。

❸ ✕　令和 2 年度の診療報酬改正から公認心理師によるものも算定可能になった。

96 向精神薬

抗うつ薬

- 現在、**抗うつ薬**として主流なのは、主に 2000 年代に入ってから発売されるようになった SSRI/SNRI、NaSSA などであるが、従来の三環系・四環系抗うつ薬もよく使用されている。

● 新規抗うつ薬の種類と名前

[SSRI]（選択的セロトニン再取り込み阻害薬）	フルボキサミン、パロキセチン、ジェイゾロフト、エスシタロプラム **（神経終末でセロトニンの再取り込みを阻害してセロトニンの作用を増強）**
[SNRI]（セロトニン・ノルアドレナリン再取り込み阻害薬）	ミルナシプラン、デュロキセチン、ベンラファキシン **（神経終末でセロトニンとノルアドレナリンの再取り込みをともに阻害して両者の作用を増強）**
[NaSSA]（ノルアドレナリン作動性・特異的セロトニン作動性抗うつ薬）	ミルタザピン （セロトニンとノルアドレナリンの作用を増強）

● 従来型抗うつ薬の種類と名前

三環系抗うつ薬	**イミプラミン、クロミプラミン、アミトリプチリン、アモキサピン** **（抗コリン作用が強い）**
四環系抗うつ薬	ミアンセリン、マプロチリン、 （抗コリン作用が弱い）

● その他の薬の名前

トラゾドン（睡眠障害に）、スルピリド（低用量で抗うつ薬、高用量で抗精神病薬）、ボルチオキセチン（セロトニンを調節）

抗精神病薬

- 従来型の**抗精神病薬（統合失調症薬）**は、1950 年代後半くらいから使用されるようになった（定型抗精神病薬）。
- 錐体外路症状などの**副作用**が問題となり、近年は 2000 年前後から発売された副作用が少なく、陰性症状に対する効果もあるとされる［非定型抗精神病薬］が治療の主体である。
- 非定型抗精神病薬は、統合失調症だけでなく、**双極性障害やうつ病**にも使用されるなど**適応拡大**されている。

● 抗精神病薬の種類と名前

[非定型抗精神病薬] （ドーパミン D₂ 受容体 拮抗薬）	クロザピン、**リスペリドン**、**クエチアピン**、**オランザピン**、**ア リピプラゾール**[※]、**ブロナンセリン**、パリペリドン、アセナピ ン、ブレクスピプラゾール、ルラシドン （ドーパミン神経のはたらきを遮断。**錐体外路症状弱い**）
[定型抗精神病薬] （ドーパミン D₂ 受容体 拮抗薬）	**クロルプロマジン**、**ハロペリドール**、レボメプロマジン、**ゾテ ピン**[※] （ドーパミン神経のはたらきを遮断。**錐体外路症状強い**）

※アリピプラゾールはドーパミン受容体部分作動薬、ゾテピンは欧州では非定型とされる

抗不安薬

- **抗不安薬**は、1960 年代より使用されるようになった、[ベンゾジアゼピン系]という共通化学構造を持つものが主流。近年はその [依存性]、[常用性] が問題になっており、漫然とした長期使用は避けるべきである。

> ジアゼパム、クロチアゼパム、**アルプラゾラム**、**エチゾラム**、ロラゼパム、ブロマゼパム、**ロフラゼプ酸エチル**

睡眠導入薬

- ベンゾジアゼピン系薬剤の中で、鎮静催眠効果の強いものを**睡眠導入薬**として長らく使用してきた。主に作用時間 (または半減期) の長さで使用目的が分かれている。近年 [メラトニン] や [オレキシン] に作用する新しい薬剤が開発されてきており、**高齢者**にも比較的安全とみなされている。

● 睡眠導入薬の種類と名前

超短時間型	非ベンゾジアゼピン系 (Z-drug)：**ゾルピデム**、ゾピクロン、 エスゾピクロン ベンゾジアゼピン系：**トリアゾラム**
短時間型	ブロチゾラム、**エチゾラム**、リルマザホン
中時間型	ニトラゼパム、フルニトラゼパム
長時間作用型	クアゼパム
メラトニン受容体作動薬	**ラメルテオン**、メラトニン
オレキシン受容体拮抗薬	**スボレキサント**、レンボレキサント

気分安定薬

- **気分安定薬**とは、躁状態やうつ状態の**気分の波をなだらか**にする薬である。
- [双極性障害] に第 1 選択薬として使用される。
- [抗てんかん薬] とされるものは、**気分安定効果**もあるとされ、使用される。
- 最初の抗うつ薬や抗精神病薬投与で効果が不十分なとき、その効果を高める目

的で気分安定薬を使用する（増強療法）。

> **抗躁薬**：**炭酸リチウム**。中毒域と治療域の差が狭い。[有効血中濃度] のモニターが必要
> **抗てんかん薬**：**カルバマゼピン**、**バルプロ酸**、ラモトリギン、クロナゼパムなど

抗認知症薬

- **抗認知症薬**には、コリンエステラーゼ阻害薬と NMDA 受容体拮抗薬がある。[認知症を治さない] が、**進行をゆるやか**にする。コリンエステラーゼ阻害薬と NMDA 受容体拮抗薬の組み合わせは併用可能。

> **コリンエステラーゼ阻害薬：ドネペジル、ガランタミン、リバスチグミン**
> **NMDA 受容体拮抗薬：メマンチン**

ADHD 治療薬（精神刺激薬など）

- **ADHD 治療薬**は、前頭葉の**集中力を増し**不注意や多動を改善する。

> **精神刺激薬：メチルフェニデート徐放錠**、リスデキサンフェタミン。覚醒作用があり通常は朝投与する。
> **ノルアドレナリン再取り込み阻害薬：アトモキセチン**
> **α_2 アドレナリン受容体刺激薬：グアンファシン**

 ここが重要

> **アドヒアランス**
>
> 　精神疾患の治療では、従来再発を防ぐため服薬を続けることが重要であったが、近年は作用・副作用情報の共有をはじめとする、患者と医師の相互理解による意思決定（SDM）が重視され、（服薬）アドヒアランスと呼ばれている。

一問一答

❶ 抗認知症薬で併用可能なのはコリンエステラーゼ阻害剤とメマンチンである。
❷ メチルフェニデート徐放錠は通常朝投与する。

> 解説
> ❶ ○　抗認知症薬は、認知症を治さないが、進行をゆるやかにする。
> ❷ ○　メチルフェニデート徐放錠は、ADHD 治療薬の中の精神刺激薬。

97 精神薬理学

薬力学（ファーマコダイナミクス）

- **薬力学**は、薬物が生体に対して何をなすか（薬理作用）を解明する学問。薬物は細胞表面にある**受容体（レセプター）**に結合することにより、様々な薬理作用を及ぼす。その仕方は大きく分けて次の2種類に分けられる。

● 薬物の薬理作用の分類

作動薬 （アゴニスト）	受容体に結合するとその受容体はもともと決められた作用をする
拮抗薬 （アンタゴニスト）	受容体に結合してもその受容体のもともとの作用を起こさない

- 受容体に結合する物質は、薬とは限らず、ホルモンや生体内物質のこともあり、[リガンド]という。

神経伝達物質

- 神経軸索末端から次の神経細胞体への信号伝達は、電気信号から[化学]物質のやりとりに変換されて信号を伝えている。この化学物質を**神経伝達物質**という。主な伝達様式に、モノアミン系とアミノ酸系がある。

● 神経伝達物質の種類と伝達様式

モノアミン系	・[セロトニン] ・[ドーパミン] ・[ノルアドレナリン]	持続的に神経の状態を調節。**G-タンパク**に関係
アミノ酸系	・[グルタミン酸]（興奮性神経） ・[GABA]（抑制性神経）	局所で素早く神経を調節。**イオンチャンネル**に関係

薬物動態学 (ファーマコキネティクス)

- **薬物動態学**は、生体が薬物に対してどう反応するかを解明する学問。薬物代謝 (**吸収**、**分布**、**分解**、**排泄**など) を研究する。
- **チトクローム P450** は、肝臓の主な薬物代謝酵素で様々なサブタイプに分かれる。このサブタイプを共有する薬物は相互作用で問題になる。
- 主に**肝臓**で代謝され不活化されるが、一部代謝されて**活性代謝産物**になるものもある (リスペリドンからパリペリドンなど)。
- 代謝産物は**胆汁**、**便**、**尿中**に排泄されるがその割合は薬剤により異なる。

錐体外路症状・悪性症候群

- **錐体外路症状**は、抗精神病薬などの副作用でよく起きる。パーキンソン症候群ともいい、以下の症状が現れる。

小刻み歩行、動作緩慢、よだれ、筋肉のこわばり、手の震え (振戦)、
[アカシジア] (静座不能症、じっとしていられずそわそわと落ち着かない)、
ジストニア (舌、頚部、眼球のつっぱり)、**ジスキネジア** (口をもぐもぐ動かす)

- [悪性症候群] は抗精神病薬の投与でよく起きる**高熱**、**意識障害**、**筋強剛**、**頻脈**を主とする重篤な副作用で、血中**クレアチンキナーゼ**の上昇を伴う。麻酔薬投与中に起こるものは悪性高熱という。

抗コリン作用

- アセチルコリンは副交感神経の伝達を担っている物質で、[三環系抗うつ薬] や抗精神病薬、[抗ヒスタミン薬] などでこの物質の働きが悪くなり、**便秘**、**目のかすみ**、**喉の渇き**、排尿障害などの症状が起こる。SSRI/SNRI では少ない。

賦活症候群・中止後症候群・セロトニン症候群

- **賦活症候群**とは、SSRI/SNRI の [投与初期] に現れる気分の高揚や脱抑制のこと。多くは一過性だが、症状が強いとき投与は中止される。
- **中止後 (中断) 症候群**とは、SSRI/SNRI を長期に服用中、**急に中止**すると手足のしびれ感や頭痛、不眠などの症状を呈すること。予防するには薬剤を徐々に減量する。
- [セロトニン症候群] とは、SSRI/SNRI を投与中、発熱、発汗、下痢などの自

律神経症状、見当識障害や焦燥、ミオクローヌスや反射亢進などがみられる症候群。悪性症候群との鑑別が必要である。

その他の有害事象

- ベンゾジアゼピン系抗不安薬や睡眠導入薬では［前向健忘］（服用した以降の記憶障害）、［持ち越し効果］（翌朝眠気が残る）、［反跳性不眠］（急にやめると不眠がひどくなる）、ふらつきや転倒、**依存・耐性・せん妄**が問題になる。
- SSRI/SNRI では、投与初期に［悪心嘔吐］が出やすいが、多くは一過性で 1 週間以内に治る。予防として薬剤を徐々に増量する。
- SSRI/SNRI 投与で心電図の［QT］**間隔の延長**があると**致死的不整脈**が発症しやすくなる。
- 抗精神病薬は代謝・内分泌への影響として**高プロラクチン血症**による**無月経**、**乳汁分泌**が問題とされる。
- ［非定型抗精神病薬］では、**体重増加**、**血糖値上昇作用**が問題とされる。特にクエチアピンとオランザピンは糖尿病には禁忌である。

一問 一答

❶ 副作用としてアカシジアを最も発現しやすい薬剤は抗うつ薬である。
第 1 回 問 104

❷ 抗コリン作用は SSRI よりも三環系抗うつ薬で多く出現する。

❸ 非定型抗精神病薬の中には糖尿病患者に使用禁忌の薬がある。　第 3 回 問 29

解説

❶ ✕　抗うつ薬でなく抗精神病薬である。

❷ 〇　三環系抗うつ薬、抗精神病薬、抗ヒスタミン薬などで多く出現。

❸ 〇　クエチアピンとオランザピンは体重増加や血糖値上昇をきたすことがあるため我が国では糖尿病には禁忌とされる。

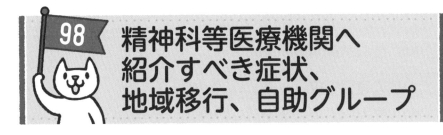

98 精神科等医療機関へ紹介すべき症状、地域移行、自助グループ

精神科へ紹介すべき症状

- 公認心理師にとって、精神科へ紹介すべき精神疾患の症状を把握することは医療との連携にとって不可欠である。それは一般的に次のような場面が想定される。
  ①うつ病で［自殺念慮］が強い、または［3カ月］以上続くうつ状態
  ②双極I型障害での［躁］状態
  ③統合失調症での［幻覚妄想状態］、**著しい**［興奮状態］
  ④境界性パーソナリティ障害で［自傷行為や過食拒食］を繰り返す
  ⑤上記以外でも患者の生命になんらかの危険が及ぶと判断されるとき
  ⑥その他心理師の力量により支援が難しいと感じたとき

地域移行

- 患者の住居を単に病院や施設から元の家庭に戻すだけでは不十分であり、患者がその地域のコミュニティの一員として受け入れられ、個人として生活できるようになることを目指す。

自助グループ

- 同じ障害や問題を共有するグループによって自主的に運営され、相互に援助し合う集団。代表的なものとしては以下のものがある。

● 自助グループの種類

アルコホリクス・アノニマス（AA）	アルコール依存症からの回復を支援する。1935年米国で誕生。基本的にメンバーは匿名で入会する
ナルコティクス・アノニマス(NA)、ダルク(DA)	薬物依存症からの回復を支援する。わが国ではダルクが有名。メンバーは匿名で入会する
患者家族会	精神疾患を家族に持つ人たちがグループを作り、様々な悩みごとや相談を話し合い、疾患の社会への啓発活動、［ピア・カウンセリング］などを行う

薬物依存症の公衆衛生対策

- **供給の低減**（サプライ・リダクション）とは、危険な薬物に対する取締り強化・規制強化のことである。
- **需要の低減**（ディマンド・リダクション）は、薬物再濫用防止、薬物依存症の治療のことをいう。
- **二次被害の低減**（ハーム・リダクション）とは、止めることができないことを受け入れるコミュニティの整備、犯罪者扱いしない、清潔な注射針の提供などにより二次的被害を減らすことをいう。

✓ **ここが重要**

精神科と心療内科はどう違うのか

　心療内科は、本来内科学の一分野であり、心身症やストレス因に関連した身体疾患を扱う。本章での対象はあくまでも精神疾患で精神科に紹介すべき状態を示す。自殺念慮、遷延するうつ状態、躁・幻覚妄想状態、自傷・食行動異常などに注意しよう。地域移行支援、**障害者総合支援法**、アルコホリクス・アノニマス、ナルコティクス・アノニマス、ハーム・リダクションなどの概念をおさえよう。

✓ **ここが重要**

「ダメ、ゼッタイ」「シャブ山シャブ子」ではダメな薬物依存症治療

　いたずらに薬物に対する恐怖感をあおる、薬物で廃人になるなどといった誤った宣伝は治療的ではない。薬物依存症者を社会で受け入れられるような施策が重要。

一問一答

❶ かかりつけの内科医に通院して薬物療法を受けているうつ病の患者を精神科医へ紹介すべき症状として、適切なものは自殺念慮と改善しない抑うつ症状である。 第1回 問134

❷ 薬物依存症は犯罪なので警察に連絡するべきであり、精神科や心理が介入する必要はない。

❸ 薬物依存症に対する治療での重要な概念として二次被害の低減（ハーム・リダクション）がある。

解説

❶ ○ 患者の生命に危険ありと判断したときは精神科医に紹介する。

❷ × 薬物依存症に対して刑罰を科しても症状は治らない。医療機関へ速やかにつなぎ専門のプログラムやダルクを紹介するべきである。

❸ ○ ほかに、供給の低減や需要の低減も重要である。

章末問題・22章

Q 問題

❶ 26歳の男性が幻覚・妄想を主症状として訴えている。身体疾患、過度の飲酒及び違法薬物の摂取はない。この患者に対する治療として適切なものは認知行動療法である。 第1回 問73改

❷ ナルコレプシーでは脳脊髄液中のオレキシン濃度が上昇する。 第2回 問100改

❸ がん患者とその支援についての包括的アセスメントの対象には、がんそのものに起因する症状と、社会経済的、心理的および実存的問題がある。 第1回追試 問26改

❹ 前頭側頭型認知症では初期から記憶障害が著明である。 第1回追試 問25

❺ 神経性無食欲症ではWHOの基準でBMI：17kg/m² は成人では最重度のやせである。 第1回追試 問27

❻ DSM-5の神経発達症群では異なる神経発達症が併発することはほとんどない。 第1回追試 問52改

❼ 境界性パーソナリティ障害の特徴としては、過度な情動性を示し、人の注意を引こうとする傾向が認められる。 第1回追試 問102

❽ 心的外傷後ストレス障害（PTSD）の診断基準では、日常的に行われる家庭内暴力や虐待などによって生じるものは含めず、災害、犯罪、交通事故などの単回の出来事によって生じるものをいう。 第1回追試 問117

❾ 認知症の中核症状とBPSDとに分けた場合、中核症状に分類される内容として、失行がある。 第1回追試 問18

❿ 高次脳機能障害では高次の脳機能が障害される認知症や精神病なども含まれ、進行性である。

⓫ コカインや大麻で身体依存、耐性が起きる。 第2回 問133改

⓬ 覚醒剤精神病におけるフラッシュバックとは些細な刺激で過去のトラウマとなる体験を追体験することである。

⓭ 妄想性障害では持続的な妄想が6カ月以上持続するものをいう。

⓮ レム睡眠行動障害はLewy小体型認知症によく合併する。

Ⓐ 解説

❶ × 診断は統合失調症なので認知行動療法でなく抗精神病薬の適応である。

❷ × ナルコレプシーでは脳脊髄液中のオレキシン濃度は極端に低下する。

❸ ○ がんそのものとそれに付随する心理社会的問題が支援の対象である。

❹ × 前頭側頭型認知症では初期には記憶障害は目立たず人格変化が主体である。

❺ × BMI：15kg/m² 未満が最重度とされる。

❻ × DSM-5 では自閉スペクトラム症と注意欠如多動症の併記が認められるようになった。両者は臨床上での合併は多いと考えられる。

❼ × これは演技性パーソナリティ障害の特徴である。境界性パーソナリティ障害では対人関係、自己像および感情の不安定と著しい衝動性を示す。

❽ × 日常的に行われる家庭内暴力や虐待なども PTSD を起こしうる。これを複雑性 PTSD という。

❾ ○ 認知症の中核症状は脳の神経細胞の脱落そのものに直接起因する症状で、記憶障害、見当識障害、失語・失行・失認、実行機能障害などがある。それに対し BPSD（認知症の行動・心理症状）は周辺症状ともいい、環境との相互作用で起きるとされる。

❿ × 高次脳機能障害は脳損傷後に起きる症候群で基本的には進行せず、認知症や精神病は含まれない。

⓫ × コカインや大麻では身体依存、耐性は起きないとされている。

⓬ × これは PTSD のフラッシュバック。覚醒剤精神病でのフラッシュバックは飲酒、喫煙、睡眠不足などのストレスで容易に精神病症状が再燃すること。

⓭ × 妄想性障害の持続は 1 カ月以上が条件である。

⓮ ○ Lewy 小体型認知症ではレム睡眠行動障害がよく合併する。

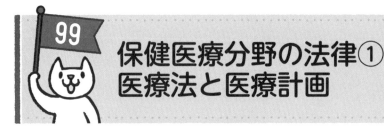

保健医療分野の法律① 医療法と医療計画

医療法

- **医療法**は、1948（昭和 23）年に施行された医療提供施設や医療供給体制に関する法律である。
- 目的は、［医療を提供する体制］の確保と［国民の健康］の保持である。
- 医療法における主な医療提供施設には、［病院］、［診療所］、助産所、介護老人保健施設などがある。

● **医療法が定める医療提供施設の種類**

病院	［20］人以上の患者を入院させるための施設 一般病院、精神科病院、地域医療支援病院（原則 200 床以上）、特定機能病院（400 床以上）　など
診療所	［19］人以下の患者を入院させるための施設、または、入院施設のないもの
助産所	助産師が助産や妊婦、褥婦、新生児の保健指導などを行う場所 ［10］人以上の入所施設を**有しないもの**
介護老人保健施設	要介護高齢者の自宅復帰を目指して看護や介護などを行う場所（医療法上の医療提供施設に位置付けられているが、介護保険法の規定により指定を受ける）

- **特定機能病院**とは、高度医療の提供、高度な医療技術の開発や評価、高度医療に関する研修などを行う機関である。
- **地域医療支援病院**とは、地域の医療従事者の資質向上、救急医療、紹介患者への医療提供を行う機関である。

医療計画

- **医療計画**とは、地域の特性に基づいた医療提供体制の確保のために［都道府県］が策定したものである。
- 医療計画では、**5 疾病**（がん、脳卒中、心筋梗塞、糖尿病、精神疾患）、**5 事業**（救急医療、災害医療、へき地医療、周産期医療、小児医療）に関する事項を定めること、とされている。

入院診療計画書

- **入院診療計画書**とは、入院中の診療計画に関する事項が記された書類である。
- 入院診療計画書には、入院中に行われる検査や手術、薬物療法、その他の治療（リハビリテーションや精神療法なども該当）に関する計画が含まれる。

医療の安全確保

- 医療機関は医療の安全を確保しなければならない。
- 医療機関は医療の安全対策に関わる専門の教育を受けた［医療安全管理者の配置］が義務づけられている。
- ［都道府県］、［保健所を設置する市及び特別区］は、**医療安全支援センター**を設置する。医療安全支援センターは、医療に関する苦情、心配や相談に対応する。また、医療機関、患者や住民に対して、［医療安全］に関する**助言および情報提供**等を行う。
- 医療事故（予期しない死亡や死産）が発生した場合、医療機関は原因究明のため院内調査を実施し、その調査結果を第三者機関である医療事故調査・支援センターに報告することが義務づけられている。

第 **23** 章
公認心理師に関係する制度

一問一答

❶ 医療法に規定されている診療所とは19人未満の患者を入院させる施設のことである。
❷ 医療計画には精神疾患も含まれる。
❸ 入院診療計画書には、精神療法に関する事項は含まれない。
❹ 医療法に基づき、国は医療安全支援センターを設置する。
❺ 医療事故が起こった際には、医療安全支援センターに報告しなければならない。

解説

❶ ✕ 診療所とは、19人以下の患者を入院させるための施設、または、入院施設のないものをいう。
❷ ○ 2013（平成25）年度の医療計画から、精神疾患が含まれるようになった。
❸ ✕ 入院診療計画書には治療計画が記載されるため、治療計画に精神療法が含まれるのであれば該当する。
❹ ✕ 医療安全支援センターは、都道府県、保健所を設置する市および特別区によって設置されている。
❺ ✕ 医療安全支援センターではなく医療事故調査・支援センターに報告する。

保健医療分野の法律② 精神保健福祉法

精神保健福祉法とは

- **精神保健福祉法**は、以下の①〜③によって、[精神障害者]の福祉の増進および[国民]の精神保健の向上を図ることを目的とした法律である。
  ①精神障害者の医療および保護を行うこと
  ②障害者総合支援法とともに、精神障害者の社会復帰の促進、自立と社会経済活動への参加の促進のために必要な援助を行うこと
  ③精神疾患の発生の予防や、国民の精神的健康の保持、増進に努めること

● **精神保健福祉法制定の経緯（関係する法律の流れ）**

1950年 (昭和25)	「精神衛生法」制定
1987年 (昭和62)	「精神衛生法」が改正され、「精神保健法」に改称、施行 ・きっかけは宇都宮事件
1993年 (平成5)	「精神保健法」改正
1995年 (平成7)	「精神保健福祉法」制定 ・障害者基本法の成立を受け、精神保健法が大幅に改正された ・「自立と社会経済活動への参加」が目的に加えられた ・精神障害者保健福祉手帳が創設された

精神障害者の定義

- **精神障害者**とは、「統合失調症、精神作用物質による急性中毒またはその依存症、[知的]障害、精神病質その他の精神疾患を有する者」のことをいう（精神保健福祉法第5条）。「精神病質その他の精神疾患を有する者」とは、うつ病、躁うつ病などの気分障害、[てんかん]、[高次脳機能障害]、[発達障害]（自閉症、学習障害、注意欠陥多動性障害等）、[ストレス関連障害] などを含む。

精神保健福祉センター

- **精神保健福祉センター**は、精神保健や精神障害者の福祉に関する知識の普及、調査研究、保健所などの技術指導、保健相談、精神医療審査会の事務や自立支援医療の支給要否の認定等を行う行政機関である。
- 精神医療審査会の窓口でもある。
- [都道府県] および [指定都市] に設置されている (同法第 6 条)。

精神医療審査会

- **精神医療審査会**は、[人権擁護] の観点に立つ第三者審査機関として、[措置入院]、[医療保護入院] の定期病状報告を行い、[入院継続] の可否、入院患者の [退院] や [処遇改善請求] の審査などを行う。
- 精神医療審査会の委員は、精神障害者の保健や福祉に関し、学識経験を有する者とされている。
- [都道府県] および [政令指定都市] に設置されている (同法第 12 条)。

精神障害者保健福祉手帳

- **精神障害者保健福祉手帳**は、一定の精神障害の状態にあることを証明するもので、[都道府県知事] (指定都市にあっては市長) が交付する (同法第 45 条)。
- 精神保健福祉法における障害者の定義には**知的障害者**が含まれるが、精神障害者保健福祉手帳の交付対象ではない (知的障害者は [療育手帳])。
- 障害の等級は、日常生活への制限に応じて**1 級から 3 級**に区分されており、手帳は [2] 年ごとの認定である。
- 公共料金等の割引、[住民税、所得税の控除等] の社会的援助を受けることができる。

精神保健福祉法による入院

- 措置入院、医療保護入院を行う精神科病院は、常勤の [精神保健指定医] を置かなければならない。
- 精神保健福祉法に基づく入院形態には、[任意入院]、[医療保護入院]、[応急入院]、[措置入院]、[緊急措置入院] の 5 種類がある。

第 23 章 公認心理師に関係する制度

● 精神保健福祉法に基づく入院形態の種類

入院形態	内容	同意	精神保健指定医の診察	入院措置の権限
任意入院	・入院について本人の同意がある場合 ・本人の申し出があれば退院可能 ・精神保健指定医が必要と認めた場合、**72時間以内**の[退院制限]が可能	患者本人	必要なし	
医療保護入院	・自傷他害の恐れはないが、本人が入院を拒否しているなど、任意入院を行う状態にない場合 ・入院施設は精神科病院	家族等※のうち、いずれかの者の同意	1名	精神科病院管理者
応急入院	・任意入院を行う状態になく、急を要し、家族などの同意が得られない場合 ・入院期間は**72時間以内** ・入院施設は応急入院指定病院	不要	1名	精神科病院管理者
措置入院	・入院させなければ[自傷他害の恐れ]がある場合 ・警察官などからの通報、届出等により都道府県知事が精神保健指定医に診察をさせる ・入院施設は国や都道府県等が設置した精神科病院と、措置入院に関わる指定病院	不要	2名以上	都道府県知事
緊急措置入院	・措置入院の要件に該当するが、急を要し、措置入院の手順を踏めない場合 ・入院期間は**72時間以内**	不要	1名	都道府県知事

※「家族等」とは、配偶者、親権者、扶養義務者、後見人、または保佐人のことを指す。
　該当者がいない場合等は、市町村長が同意の判断を行う。

入院患者の処遇

- 精神科病院の管理者は、入院患者の [医療] または [保護] のために欠かせない限度内で患者の行動を制限することができる（同法第 36 条 1 項）。
- [信書（手紙）の受け渡し] や行政機関の職員、患者の代理人である弁護士などとの面会や電話などは制限することができない（同法第 36 条 21 項）。
- 患者の [隔離]（12 時間を超える場合）や [身体拘束] は、[精神保健指定医] が必要と認めた場合のみ可能である（同法第 36 条 3 項）。
- 身体的拘束を行った場合は、身体的拘束を行った旨、身体的拘束の理由、開始と解除の日時等を、[精神保健指定医] が診療録に記載する。

✔ ここが重要

入院形態

　精神保健福祉法に基づく入院形態は必ずおさえておこう。精神保健福祉法による入院形態は 5 種類ある。それぞれの入院条件の違いを覚えよう。
　入院患者の処遇についてもしっかりとおさえておきたい。

✏ 一問一答

❶ 医療保護入院とは、家族の同意に基づく入院形態である。

❷ 任意入院の際は精神保健指定医の診察を要しない。 第1回 問58

❸ 医療保護入院をしている患者から退院請求があった場合、入院継続の適否について判定を行うのは地方精神保健福祉審議会である。

❹ 精神障害者保健福祉手帳の交付を受けた者は、所得税の控除が受けられる。

❺ 精神障害者保健福祉手帳の更新は、3 年ごとに行わなければならない。

解説

❶ ✕ 「家族」ではなく「家族等」であり、配偶者、親権者、扶養義務者、後見人または保佐人が含まれる。家族等に該当する者がいない場合は、市町村長が同意の判断を行う。

❷ ○ 精神保健指定医の診察は必要ない。

❸ ✕ 地方精神保健福祉審議会ではなく、精神医療審査会。地方精神保健福祉審議会とは、精神保健および精神障害者の福祉に関する事項の調査審議機関として都道府県や指定都市に設置されるもの。

❹ ○ 所得税、住民税など各種税制の優遇措置を受けることができる。

❺ ✕ 3 年ごとではなく 2 年ごと。

101 保健医療分野の法律③ 自殺対策基本法

自殺対策基本法とは

- **自殺対策基本法**は、[自殺の防止]や[自死遺族への支援の充実]を図ることを目的に、議員立法として2006（平成18）年に制定された法律である。
- 2016（平成28）年、「改正自殺対策基本法」（自殺対策基本法の一部を改正する法律）が成立した。
- 改正自殺対策基本法では、自殺対策の理念が明確化され、さらに地域自殺対策推進の強化が盛り込まれた。
- 自殺対策基本法に基づき、政府が推進すべき自殺対策の指針が[自殺総合対策大綱]として定められた。

自殺対策の基本理念

- 自殺対策は、自殺を個人的な問題でなく社会的な問題として捉え、対策に取り組む必要がある。
- 自殺が[多様かつ複合的]な原因、背景を有するものであることを踏まえ、単に[精神保健的]観点からのみならず、自殺の[実態]に即して実施されるようにしなければならない。
- 自殺の各段階（①事前予防、②発生危機への対応、③発生後または未遂の事後対応）に応じた効果的な施策として実施されなければならない。
- 国、地方公共団体、医療機関、事業主、学校、自殺の防止等に関する活動を行う民間の団体その他の関係する者の相互の[密接な連携]の下に実施されなければならない。

それぞれの責務

- **国**は、基本理念にのっとり、自殺対策を[総合的]に策定し、実施する責務がある。
- **地方公共団体**は、基本理念にのっとり、自殺対策について国と協力しつつ、[当該地域の状況に応じた]施策を策定し、実施する責務がある。
- **事業主**は、国・地方公共団体が実施する自殺対策に協力するとともに、[労働

者の健康の保持]を図るため必要な措置を講じるよう努める。

- **国民**にも、自殺対策の重要性に対する[理解と関心]を深めるよう努める責務がある。

自殺対策基本法における基本的施策

- 自殺対策基本法では、**基本的施策**として以下の９つが挙げられている。

　①自殺の防止等に関する調査研究の推進並びに情報の収集、整理、分析及び提供の実施並びにそれらに必要な体制の整備（調査研究の推進等）

　②教育活動、広報活動等を通じた自殺の防止等に関する国民の理解の増進（国民の理解の増進）

　　例：自殺予防週間（９月 10 日〜16 日）、自殺対策強化月間（３月）の設置

　③自殺の防止等に関する人材の確保、養成及び資質の向上

　　（人材の確保等）

　　例：ゲートキーパーの養成

　④職域、学校、地域等における国民の心の健康の保持に係る体制の整備（心の健康の保持にかかわる体制の整備）

　⑤自殺の防止に関する医療提供体制の整備（医療体制の整備）

　⑥自殺する危険性が高い者を早期に発見し、自殺の発生を回避するための体制の整備（自殺発生回避のための体制の整備）

　⑦自殺未遂者に対する支援

　⑧自殺者の親族等に対する支援

　⑨民間団体が行う自殺の防止等に関する活動に対する支援

　　（民間団体の活動に対する支援）

一問一答

❶ 自殺対策基本法は、自殺の防止が目的である。
❷ 自殺対策基本法は、精神保健的観点で自殺対策を行うことが重要である。
❸ ゲートキーパーの養成は自殺対策の一つである。
❹ 自殺総合対策大綱で自殺対策の指針が策定された。

解説

❶ ✕ 自殺の防止だけでなく、自死遺族への支援の充実を図ることも目的。
❷ ✕ 精神保健的観点からのみならず、自殺の実態に即して実施される。
❸ ◯ 自殺の防止等に関する人材の確保や養成も基本的施策の一つである。
❹ ◯ 自殺対策基本法に基づき、定められた。

102 保健医療分野の法律④ 地域保健法

地域保健法とは

- **地域保健法**は、[地域住民の健康の保持と増進] に寄与することを目的として作られた法律である。1947 (昭和 22) 年に制定された保健所法が 1994 (平成 6) 年の改正で地域保健法となった。
- [地域保健対策の推進に関する基本的な指針] が定められている。この指針では、地域保健対策の推進の基本的な方向や、[保健所] や [市町村保健センター] の整備、運営に関する基本的事項などが定められている。

保健所

- **保健所**は、疾病の予防、健康の増進、環境衛生などの [公衆衛生活動] を行う中心機関 (**広域的、専門的**かつ**技術的拠点**) である。
- **都道府県、指定都市 (人口 50 万人以上の市)、中核市 (人口 20 万人以上の市)、特別区、政令で定める市**に設置されている。
- 保健所は以下の 14 の事業を中心に行っている。
    - ①地域保健に関する思想の普及と向上
    - ②[人口動態統計] などの統計業務
    - ③栄養改善、食品衛生
    - ④環境衛生
    - ⑤医事・薬事
    - ⑥保健師活動
    - ⑦公共医療事業の向上・増進
    - ⑧母性・乳幼児・老人の保健
    - ⑨歯科保健
    - ⑩[精神保健]
    - ⑪長期療養を必要とする者の保健
    - ⑫エイズ・結核・性病・伝染病などの予防
    - ⑬衛生上の試験および検査
    - ⑭[地域住民の健康の保持・増進]

市町村保健センター

- **市町村保健センター**は、健康相談、保健指導、健康診査、その他の地域保健に関する必要な業務を行うためのより身近な施設である。
- 市町村ごとに設置されている。
- 市町村保健センターは母子保健や老人保健を担っている。
  例：妊婦健診、乳幼児健診、母子手帳の交付など

● 保健所と市町村保健センターの違い

保健所	市町村保健センター
広域的・専門的なサービス	身近なサービス
都道府県、指定都市、中核市、特別区などに設置	市町村に設置
業務内容 疾病予防、健康の増進、環境衛生に関する事項など	**業務内容** 健康相談、保健指導、健康診査など

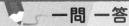

一問一答

① 疾病予防は地域保健法に基づく保健所の事業の一つである。

② 環境衛生は地域保健法に基づく地方衛生研究所の業務である。

③ 市町村保健センターは地域保健の広域的、専門的かつ技術的拠点である。

④ 市町村保健センターでは児童について医学的、心理学的、教育学的、社会学的および精神保健上の判定を行う。

⑤ 市町村保健センターは各市町村に設置することが義務づけられている。

解説

① ○ 保健所の代表的な業務。

② × 地方衛生研究所ではなく保健所の業務。地方衛生研究所は、都道府県および政令指定都市の衛生研究の中核機関である。

③ × 広域的、専門的かつ技術的拠点であるのは保健所。

④ × 市町村保健センターではなく児童相談所の説明。

⑤ × 保健所とは異なり、市町村保健センターに設置義務はない。

103 福祉分野の法律、制度①

児童福祉法

- **児童福祉法**は、1947（昭和22）年に制定。[子どもの権利条約]を受けて 2016（平成28）年に理念を改正した。
- 児童福祉法第1条には、「すべて国民は、児童が心身ともに健やかに生まれ、 且つ、育成されるよう努めなければならない」「すべて児童は、ひとしくその 生活を保障され、愛護されなければならない」とある。
- 児童の定義は、[満18歳に満たない]者である。
- 社会的養護の必要な子のための[児童福祉施設]を定める。

● 福祉関連の施設

施設	根拠法	設置義務	内容
福祉事務所	社会福祉法	都道府県、市（特別区を含む）は設置義務あり。町村は任意	[福祉三法]（**生活保護法、児童福祉法、母子及び寡婦福祉法**）を所管する
児童相談所	児童福祉法	都道府県、政令指定都市は設置義務あり	**養育相談、障害相談、非行相談、保健相談、育成相談**を行う

老人福祉法

- **老人福祉法**は、1963（昭和38）年に制定され、[老人福祉施設]と、国や公共 団体の高齢者福祉の措置に関する施策を規定している。
- 目的として、老人福祉法第1条に、老人の「心身の健康の保持及び生活の安定 のために必要な措置を講じ、もつて老人の福祉を図ること」とある。

障害者総合支援法

- **障害者基本法**は、1970（昭和45）年に制定され、障害者の自立や社会参加を 支援するための施策についての基本事項を規定している。
- この理念にのっとり、**障害者総合支援法**（障害者の日常生活及び社会生活を総 合的に支援するための法律）は2013（平成25）年、障害者が人格と個性を尊 重され安心して日常生活、社会生活を営むための支援を行う目的で施行され た。これに基づく基本指針に即して、都道府県・市町村は[障害福祉計画]を 作成する。

- 対象となる「障害者」は、[身体障害者]、[知的障害者]、[精神障害者（発達障害者を含む）]、政令で定める難病等により障害がある者で [18 歳以上] の者（第4条1項）。

発達障害者支援法

- **発達障害者支援法**は、2004（平成16）年に施行、2016（平成28）年に改正。同法では、発達障害の早期発見と支援に関する国と地方公共団体の責務、学校教育における支援、就労支援、発達障害者支援センターの指定等を定め、発達障害者の自立および社会参加のための生活全般にわたる支援を目的とする。
- この法により、[精神保健福祉法] では含まれていなかった [発達障害] が法制度の中に位置づけられた。
- [発達障害者] とは、「発達障害（自閉症、アスペルガー症候群その他の広汎性発達障害、学習障害、注意欠陥多動性障害などの脳機能の障害で、通常低年齢で発現する障害）がある者であって、発達障害及び [社会的障壁] により日常生活または社会生活に制限を受けるもの」のこと（同法第2条）。
- 発達障害児の定義は **18 歳未満**だが、支援対象の年齢は定められていない。

障害者差別解消法

- 内閣府は2013（平成25）年に、**障害者差別解消法**（障害を理由とする差別の解消の推進に関する法律）を制定し、厚生労働省は同年に、**障害者雇用促進法**（障害者の雇用の促進等に関する法律）を一部改正して、障害者に対する [不当な差別的取扱い] の禁止と [合理的配慮] の提供を定めた。

● 不当な差別的取扱いの禁止と合理的配慮の提供

	障害者差別解消法	障害者雇用促進法
不当な差別的取扱いの禁止	法的義務	法的義務
合理的配慮の提供	国・地方公共団体等：法的義務 事業者：努力義務	法的義務

一問一答

❶ 児童相談所は児童福祉施設である。
❷ 発達障害では療育手帳を取得することができない。 第1回 問45

解説
❶ ✕ 児童相談所は都道府県、政令指定都市に設置義務のある児童福祉の専門機関であり、児童福祉施設とは異なる。
❷ ✕ 発達障害でも状態によっては療育手帳を取得することができる。

104 福祉分野の法律、制度②

虐待防止関連の法律

- 虐待防止のための法律には、[児童虐待防止法]（児童虐待の防止等に関する法律）、[DV防止法]（配偶者からの暴力の防止及び被害者の保護に関する法律）、[高齢者虐待防止法]（高齢者に対する虐待の防止、高齢者の養護者に対する支援などに関する法律）、[障害者虐待防止法]（障害者虐待の防止、障害者の養護者に対する支援に関する法律）がある。

児童虐待防止法　2000（平成12）年制定

- 児童（18歳未満）の保護者および児童を現に監護する者が対象。
- **身体的、心理的、ネグレクト、性的虐待。**
- 発見者には[通報義務]がある。児童に関わる専門職には[早期発見の努力義務]がある。
※施設虐待、要保護児童対策地域協議会は[児童福祉法]で規定されている。

DV防止法　2001（平成13）年制定、2014（平成16）年改正

- 配偶者（離婚後も）、事実婚、同棲中の交際相手からの心身への暴力が対象。
- 発見者には[通報の努力義務]がある。
- [配偶者暴力相談支援センター]はDV被害者支援の拠点。都道府県には**設置義務**、市町村には**設置努力義務**がある。

高齢者虐待防止法　2006（平成18）年制定

- 高齢者（65歳以上）の養護者と養介護施設従事者が対象。
- **身体的、心理的、世話の放棄、性的、経済的虐待。**
- 身体拘束は「**緊急性**」「**非代替性**」「**一時性**」がある場合はやむを得ない。
- 発見者には、生命や身体への危険性が高い場合は[通報義務]が、そうでなければ[努力義務]がある。高齢者に関わる専門職は[早期発見の努力義務]、[通報義務]がある。

障害者虐待防止法　2011（平成23）年制定

- 障害者（**身体・知的・精神**）の養護者、障害者福祉施設従事者、使用者（職場の上司など）が対象。
- **身体的、心理的、放置、性的、経済的虐待。**
- 発見者には[通報義務]がある。障害者に関わる専門職には[早期発見の努力義務]がある。
- [市町村]障害者虐待防止センター：[市町村]は防止に努める。
  [都道府県]障害者権利擁護センター：[都道府県]は権利養護に努める。

- **親権停止請求制度**は、2011（平成 23）年の民法の改正によりできた制度である。［家庭裁判所］は、児童相談所の所長、検察官、子の親族、子ども本人、未成年後見人、未成年後見監督人の請求により、［2］年以内の親権停止を行うことができる。
- 2019（令和元）年、**児童虐待防止対策の強化**を図るため、児童の権利擁護、児童相談所の体制強化及び関係機関間の連携強化等の措置を講じるために、「児童虐待防止対策の強化を図るための児童福祉法等の一部を改正する法律」が制定された。これにより、親権者等による**体罰の禁止**が定められた。

生活支援関連の法律

- ［生活保護法］は、1950（昭和 25）年に制定。生活に困窮する人に対し、その程度に応じて必要な保護を行い、［健康で文化的な最低限度の生活］を保障すると共に、自立を助長することを目的。窓口は［福祉事務所］。
- ［生活困窮者自立支援法］は、2013（平成 25）年に制定。生活保護よりも前に経済的に困窮する恐れのある人に対して、自立を支援する目的。就労訓練、住居確保給付金、子どもの学習支援などを行う。

一問一答

❶ 児童虐待防止法における児童とは、0 歳から 12 歳までの者である。 第1回 問12
❷ DV 法に関して、被害者を発見した者が警察に通報することには、刑法その他の守秘義務に関する規定によって制限が設けられている。 第1回 問120
❸ DV 法では、医療関係者は、配偶者暴力相談支援センターなどの情報を被害者に提供することが求められている。 第1回 問120
❹ 高齢者虐待防止法において、身体的拘束はいかなるときも認められない。
❺ 親の親権を一時的に停止することができるのは児童相談所所長である。
　第1回 問105

解説
❶ ✕　0 歳から 18 歳未満の者である。
❷ ✕　通報しても守秘義務違反に問われることはない。
❸ ◯　医療関係者の情報提供は努力義務である。
❹ ✕　「緊急性」「非代替性」「一時性」があるときは認められる。
❺ ✕　家庭裁判所である。

105 教育分野の法律、制度

学校関連の基本的な法律

- 学校教育に関する主な法律として、教育基本法、学校基本法、学校保健安全法がある。

教育基本法　1947 (昭和 22) 年制定、2006 (平成 18) 年改正

- 教育は、人格の完成を目指し、平和で民主的な国家と社会の形成者として、必要な資質を備えた心身ともに健全な国民を育成することが目的。
- [教育機会の均等] (同法第 3 条)、[義務教育] (同法第 4 条)。

学校教育法　1947 (昭和 22) 年制定、2007 (平成 19) 年改正

- **憲法**と**教育基本法**の理念に基づき、学校教育の制度について、内容と基準を具体的に示す。
- 学校とは、**幼稚園、小学校、中学校、義務教育学校、高等学校、中等教育学校、特別支援学校、大学、高等専門学校**のこと。
- 義務教育を受けさせる [就学義務] がある (同法第 16 条)。
- 法改正により [スクールカウンセラー] の職務内容が学校教育法施行規則に規定された。

学校保健安全法　1958 (昭和 33) 年制定、2015 (平成 27) 年最終改正

- 学校における児童生徒等及び職員の [健康の保持増進] と [安全確保] を図る目的。保護者への助言も含める。
- **学校の衛生環境、保健室、健康診断、健康相談、学校感染症など**を定める。

学校教育関連の法律

- [いじめ防止対策推進法] は、2013 (平成 25) 年に制定。いじめとは「当該児童等と一定の人的関係にある他の児童等が行う [心理的] または**物理的**な影響を与える行為 (**インターネット**を通じて行われるものを含む) であり、当該行為の対象となった児童が心身の苦痛を感じているもの」と定義されている。また、いじめの禁止、相談体制の整備、[いじめ防止対策組織] (心理、福祉の専門家を含む) について明記されている。
- 義務教育の段階における普通教育に相当する教育の機会の確保等に関する法律 (**教育機会確保法**) は、2017 (平成 29) 年に制定。教育機会の確保などの施策を総合的に推進することを目的とする。主に不登校支援を行う。

教育関連の施設と制度

- [教育相談所] とは、**教育に関する相談**（いじめ、不登校など）に対応する教育委員会の相談機関である。
- [教育支援センター]（**適応指導教室**）は、**不登校児童生徒**の集団活動への適応、情緒の安定、基礎学力の補充、基本的生活習慣の改善などのための**相談、適応指導**を行う。教育機会確保法では、教育支援センターを学校外の教育機会を提供する公的機関に位置づけている。
- [特別支援教育]、[通級] は、障害のあるすべての幼児児童生徒の教育の一層の充実を図るための制度。2007（平成 19）年から**学校教育法**の中に位置づけられ、LD、ADHD も通級指導の対象になった。

一問一答

❶ 教育基本法は教育機会の均等を定めているが、障害児については言及していない。

❷ 学校教育法の定義する学校の中に、保育所は含まれない。

❸ 学校教育法では、市町村の教育委員会は教育上必要があると認めるときは、児童生徒に懲戒を加えることができる。 第 1 回追加 問 29

❹ いじめ防止対策推進法では、いじめの禁止が定められている。 第 1 回 問 38 改

❺ いじめ防止対策推進法の定めるいじめとは、一定の人間関係のあるものから、心理的、物理的攻撃を受けたことにより、精神的な苦痛を感じていることである。 第 1 回追加 問 43

解説

❶ ✕ 教育基本法第 4 条に「障害のある者が、その障害の状態に応じ、十分な教育を受けられるよう、教育上必要な支援を講じなければならない」とある。

❷ ○ 保育所は、児童福祉法が定める「児童福祉施設」である。

❸ ✕ 教育委員会ではなく、校長及び教員。ただし、体罰を加えることはできない。

❹ ○ 第 4 条に「児童等は、いじめを行ってはならない」とある。

❺ ✕ 一定の人的関係にある他の児童等が行う心理的または物理的な影響を与える行為（インターネットを通じて行われるものを含む）であり、当該行為の対象となった児童が心身の苦痛を感じているもの。

106 司法・犯罪分野の法律

刑法

- **刑法**は 1908（明治 41）年に施行され、刑法第 1 条には、「この法律は、日本国内において罪を犯したすべての者に適用する」とある。
- 刑法は、いわゆる [刑事] 事件において適用される法律である。

● **犯罪が法律上成り立つ 3 要件**

構成要件該当性	刑法で類型的に取り上げる殺人、窃盗など社会的な有害行為に当てはまること
違法性	正当防衛など法律上許されている場合を除き、違法な行為であること
有責性	行為者が、行為の是非を弁別できる能力があり、故意または過失という責任条件を備え、それ以外の適法行為に出ることが期待可能であった場合

● **触法精神障害者の処遇上重要なのは、刑法第 39 条**

刑法第 39 条
精神障害などの生物学的要件のゆえに、自己の行為の是非善悪を弁識する能力が欠如している場合を [心神喪失]（責任無能力）といい、この能力が低いものを [心神耗弱]（限定責任能力）という。刑法は犯罪行為者が刑法上の責任を負えるだけの能力を持っている者（責任能力者）であることを要件とする。すなわち刑事事件の場合、**心神喪失の場合**には罪を犯していることが証明されても、**不起訴処分または無罪となり刑罰を免れ、心神耗弱の場合は罪を軽減される。**

少年法

- **少年法**は 1949（昭和 24）年に施行された、[非行少年] の基本的な取り扱いを定めた法律である。
- 第 1 条には「この法律は、少年の健全な育成を期し、非行のある少年に対して性格の矯正及び環境の調整に関する保護処分を行うとともに、少年の刑事事件について特別の措置を講ずることを目的とする」とある。

医療観察法

- **医療観察法**は、正式名称を「心神喪失等の状態で重大な他害行為を行った者の医療及び観察等に関する法律」といい、2002（平成14）年の池田小事件を契機に、2003（平成15）年に成立、2005（平成17）年に施行された。
- この法律の目的は、「心神喪失または心神耗弱の状態で重大な他害行為（殺人、強盗、傷害、放火、強制性交等、強制わいせつ）を行った者に対して、継続的かつ適切な医療並びにその確保のために必要な観察及び指導を実施し、症状改善、再発防止、社会復帰を促進させる」ことである。
- この法律によって、司法システムと医療行政システムの連携が実現される。
- 裁判所の関与によって、[裁判官] 1名と [精神保健審判員] 1名の**合議体**を中心に、指定入院機関の管理者、保護観察所の長、指定通院機関の管理者が連携する。
- 合議体の連携によって、鑑定、入院の継続、退院の許可、処遇の延長または通院期間の延長、再入院が審議される。
- [精神保健福祉士] は、精神保健参与員、社会復帰調整官としてこれらのプロセスに関わる。

ストーカー規制法

- **ストーカー規制法**（ストーカー行為等の規制等に関する法律）は、1999（平成11）年の桶川ストーカー事件を受けて、2000（平成12）年に施行された。
- 同法第3条で8項目のつきまとい等をして不安を覚えさせることの [禁止] について罰則等を明記、2013（平成25）年に [電子メール送信] 行為の規制も追加された。

一問一答

❶ 刑法39条で、心神耗弱の場合は、不起訴処分または無罪となり刑罰を免れるとされている。

❷ 少年法は非行少年に対する法的な取り扱いを定めた法律である。

❸ 医療観察法では、裁判所の関与のもとに、裁判官1名と精神保健審判員1名で構成される合議体による審判で、処遇の要否と内容の決定が行われる。

解説

❶ ✕ これは心神喪失の説明である。心神耗弱は罪を軽減されるとある。

❷ ◯ 少年全体が対象でないことに注意する。

❸ ◯ 合議体による裁判は、裁判官及び精神保健審判員の意見の一致したところによる。

107 司法・犯罪分野の制度

犯罪被害者等基本法

- **犯罪被害者等基本法**は、2005（平成17）年に施行された。
- 目的として、同法第1条に「この法律は、犯罪被害者等のための施策に関し、基本理念を定め、並びに国、地方公共団体及び国民の責務を明らかにするとともに、犯罪被害者等のための施策の基本となる事項を定めること等により、犯罪被害者等のための施策を総合的かつ計画的に推進し、もって犯罪被害者等の[権利利益の保護]を図ることを目的とする」とある。
- 犯罪被害者の保護は、警察や民間の犯罪被害者支援センター、裁判所等で行われている。

更生保護法

- **更生保護法**は、2008（平成20）年に施行された更生保護の新たな基本法である。更生保護とは、犯罪者や非行少年への社会内処遇の実施、再犯等の防止、社会的自立や更生を促す制度のこと。
- 更生保護の内容は、① [保護観察]、② [生活環境調整]、③ [仮釈放・仮退院]、④ [緊急更生保護]、⑤ [恩赦]、⑥ [犯罪予防活動] の6つ。

● 保護観察の対象者

種別	定義	保護観察期間
保護観察処分少年	家庭裁判所で保護観察に付された少年	[20] 歳まで、または [2] 年間
少年院仮退院者	少年院からの仮退院を許された少年	原則として [20] 歳に達するまで
仮釈放者	刑事施設からの仮釈放を許された人	残刑期間
保護観察付執行猶予者	裁判所で刑の全部または一部の執行を猶予され保護観察に付された人	執行猶予の期間
婦人補導院仮退院者	婦人補導院からの仮退院を許された人	補導処分の残期間

ハーグ条約

- **ハーグ条約**は、1980（昭和55）年にオランダのハーグ国際私法会議で採択された条約で、正式には「国際的な子の奪取の民事上の側面に関する条約」という。
- その目的は、①子を元の居住国へ［返還］することが原則であること、②親子の［面会交流の機会］を確保すべきこと、の2点である。
- 2020（令和2）年10月現在で、日本を含む世界101か国が条約締約しており、日本での施行は2014（平成26）年である。

成年後見制度

- **成年後見制度**は、認知症、知的障害、精神障害などの理由で［判断能力の不十分］な人々を保護し、支援する制度である。
- ［家庭裁判所］が審判を下す**法定後見制度**と、本人が十分な判断能力があるうちに任意後見人を決めておいて代理権を与える**任意後見制度**の2種類がある。
- 本人の判断能力の残存状況によって、判断能力が全くない［後見］、判断能力が著しく不十分な［保佐］、判断能力が不十分な［補助］と3つの種類がある。
- 具体的には、家庭裁判所が選任した成年後見人が、本人の利益を考えながら、本人を代理して契約などの法律行為をしたり、本人または成年後見人が、本人がした不利益な法律行為を後から取り消したりできる。
- 自己決定の観点から、日用品の購入など**日常生活**に関する行為は取り消しの対象にならない。

一問 一答

❶ 更生保護の保護観察対象は、保護観察処分少年、少年院仮退院者、仮釈放者、保護観察付執行猶予者、婦人補導院仮退院者である。

❷ ハーグ条約は1980（昭和55）年に締結された国際条約であり、日本も当初から締約国に加盟している。

❸ 成年後見制度では、本人の判断能力の残存状況によって後見、保佐、補助と3種類の後見人の種別が設けられている。

解説

❶ ○ 更生保護とは、犯罪者や非行少年への社会内処遇の実施、再犯等の防止、社会的自立や更生を促す制度のことをいう。

❷ × 日本がハーグ条約を締約して施行したのは遅く、2014（平成26）年である。

❸ ○ 成年後見制度は、認知症、知的障害、精神障害などの理由で判断能力の不十分な人々を保護し、支援する制度である。

第23章 公認心理師に関係する制度

108 司法・犯罪分野の施設

家庭裁判所と保護観察所

- **家庭裁判所**とは、[家事事件] と [少年事件] を扱う施設のこと。
- **保護観察所**とは、犯罪者や非行少年が社会の中で更生するように、[保護観察官] と [保護司] による指導と支援を行う施設である。

少年院

- **少年院法**は、2014 (平成 26) 年に改正、2015 (平成 27) 年に施行された。この改正ポイントは、少年鑑別所について独立した法律を制定し、再非行防止に向けた取り組み充実 (矯正教育等)、適切な処遇実施、社会に開かれた施設運営を行う、などである。
- 少年院の種類は、第 1 種から第 4 種までの 4 種類ある。
- 少年院の [矯正教育] は、①生活指導、②職業指導、③教科指導、④体育指導、⑤特別活動指導の 5 つで構成される。
- 生活指導には**特定生活指導**があり、被害者の視点を取り入れた教育、[薬物非行防止] 指導、性非行防止指導、暴力防止指導、家族関係指導、交友関係指導の 6 種類を在院者個々の事情に応じて指導する。
- 少年院の [社会復帰支援] は、①適切な住居その他の宿泊場所を得ること、当該宿泊場所に帰住することを助けること、②医療や療養を受けることを助けること、③修学または就業を助けること、とされる。

少年鑑別所

- 2015 (平成 27) 年に施行された**少年鑑別所法**では、少年鑑別所の管理運営、鑑別対象者の鑑別、適切な観護処遇を行い、並びに非行および犯罪の防止に関する援助について明記されている。
- [鑑別] は、医学や心理学など専門的知識や技術に基づき、鑑別対象者について、その非行等に影響した資質上及び環境上問題となる事情を明らかにし、その事情改善に寄与するための適切な処置を示すことである。
- [観護処遇] は、在所中の処遇全般を指す。

- **地域援助業務**においては、少年鑑別所は［**法務少年センター**］という名称で、地域の児童福祉や学校・教育等と連携しつつ、地域の非行・犯罪の防止活動や健全育成活動を行う。

● 鑑別の流れ

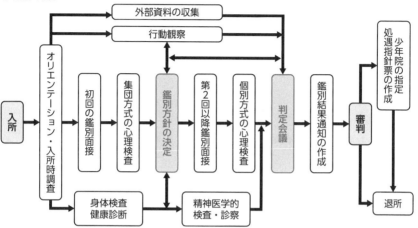

児童自立支援施設

- 1998（平成 10）年の［児童福祉法］改正で、**児童自立支援施設**は、社会的養護の観点から、①犯罪などの不良行為をした児童（子ども）、②犯罪などの不良行為をするおそれのある児童（子ども）、③家庭環境等の事情により生活指導等を要する児童（子ども）を入所または通所させて、自立を支援する施設とされた。

一問一答

❶ 家庭裁判所が扱うのは家事事件と少年事件である。

❷ 少年院の生活指導には、特定生活指導があり、被害者の視点を取り入れた教育、職業指導、性非行防止指導、暴力防止指導、家族関係指導、交友関係指導の 6 種類の指導を行う。

❸ 少年鑑別所は、鑑別、観護処遇、地域援助の 3 つを行う施設である。

解説

❶ ○ 少年事件や家事事件は家庭裁判所、刑事事件は地方裁判所という役割分担がある。

❷ × 特定生活指導には、職業指導ではなく薬物非行防止指導が該当する。

❸ ○ 鑑別の流れ図も把握しておくこと。

109 労働基準法、労働安全衛生法

労働基準法

- **労働基準法**は、労働者の[保護]を目的とする法律である。1947（昭和22）年に制定された。国家公務員等の一部職を除き、原則[すべて]の労働者に適用がなされる。
- 同法第1条には、**労働条件の原則**として、「労働者が人たるに値する生活を営むための必要を充たすべきものでなければならない」とある。この法律は[最低限]**の保障**を法的に定めたものであり、労働基準法の第1条2項に「この基準を理由として労働条件を[低下]させてはならないことはもとより、その[向上]を図るように努めなければならない」と示されている。

● **労働基準法の主なポイント**

第3条 均等待遇	[国籍]、[信条]または[社会的身分]を理由とした待遇の差別的取り扱いの禁止
第4条 男女同一賃金の原則	女性であることを理由とした賃金について男性との差別的な取り扱いの禁止
第5条 強制労働の禁止	[精神的]、[身体的]な自由を不等に拘束することでの労働の強制の禁止
第6条 中間搾取の排除	法律によって許される場合以外、他人の就業に介入して利益を得てはならない
第19条 解雇制限	業務上の受傷や疾病の休業のための期間とその後[30]日、産前産後の女性の第65条規定での休業とその後[30]日は解雇禁止
第34条の1 休憩	**6時間**を超える場合は少なくとも[45分]、**8時間**を超える場合は少なくとも[1時間]の休憩を与えなければならない

<労働時間と休日>

- 同法第32条では、休憩時間を除く**1週間の労働時間**が[40]時間を超えることは禁止されている。
- 同法第32条2項では、休憩時間を除く**1日の労働時間**が[8]時間労働を超えることは禁止されている。
- 同法第35条では、毎週少なくとも[1]回の**休日**を与えることが定められている。

＜最低年齢＞

- 同法第 56 条 1 項では、［満 15］歳に達した日以後の最初の 3 月 31 日が終了（中学卒業）するまで、**児童の労働を禁止**している。
- しかし、一部特殊な例外が存在する（同法第 56 条 2 項）。
  ＜満 13 歳以上：修学時間外に労働が可能＞
  同法別表第 1～5 号（製造、鉱業、土木など**工業的事業**）**以外**であり、かつ以下①と②に該当する場合
  ①児童の健康、福祉に有害性がなく、労働が軽易であること
  ②［行政官庁］の許可を受けていること
  ＜満 13 歳未満：修学時間外に労働が可能＞
  映画の製作または演劇の事業であって、上記①②に該当する場合

労働安全衛生法

- **労働安全衛生法**は、労働基準法を補完したもので、労災防止や労働者の安全・健康の確保、快適な職場環境作りを目的としている。1972（昭和 47）年に制定された。
- 同法では、安全衛生管理体制として、各事業場の業種、規模等に応じて、［総括安全衛生管理者］（安全管理者、衛生管理者等の指揮を担当）、［安全管理者］、［衛生管理者］、［安全衛生推進者］（安全教育、労災防止等を担当）、産業医等の選任を義務づけている。また、労災防止、再発予防のための［安全委員会］、健康障害の防止、健康の保持増進等のための［衛生委員会］を設けなければならない。
- 2018（平成 30）年 8 月の「労働安全衛生規則の一部を改正する省令」により、**ストレスチェックの実施者**（医師、保健師、必要な研修を修了した看護師や精神保健福祉士）に、必要な研修を修了した［歯科医師］、［公認心理師］が加わった。

一問一答

❶ 労働安全衛生法は 1947（昭和 22）年に定められた。
❷ 労働基準法で定める労働条件はその産業の平均的なものである。
❸ 必要な研修を修了した公認心理師は、ストレスチェックを実施できる。

（解説）
❶ ✕　労働安全衛生法は 1972（昭和 47）年に制定された。
❷ ✕　労働基準法で定める労働条件は最低基準である。
❸ ○　2018（平成 30）年 8 月の「労働安全衛生規則の一部を改正する省令」により実施者に加わった。

心の健康に関する知識

心と体の健康対策

- [健康増進法] のもと、2000（平成12）年より「健康日本21」（21世紀における国民健康づくり運動）が推進されている。健康日本21（第2次）は2013（平成25）年から行われており、[健康寿命] の延伸と健康格差の縮小が目標として挙げられている。

● 健康日本21の生活習慣病等の課題「9分野」

①栄養・食生活	②身体活動・運動	③休養・心の健康づくり
④アルコール	⑤糖尿病	⑥歯の健康
⑦タバコ	⑧循環器	⑨がん

- 厚生労働省では、特に以下の内容に重点を置き、「こころの健康対策」として対策を進めている。

こころの健康対策――うつ病

こころの健康を保つための心の健康づくり（健康日本21）をはじめ、うつ病の普及啓発、地域の保健医療体制等によるうつ病の早期発見、治療や社会的支援（障害者福祉サービス、医療費の助成など）を進めている
特に気分障害と不安障害は数値目標が設定されている

こころの健康対策――薬物依存症

[自助団体] の活動の支援や、地域連携体制の構築、依存症回復施設職員の資質向上、薬物依存者の家族の啓発・支援を進め、効果的な薬物依存症対策の開発を目指している

こころの健康対策――心的外傷後ストレス障害（PTSD）

大地震などの各種自然災害や犯罪・事故などの人為災害によって起こるこころの健康問題に対し、基本的な知識や支援方法などの [ガイドライン] の作成、支援者の質の向上などに取り組んでいる

心理的問題の予防

- **IOM**（Institute of Medicine）は、メンタルヘルス問題への対応を [予防]、[治療]、[維持] の3分類に設定。予防は「診断可能な障害の発症以前に行われる対応」のみに限定している。

● 予防の対象

[普遍] 的予防	一般大衆、あるいはリスクが高まっていると判断されていない人々(集団)
[選択] 的予防	生物的、心理的、あるいは社会的なリスク要因に基づき、精神障害を発症する可能性が平均よりも高い人々
[指示] 的予防	精神障害の予兆となるような軽微な徴候を示しているものの、現時点ではまだ診断基準を満たしていない人々

- [心理教育] は、精神障害などの問題を持つ人およびその家族に対して、正しい知識や情報を伝え、病気や障害によってもたらされる問題への対処法を身につけさせる方法である。

● 予防の方程式

$$発生率 = \frac{ストレス + 脆弱性}{コーピングスキル + 自尊心 + 知覚されたソーシャルサポート}$$

- ストレスと脆弱性は [リスク要因] であり、コーピングスキル、自尊心、知覚されたソーシャルサポートは [防御要因] である。

一問一答

❶ 健康日本 21 は生活習慣病予防、生活習慣改善など 12 分野にわたる目標を掲げている。
❷ 薬物依存症のこころの健康対策には、自助グループの支援も含まれている。
❸ IOM は予防を第一次から第三次の 3 水準に分けて対応をしている。
❹ 心理教育では、服薬の妨げにならないよう、薬の副作用については極力伝えない。
❺ ソーシャルサポートの有無は精神疾患の発生率に関わっている。

解説

❶ ✕ 健康日本 21 が言及するのは 9 分野に関してである。
❷ ○ 自助グループには治療効果があるとされ、支援の対象になっている。
❸ ✕ 第一次から第三次予防の考え方は Caplan, G. の考え方。
❹ ✕ 心理教育では、薬の副作用についても正しく伝えることが必要。
❺ ○ 知覚されているソーシャルサポートがあるほど、発生率は下がる。

章末問題・23〜24章

Q 問題

❶ 医療法において病院は 20 床以上の病床を有するものをいう。

❷ 医療保護入院は、本人から入院の同意が得られない場合に、精神科病院の管理者の判断で入院させることができる。

❸ 市町村保健センターは健康相談、保健指導、健康診査などを地域住民に行うための施設である。

❹ 精神障害者保健福祉手帳の交付を受けた者は、精神障害の状態にあることについて、毎年認定を受けなければならない。

❺ 応急入院後、72 時間を経過後も入院が必要な場合には医療保護入院に切り替える必要がある。

❻ 我が国の後期高齢者医療制度の対象は 80 歳以上である。 第2回 問32

❼ 自殺対策基本法では自殺者の親族に対する支援は目的に含まれていない。

❽ 自殺対策基本法に基づき自殺総合対策大綱が策定されている。

❾ 障害者総合支援法は 18 歳以上の障害者を対象としたもので、18 歳未満は児童福祉法の対象となる。

❿ 発達障害及びその支援について、発達障害者支援センターの役割に診断は含まれる。 第1回 問45改

⓫ 発達障害では、精神障害者保健福祉手帳を取得することはできない。 第1回 問45

⓬ 都道府県は、一時保護などの介入対応を行う職員と、保護者支援を行う職員を同一のものとする。 第3回 問111

⓭ 児童虐待防止法が制定されて以降、児童虐待の相談件数は減少傾向にある。 第1回 問12

⓮ DV 法において、被害者を発見した者が配偶者暴力相談支援センターへ通告することは努力義務である。 第1回 問120

⓯ 虐待など、父母による親権の行使が困難又は不適当な場合、子や親族は親権を一時的に停止することを請求できる。 第1回 問105改

❶ ○ 患者 20 人以上を収容するものを病院、19 人以下は診療所という。

❷ × 精神科病院の管理者の判断ではなく、家族等の同意により入院させることができる。

❸ ○ 保健師が中心になり、健康相談、保健指導、健康診査などを地域住民に行う。

❹ × 毎年ではなく、2 年ごとに認定を受けなければならない。

❺ ○ 応急入院は、応急入院指定を受けている病院で 72 時間に限って可能である。

❻ × 後期高齢者医療制度の対象は 75 歳以上である。

❼ × 第 18 条において自殺者の親族等に対する支援が定められている。

❽ ○ 2007（平成 19）年 6 月に自殺総合対策大綱が策定され、2012（平成 24）年 8 月に閣議決定。その後、おおむね 5 年を目途に見直しを行うとされていることから、2017（平成 29）年 7 月に新たな自殺総合対策大綱が閣議決定された。

❾ ○ 18 歳を境に、障害者と障害児に分けられ、対象となる法律が変わる。

❿ × 発達障害者支援センターは発達障害児（者）の支援を総合的に行うが、診断は行わない。

⓫ × 発達障害も精神障害者保健福祉手帳の対象である。

⓬ × 児童虐待防止法第 11 条第 7 項で、児童相談所の介入機能と支援機能の分離が定められている。

⓭ × 相談件数は年々増えている。

⓮ ○ ただし、被害者本人の意思は尊重される。

⓯ ○ 申立てができるのは、子、子の親族、未成年後見人、未成年後見監督人、検察官、児童相談所長である。

章末問題

⑯ いじめ防止対策推進法では、市町村に基本的な方針を策定する義務があると定めている。 第1回 問38改

⑰ 刑法において犯罪が成り立つ要件には、構成要件該当性、違法性、有責性の3つがある。

⑱ 精神保健福祉士は、医療観察法で規定された処遇プロセスに関わることはない。

⑲ ストーカー行為等の規制等に関する法律（ストーカー規制法）では電子メール送信行為の規制は行われていない。

⑳ 更生保護とは、犯罪者や非行少年への社会内処遇の実施、再犯等の防止、社会的自立や更生を促す制度のことをいう。

㉑ 成年後見人に選任される者は、弁護士又は司法書士に限られる。 第2回 問103

㉒ 少年院の矯正教育は、①生活指導、②職業指導、③教科指導、④特別活動指導の4つで構成される。

㉓ 少年鑑別所法では、少年鑑別所の管理運営、鑑別対象者の鑑別、適切な観護処遇を行い、並びに非行及び犯罪の防止に関する援助について明記されている。

㉔ 児童自立支援施設は、犯罪などの不良行為をした児童、犯罪などの不良行為をするおそれのある児童、家庭環境等の事情により生活指導等を要する児童の自立を支援する施設である。

㉕ 労働基準法第32条では、休憩時間を含め1週間について40時間を超える労働の禁止を規定している。

㉖ 障害者の雇用義務制度（法定雇用率）が未達成の事業者には納付金が課される。

㉗ 健康日本21は平均寿命の延伸と健康格差の縮小を目標としている。

㉘ 厚生労働省は統合失調症に重点を置き、こころの健康対策を進めている。

㉙ IOM（Institute of Medicine）のメンタルヘルス対応の中では、発症した人は予防の対象にはならない。

㉚ 自殺予防のための情報提供などの普及啓発は、自殺の二次予防として重要である。 第3回 問3

㉛ 自殺のポストベンションにおいては、関係者が自殺に関する率直に感想を表現する機会を設ける。 第3回 問4

㉜ 労働条件は労働安全衛生法によってすべて定められている。

⑯ ✕ 国と学校それぞれに基本方針制定を義務づけている。

⑰ ○ 社会的に有害な行為、法に反し、行為の是非を弁別する能力があることがポイントとなる。

⑱ ✕ 精神保健福祉士は、精神保健参与員、社会復帰調整官としてこれらのプロセスに関わる

⑲ ✕ 2013（平成 25）年の改正で、電子メール送信行為の規制も明記された。

⑳ ○ 更生保護の内容は、①保護観察、②生活環境調整、③仮釈放・仮退院、④緊急更生保護、⑤恩赦、⑥犯罪予防活動の 6 つである。

㉑ ✕ 成年後見人は誰でもなれる。ただし、未成年者・家庭裁判所で免じられた法定後見人等・破産者・被後見人に対して訴訟中か過去に訴訟をしたもの及びその配偶者並びに直系血族・行方のしれない者はなることができない。

㉒ ✕ 問題文の 4 つに加えて、体育指導を合わせた 5 つで構成される。

㉓ ○ 少年鑑別所法は 2015（平成 27）年に施行されたことも併せて留意する。

㉔ ○ 児童自立支援施設は、1998（平成 10）年の児童福祉法改正時に規定された施設であり、社会的養護の観点に基づいている。

㉕ ✕ 休憩時間を「除き」、1 週間について 40 時間を超える労働の禁止を規定している。

㉖ ○ 法定雇用率未達成の事業者には納付金が課される。障害者雇用率を超えた雇用の場合、常時雇用労働者数が 100 人超の企業の場合は障害者雇用調整金、100 人以下の企業の場合は報奨金が支払われる。

㉗ ✕ 平均寿命ではなく、健康に生きられる健康寿命の延伸を目標にしている。

㉘ ✕ うつ病、薬物依存症、PTSD に重点を置いている。

㉙ ○ IOM の考え方では、予防はあくまで発症以前の人に対するものである。

㉚ ✕ 自殺予防のための情報提供などの普及啓発は、自殺の一次予防に当たる。

㉛ ○ 自殺に関係した人が自分の感情をそのまま表現できる場を設けることが重要である。

㉜ ✕ 労働条件は労働基準法によって定められる。

章末問題

平成 27 年法律第 68 号　公認心理師法

第 1 章　総則
（目的）
第 1 条　この法律は、公認心理師の資格を定めて、その業務の適正を図り、もって国民の心の健康の保持増進に寄与することを目的とする。

（定義）
第 2 条　この法律において「公認心理師」とは、第 28 条の登録を受け、公認心理師の名称を用いて、保健医療、福祉、教育その他の分野において、心理学に関する専門的知識及び技術をもって、次に掲げる行為を行うことを業とする者をいう。

1　心理に関する支援を要する者の心理状態を観察し、その結果を分析すること。

2　心理に関する支援を要する者に対し、その心理に関する相談に応じ、助言、指導その他の援助を行うこと。

3　心理に関する支援を要する者の関係者に対し、その相談に応じ、助言、指導その他の援助を行うこと。

4　心の健康に関する知識の普及を図るための教育及び情報の提供を行うこと。

（欠格事由）
第 3 条　次の各号のいずれかに該当する者は、公認心理師となることができない。

1　心身の故障により公認心理師の業務を適正に行うことができない者として文部科学省令・厚生労働省令で定めるもの

2　禁錮以上の刑に処せられ、その執行を終わり、又は執行を受けることがなくなった日から起算して 2 年を経過しない者

3　この法律の規定その他保健医療、福祉又は教育に関する法律の規定であって政令で定めるものにより、罰金の刑に処せられ、その執行を終わり、又は執行を受けることがなくなった日から起算して 2 年

を経過しない者

4　第 32 条第 1 項第 2 号又は第 2 項の規定により登録を取り消され、その取消しの日から起算して 2 年を経過しない者

第 2 章　試験
（資格）
第 4 条　公認心理師試験（以下「試験」という。）に合格した者は、公認心理師となる資格を有する。

（試験）
第 5 条　試験は、公認心理師として必要な知識及び技能について行う。

（試験の実施）
第 6 条　試験は、毎年 1 回以上、文部科学大臣及び厚生労働大臣が行う。

（受験資格）
第 7 条　試験は、次の各号のいずれかに該当する者でなければ、受けることができない。

1　学校教育法（昭和 22 年法律第 26 号）に基づく大学（短期大学を除く。以下同じ。）において心理学その他の公認心理師となるために必要な科目として文部科学省令・厚生労働省令で定めるものを修めて卒業し、かつ、同法に基づく大学院において心理学その他の公認心理師となるために必要な科目として文部科学省令・厚生労働省令で定めるものを修めてその課程を修了した者その他その者に準ずるものとして文部科学省令・厚生労働省令で定める者

2　学校教育法に基づく大学において心理学その他の公認心理師となるために必要な科目として文部科学省令・厚生労働省令で定めるものを修めて卒業した者その他その者に準ずるものとして文部科学省令・厚生労働省令で定める者であって、文部科学省令・厚生労働省令で定める施設において文部科学省令・厚生労働省令

で定める期間以上第2条第1号から第3号までに掲げる行為の業務に従事したもの

3　文部科学大臣及び厚生労働大臣が前2号に掲げる者と同等以上の知識及び技能を有すると認定した者

（試験の無効等）
第8条　文部科学大臣及び厚生労働大臣は、試験に関して不正の行為があった場合には、その不正行為に関係のある者に対しては、その受験を停止させ、又はその試験を無効とすることができる。

2　文部科学大臣及び厚生労働大臣は、前項の規定による処分を受けた者に対し、期間を定めて試験を受けることができないものとすることができる。

（受験手数料）
第9条　試験を受けようとする者は、実費を勘案して政令で定める額の受験手数料を国に納付しなければならない。

2　前項の受験手数料は、これを納付した者が試験を受けない場合においても、返還しない。

第10条〜第27条は略
（指定試験機関に関する条文のため）

第3章　登録
（登録）
第28条　公認心理師となる資格を有する者が公認心理師となるには、公認心理師登録簿に、氏名、生年月日その他文部科学省令・厚生労働省令で定める事項の登録を受けなければならない。

（公認心理師登録簿）
第29条　公認心理師登録簿は、文部科学省及び厚生労働省に、それぞれ備える。

（公認心理師登録証）
第30条　文部科学大臣及び厚生労働大臣は、公認心理師の登録をしたときは、申請者に第28条に規定する事項を記載した公認心理師登録証（以下この章において「登録証」という。）を交付する。

（登録事項の変更の届出等）
第31条　公認心理師は、登録を受けた事項に変更があったときは、遅滞なく、その旨を文部科学大臣及び厚生労働大臣に届け出なければならない。

2　公認心理師は、前項の規定による届出をするときは、当該届出に登録証を添えて提出し、その訂正を受けなければならない。

（登録の取消し等）
第32条　文部科学大臣及び厚生労働大臣は、公認心理師が次の各号のいずれかに該当する場合には、その登録を取り消さなければならない。

1　第3条各号（第4号を除く。）のいずれかに該当するに至った場合

2　虚偽又は不正の事実に基づいて登録を受けた場合

2　文部科学大臣及び厚生労働大臣は、公認心理師が第40条、第41条又は第42条第2項の規定に違反したときは、その登録を取り消し、又は期間を定めて公認心理師の名称及びその名称中における心理師という文字の使用の停止を命ずることができる。

（登録の消除）
第33条　文部科学大臣及び厚生労働大臣は、公認心理師の登録がその効力を失ったときは、その登録を消除しなければならない。

（情報の提供）
第34条　文部科学大臣及び厚生労働大臣は、公認心理師の登録に関し、相互に必要な情報の提供を行うものとする。

（変更登録等の手数料）
第35条　登録証の記載事項の変更を受けようとする者及び登録証の再交付を受けようとする者は、実費を勘案して政令で定める額の手数料を国に納付しなければならない。

（指定登録機関の指定等）
第36条　文部科学大臣及び厚生労働大臣は、文部科学省令・厚生労働省令で定めるところにより、その指定する者（以下「指定登録機関」という。）に、公認心理師の登録の実施に関する事務（以下「登録事務」という。）を行わせることができる。

2　指定登録機関の指定は、文部科学省令・厚生労働省令で定めるところにより、登録事務を行おうとする者の申請により行う。

第37条　指定登録機関が登録事務を行う場

合における第29条、第30条、第31条第1項、第33条及び第35条の規定の適用については、第29条中「文部科学省及び厚生労働省に、それぞれ」とあるのは「指定登録機関に」と、第30条、第31条第1項及び第33条中「文部科学大臣及び厚生労働大臣」とあり、並びに第35条中「国」とあるのは「指定登録機関」とする。

2 指定登録機関が登録を行う場合において、公認心理師の登録を受けようとする者は、実費を勘案して政令で定める額の手数料を指定登録機関に納付しなければならない。

3 第1項の規定により読み替えて適用する第35条及び前項の規定により指定登録機関に納められた手数料は、指定登録機関の収入とする。

(準用)

第38条 第10条第3項及び第4項、第11条から第13条まで並びに第16条から第26条までの規定は、指定登録機関について準用する。この場合において、これらの規定中「試験事務」とあるのは「登録事務」と、「試験事務規程」とあるのは「登録事務規程」と、第10条第3項中「前項の申請」とあり、及び同条第4項中「第2項の申請」とあるのは「第36条第2項の申請」と、第16条第1項中「職員（試験委員を含む。次項において同じ。）」とあるのは「職員」と、第22条第2項第2号中「第11条第2項（第14条第4項において準用する場合を含む。）」とあるのは「第11条第2項」と、同項第3号中「、第14条第1項から第3項まで又は前条」とあるのは「又は前条」と、第23条第1項及び第26条第1号中「第10条第1項」とあるのは「第36条第1項」と読み替えるものとする。

(文部科学省令・厚生労働省令への委任)

第39条 この章に規定するもののほか、公認心理師の登録、指定登録機関その他この章の規定の施行に関し必要な事項は、文部科学省令・厚生労働省令で定める。

第4章 義務等

(信用失墜行為の禁止)

第40条 公認心理師は、公認心理師の信用を傷つけるような行為をしてはならない。

(秘密保持義務)

第41条 公認心理師は、正当な理由がなく、その業務に関して知り得た人の秘密を漏らしてはならない。公認心理師でなくなった後においても、同様とする。

(連携等)

第42条 公認心理師は、その業務を行うに当たっては、その担当する者に対し、保健医療、福祉、教育等が密接な連携の下で総合的かつ適切に提供されるよう、これらを提供する者その他の関係者等との連携を保たなければならない。

2 公認心理師は、その業務を行うに当たって心理に関する支援を要する者に当該支援に係る主治の医師があるときは、その指示を受けなければならない。

(資質向上の責務)

第43条 公認心理師は、国民の心の健康を取り巻く環境の変化による業務の内容の変化に適応するため、第2条各号に掲げる行為に関する知識及び技能の向上に努めなければならない。

(名称の使用制限)

第44条 公認心理師でない者は、公認心理師という名称を使用してはならない。

2 前項に規定するもののほか、公認心理師でない者は、その名称中に心理師という文字を用いてはならない。

(経過措置等)

第45条 この法律の規定に基づき命令を制定し、又は改廃する場合においては、その命令で、その制定又は改廃に伴い合理的に必要と判断される範囲内において、所要の経過措置（罰則に関する経過措置を含む。）を定めることができる。

2 この法律に規定するもののほか、この法律の施行に関し必要な事項は、文部科学省令・厚生労働省令で定める。

第5章 罰則

第46条 第41条の規定に違反した者は、

1年以下の懲役又は30万円以下の罰金に
処する。

2　前項の罪は、告訴がなければ公訴を提起
することができない。

第47条　第16条第1項（第38条において
準用する場合を含む。）の規定に違反した者
は、1年以下の懲役又は30万円以下の罰金
に処する。

第48条　第22条第2項（第38条において
準用する場合を含む。）の規定による試験事
務又は登録事務の停止の命令に違反したと
きは、その違反行為をした指定試験機関又
は指定登録機関の役員又は職員は、1年以下
の懲役又は30万円以下の罰金に処する。

第49条　次の各号のいずれかに該当する者
は、30万円以下の罰金に処する。

1　第32条第2項の規定により公認心理師
の名称及びその名称中における心理師と
いう文字の使用の停止を命ぜられた者で、
当該停止を命ぜられた期間中に、公認心
理師の名称を使用し、又はその名称中に
心理師という文字を用いたもの

2　第44条第1項又は第2項の規定に違反
した者

第50条　次の各号のいずれかに該当すると
きは、その違反行為をした指定試験機関又
は指定登録機関の役員又は職員は、20万円
以下の罰金に処する。

1　第17条（第38条において準用する場合
を含む。）の規定に違反して帳簿を備え
ず、帳簿に記載せず、若しくは帳簿に虚
偽の記載をし、又は帳簿を保存しなかっ
たとき。

2　第19条（第38条において準用する場合
を含む。）の規定による報告をせず、又は
虚偽の報告をしたとき。

3　第20条第1項（第38条において準用す
る場合を含む。）の規定による立入り若し
くは検査を拒み、妨げ、若しくは忌避し、
又は質問に対して陳述をせず、若しくは
虚偽の陳述をしたとき。

4　第21条（第38条において準用する場合
を含む。）の許可を受けないで試験事務又
は登録事務の全部を廃止したとき。

索引

323

人名索引（読み）

執筆者紹介（50音順）

● **岩瀬 利郎（いわせ・としお）**

東京国際大学教授／日本医療科学大学兼任教授。元武蔵の森病院院長。博士（医学）。埼玉医科大学精神医学教室、埼玉石心会（狭山）病院精神科部長、武蔵の森病院副院長、院長を経て現職。精神科専門医・指導医、睡眠専門医、臨床心理士・公認心理師。著書に『アルコール・薬物の依存と中毒（精神科ケースライブラリー第Ⅳ巻）』（共著、中山書店）など。メディア出演にNHK BSプレミアム「偉人たちの健康診断〜徳川家康　老眼知らずの秘密〜」（令和元年6月6日放送）。
改訂・執筆担当：第21章、第22章

● **下坂 剛（しもさか・つよし）**

四国大学生活科学部准教授。博士(学術)。公認心理師、上級教育カウンセラー。論文に「父親の育児関与尺度の開発および信頼性と妥当性について」（単著、小児保健研究78巻）、著書に『人間の形成と心理のフロンティア』（共著、晃洋書房）。
改訂・執筆担当：第5章、第6章、第11章（28以外）、第19章、執筆担当：第8章、第23章106-108

● **田代 信久（たしろ・のぶひさ）**

帝京平成大学現代ライフ学部准教授。脳外科・神経内科心理職、スクールカウンセラー、ハローワーク心理職、短大講師を経て現職。公認心理師推進ネットワークにて公認心理師法制定の推進活動に従事。教育学修士、臨床心理士、公認心理師。著書に『スクールカウンセリングマニュアル』（共著・日本小児医事出版社）など。
改訂・執筆担当：第9章、第12章（36以外）、執筆担当：第23章109

● **中村 洸太（なかむら・こうた）**

駿河台大学、聖学院大学、ルーテル学院大学にて兼任講師。博士（ヒューマン・ケア科学）。心療内科・精神科クリニックや大学病院等を経て、現在は産業領域や教育領域を中心に臨床に携わる。公認心理師、精神保健福祉士、臨床心理士。著書に『メンタルヘルスマネジメント検定Ⅱ種Ⅲ種 テキスト＆問題集』（共編著、翔泳社）、『メールカウンセリングの技法と実際』（共編著、川島書店）など。
改訂・執筆担当：第17章（58以外）、第18章、第20章

● **松岡 紀子（まつおか・のりこ）**

精神科クリニック 心理カウンセラー。公立小中学校スクールカウンセラー、私設相談室非常勤カウンセラー、心療内科クリニック心理職を経て、現職。成人の精神疾患や被害者支援を専門に医療臨床に従事。臨床心理士、公認心理師。
改訂・執筆担当：第1章、第14章、第15章、第16章

● **三浦 佳代子（みうら・かよこ）**

長崎純心大学人文学部地域包括支援学科講師。博士（医学）。長崎純心大学助手、日本学術振興会特別研究員、富山大学エコチル富山ユニットセンター研究員、金沢大学保健管理センター助教を経て現職。公認心理師・臨床心理士。公認心理師を目指す人のための情報サイト「公認心理師ドットコム」を運営。
改訂・執筆担当：第3章、第7章、第10章、執筆担当：第23章99-102

● **村上 純子（むらかみ・じゅんこ）**

聖学院大学心理福祉学部心理福祉学科教授。博士（学術）。総合病院精神科、精神科クリニック、被災者ケアセンター勤務、公立小中高校のスクールカウンセラーなどを経て現職。公認心理師・臨床心理士。著書に『子育てと子どもの問題』（キリスト新聞社）。
改訂・執筆担当：第2章、第4章、第13章、第23章（執筆は103-105）、第24章、執筆担当：第11章28、第12章36、第17章58

● **森田 麻登（もりた・あさと）**

神奈川大学人間科学部助教。修士（医科学）、修士（臨床心理学）、修士（教育学）。臨床心理士。公認心理師。法務省心理技官、千葉県発達障害者支援センター相談員、筑波大学附属中学校スクールカウンセラー、帝京学園短期大学助教、身延山大学特任講師、植草学園大学講師、広島国際大学講師を経て現職。著書に『記憶心理学と臨床心理学のコラボレーション』（共著、北大路書房）。
改訂・執筆担当：第8章

執筆者調整・編集協力
中村 洸太、村上 純子

著者紹介

公認心理師試験対策研究会
心理に造詣が深い大学教員やカウンセラー、医師等の有志で構成される研究会。質の高い心理職の合格に向けて尽力している。

カバーデザイン	小口翔平＋三沢稜（tobufune）
カバーイラスト	ハヤシフミカ
本文イラスト	フクモトミホ
本文デザイン	阿保裕美（トップスタジオデザイン室）
DTP	株式会社 トップスタジオ

心理教科書

公認心理師 要点ブック ＋ 一問一答 第2版

2019年 4月 24日　　初版第1刷発行
2021年 3月 24日　　第2版第1刷発行
2022年 4月 15日　　第2版第4刷発行

著　　　者	公認心理師試験対策研究会
発 行 人	佐々木 幹夫
発 行 所	株式会社 翔泳社（https://www.shoeisha.co.jp）
印刷・製本	日経印刷 株式会社

ISBN978-4-7981-6737-4　　　Printed in Japan